基于高阶思维培养的初中生物学教学探索

主　编　何小霞

副主编　陈少燕

编　委　何小霞　陈少燕　宋洋　李姮　杨玉菡　刘雪姣　沈雪贤
　　　　叶锦润　池思思　陈青兰　罗翠柳　武艳红　何群　佐一含

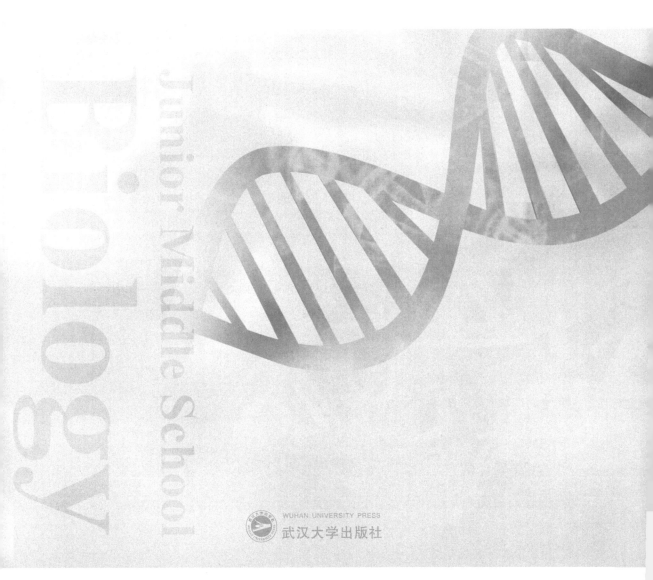

WUHAN UNIVERSITY PRESS
武汉大学出版社

图书在版编目(CIP)数据

基于高阶思维培养的初中生物学教学探索/何小霞主编.—武汉：武汉
大学出版社,2024.3
ISBN 978-7-307-24059-9

Ⅰ.基…　Ⅱ.何…　Ⅲ.生物课—教学研究—初中　Ⅳ.G633.912

中国国家版本馆 CIP 数据核字(2023)第 194047 号

责任编辑:黄　殊　　　责任校对:李孟潇　　　版式设计:韩闻锦

出版发行：**武汉大学出版社**　（430072　武昌　珞珈山）
　　　　　（电子邮箱：cbs22@whu.edu.cn　网址：www.wdp.com.cn）
印刷:湖北云景数字印刷有限公司
开本:787×1092　1/16　　印张:14.5　　字数:291 千字　　插页:1
版次:2024 年 3 月第 1 版　　2024 年 3 月第 1 次印刷
ISBN 978-7-307-24059-9　　定价:56.00 元

前　言

当前，伴随科学技术的迅猛发展，大数据、人工智能成为新兴产业，人们的思维方式、行为习惯等各方面在无形中发生着变化，时代的快速发展和知识的迭代更新，促使国际科学教育改革深化，也反映了现代化社会对未来人才培养的要求。高阶思维能力已成为学习者得以生存和发展的必备技能。生物学是研究生命现象和生命活动规律的科学，与信息技术和工程技术的结合日益紧密，通过从现象到本质、从定性到定量的发展过程，形成结论丰富的知识体系和认识自然现象规律。《义务教育阶段生物学课程标准（2022 年）》提出：要注重探究和实践，引导学生理解科学的本质，形成科学的态度和价值观，倡导学生进行实践和探究学习，发展学生思维，改变学生学习策略，培养学生分析和解决真实问题的能力，突出培养学生的创新精神和实践能力。而这些能力的培养与发展都和高阶思维能力的提升息息相关。但在初中生物学教学中，部分教师不太注重对学生高阶思维能力的培养，或者重视而方法不得当。笔者与团队自 2019 年开始研究高阶思维能力的培养，结合初中生物学教学实际，在对高阶思维现状及影响因素、培养原则及路径、培养策略及评价等问题进行理论探索和实践研究的基础上，编写了该书，以期给同行一些启示。

全书共分为七章：

第一章为概论，其中包含三节。第一节阐述高阶思维和高阶思维能力相关概念并辨析两者之间的关系。第二节分析初中学生高阶思维发展的特点，并有针对性地提出相应的解决策略，以期进一步激发学生的学习兴趣，为后续培养高阶思维的研究做铺垫。第三节介绍高阶思维研究的理论基础，包括批判性思维、需要层次理论、耶基斯-多德森定律、布鲁姆认知目标分类理论、建构主义理论、多元智能学习理论等。

第二章首先明确提出实施高阶思维能力培养的要求，接着立足初中生物学教学情况，阐述实施教学活动应遵循的原则，包括以学生为主体原则、自主性原则、启发性原则、因材施教原则、问题性原则、实践性原则等，最后基于学生的认知特点和学习需求，明确实施路径，旨在从课前、课中、课后三方面系统且整体地促进学生的高阶思维能力的提升与发展。

第三章首先从时代发展对高阶思维能力的需求、学生核心素养的发展要求两方面阐述了发展学生的高阶思维能力的必要性与可行性，并明确提出以课程改革作为指南、以初中生自身思维发展作为内动力、以教师理念及实践作为驱动力，能较好实现高阶思维能力的培养与提升。接着，笔者与团队结合高阶思维的内涵，从问题解决能力、批判性思维能力和创新思维能力三个维度对初中生展开调查，清晰掌握当前初中生在生物课堂学习中高阶思维能力的发展情况，为后面几个章节讲解高阶思维培养的具体实践打下基础。

第四章结合初中生物学生教学实践，阐述了高阶思维能力的课堂教学模式，重点介绍了图解教学模式、翻转课堂教学模式、问题导学教学模式、学案导学教学模式、探究实验教学模式以及自主合作教学模式这六种较实用的教学实践模式，并以课堂实录式的案例来对照介绍不同教学模式的操作流程、课堂目标以及优缺点等内容。

第五章的主要内容为基于高阶思维的培养策略。第一节基于高阶思维培养的问题情境策略，清晰界定问题情景的概念，提出问题情景设计的一般流程，并以理论阐述和课堂案例的形式讲解如何利用学生生活实际、好奇心理、实验活动、网络资源等因素设计启发型问题、逻辑型问题、比较型问题、开放型问题等。第二节基于高阶思维培养的建模策略，结合实例从模型含义、教学现状、模型应用、构建原则、实施步骤等方面阐述了物理模型、数学模型、概念模型的应用。

第六章的主要内容为基于高阶思维的多元评价，首先从背景要求、评价方式、评价内容、评价维度、评价进阶、评价要求等方面概述多元评价相关内容，并结合实例提出指向科学思维进阶的评价技术，如课堂表现评价、单元作业评价、考试命题评价等，强调应实施以学生为本的多元评价，促进学生认知结构的重构和优化，推动学生科学思维的深度发展。

第七章讲解了如何基于高阶思维进行融合拓展。第一节概述多学科融合在高阶思维培养方面的意义，指导教师有效开展多学科融合，从而促进学生的高阶思维能力的提升。第二节以海洋植物标本制作、"探秘红树林"主题活动等特色学生社团活动为例，突出强调突破传统课堂、转变教学观念，合理利用和挖掘生物课程资源，组织多元丰富的生物实践活动，促使学生全身心投入学习，最终推动学生实现深度学习和思维发展。

时代在发展，高阶思维能力将是未来的研究热潮之一，这也是我国基础教育力求与时俱进地培养新型人才的重要表现，其理论研究和实践研究亟待取得实质性的突破以契合我国基础教育课程改革与发展的需要。限于编者的已有工作理论基础和实践经验，且高阶思维能力的内涵丰富复杂，本书提出的教学策略及实践案例仅仅是高阶思维能力发展研究的冰山一角，未来仍然需要不断完善。基于高阶思维能力培养的教学理论与初中生物学教学实践融合过程中不断产生的新问题，对研究者提出了更高的能力要求，未来既要丰富已有理论，又要完善现有理论缺陷，从而推动对高阶思维能力发展的深入研究，最终促进初中生物学课程育人目标的达成。

　　本书参考和引用了大量的中外论著，而注释可能挂一漏万，特此说明并向其作者和出版社致谢！

　　囿于编者学识，书中错漏在所难免，恭请大家教正。

目　　录

第一章
概　论

第一节　高阶思维与高阶思维能力

目前尚未能够确定高阶思维的具体含义，但许多研究表明其意义重大。1956 年，布鲁姆首次提出这一概念，引起了人们的广泛关注和讨论。该理论根据学习者个体思维的复杂性，将思维过程细分为记忆、理解、运用、分析、评价、创新六个不同层次。"记忆、理解、运用"属于低阶思维，是较低的认知水平；"分析、评价、创新"属于更深入的思维方式，有助于提高人们的认知能力。理查德·尼斯认为，高阶思维是一种独特的智慧，可以帮助我们更有效地分析和处理复杂的问题，并通过归纳和推理得出有效的结论。目前国内学者普遍认为，高阶思维是指发生在较高认知水平的精神活动或认知能力，主要由问题解决、决策、批判性思维、创造性思维等能力构成。低阶思维是一种基于有限信息的心理活动和认知过程，能够有效帮助我们更好地理解和处理简单的情境。高阶思维是低阶思维的进一步发展，但低阶思维并非不重要，它是高阶思维的基础，是学生评价事物、解决问题、完成任务的本质能力。

高阶思维是一个复杂的过程，需要人们努力探索，才能获得有价值的思维发展结果，但这一结果难以预测。虽然高阶思维的概念可能不明确，但仍然具有较高的可理解性。在通常意义上，高阶思维主要具备五大要素：元认知、批判性思维、创造性思维、问题解决和决策思维，这些思维技能是形成高阶思维的基础。在整个思维循环中，高阶思维是不可或缺的。个体产生社会思维的实践，是不断运动的，即外在思维内化为个体思维，并再次外化。它是一种非技能的思维模式，教育者希望通过培养高阶思维来引导与促进学习能力的发展。

高阶思维能力（HOTs），又称高级思维或高水平思维等，它是指发生在较高认知水平的精神活动或认知能力。Dr. de Bono 指出"高级思维能力是指超越简单回忆事实知识的思维过程"。Resnick 认为"高水平思维能力具有复杂性、不规则性、不确定性、解决方案和评价标准的多样性以及思维过程的自我调节，强调看似混乱的结构的重构过程"。

Lewis & Smith 认为"高水平思维能力是指人们将存在于记忆中的信息和新信息关联重组，达到某种目的或在复杂情境中寻找可能的答案的过程"。钟志贤认为高层次思维能力是发生在较高认知水平下的一种精神活动或较高认知能力，主要由问题解决、决策、批判性思维和创造性思维等能力构成。综合上述观点，笔者认为，高阶思维能力是学习者运用高阶认知对事物进行分析加工的思维活动，由问题解决能力、探究能力、信息交流能力、概念化能力、演绎推导能力五个部分组成。高阶思维能力是解决问题、创新、交流信息，并对现象或事物进行合理的推导、判断和概念化的能力。

《国家十二五教育发展规划纲要》的战略目的是：坚持以人为本，全面推进素质教育。以培养德、智、体、美、劳全面发展的社会主义建设者和接班人为目标，坚持德育为先、能力为先、全面发展、面向每一个人的原则，努力提高学生的社会责任感、创新精神和实践能力，以适应经济社会发展对人才的需求，全面提高国民素质的要求。要坚持以能力为核心，优化学科专业结构，改革人才培养模式，以适应经济社会发展对多元化知识和能力的需求。要提高学生的学习能力、实践能力和创新能力，应建立更加灵活开放的学习体系平台、更加富有资源的实践教育平台和拔尖创新人才培养平台，以达到提高学生综合素质的目的。

因此，培养学生的学习能力、实践能力和创新能力，成为适应经济社会发展对人才的需求，以及全面提高国民素质要求的教育教学的重要任务之一。要培养学生的创新意识和实践能力，就必须培养他们的高阶思维能力。

高阶思维能力的核心是高阶思维。高阶思维能力体现了知识时代对人才素质的新要求，是适应知识时代发展的关键能力。

思维能力可以通过培训和教育获得。教育的基本目的是培养学生的思维能力。高水平思维能力也可以通过后天训练和教育来培养。日常思维就像行走一样，是每个人与生俱来的能力。但是，良好的思维能力和百米赛跑一样，是技术训练的结果。通过适当的教学环境的支持，可以培养和训练学习者的高阶思维能力。华东师范大学钟启泉教授提出高水平思维的发展需要先进的学习活动，以学习者为中心，以解决实际问题为目标。Wilkins 在《通过设计的认识》一书中提出，现代课程的基本单元是"问题"，因此，教师在进行教学设计时要采用问题设计的方法，对知识进行重组，促进学生高阶思维能力的发展。

在国内，钟志贤教授提出的"高层次思维"的定义被普遍接受，他认为高层次思维是发生在更高层次认知上的一种精神活动，与布鲁姆教育目标分类学中的分析、评价和创造性认知水平相一致。例如，在教学中，教师可以出示玉米种植过密、过稀、合理密植的示意图，并提出问题：如果你是农民，你会选择以上哪种种植方式？农业生产中玉米产量增加可以采取哪些措施？在"细胞的生活"一节中，在讲解细胞膜可以控制物质进出的知识点时，学生可以通过观察，发现苋菜在阳光下会失水萎蔫，而萎蔫的苋菜放入清水中后又会变硬，接着让学生思考用水煮、水烫伤的苋菜变红的原因来获得相关知识。学生通过将学习内容与实际生活相联系，既可以达到学以致用的目的，又有助于提高分析问题、解决问题的能力，从而促进其高阶思维能力的发展。

与低层次思维相比，高阶思维更能适应当今社会发展的需要。高阶思维能力是培养学生核心素养的关键，在核心素养培养目标的指引下，教师要致力于学生高阶思维能力的培养。学生的高阶思维能力的发展是一个需要逐步培养的过程，是塑造其心智活动和发展其认知能力的过程，这种思维能力的提高受到个体大脑操作和心理动态等因素的影响。因此，培养学生的高阶思维能力是一项复杂的实践活动。

高阶思维教学是国内外教育教学改革的发展方向，其主要目标是培养学生的高阶思维能力，鼓励学生主动参与、勤于做事、乐于探究，提高学生收集和处理信息、分析问题和解决问题的能力、获取新知识和交流合作的能力，促进学生独立思考并有能力应对日常生活中遇到的各种挑战。学生应当具有发现问题、解决问题的能力，并学会如何有效地学习，其目标是成为"批判性思维工作者"和"有创新能力的终身学习者"。

第二节　初中生的高阶思维发展特点

20 世纪五十年代，美国纽约高等教育研究机构的 Benjamin Bloom 博士曾提出过一种教学发展阶段划分架构——Bloom's Taxonomy（布鲁姆划分法），这种架构将认知学习过程分为了六大阶段，从低至高依次为：记忆、理解、运用、分析、评价与创新，并再分为两个层次：知识学习与认知活动。知识学习阶段可以大致分为六个学习阶段，其中分析、评价和创造就属于最高阶思维。

发展心理学家皮亚杰认为，青少年到 11 岁，也就是进入初中阶段，是一个关键的变化时期，认知能力的提高使他们可以在头脑中进行脱离具体事物的推理运算，利用假设和抽象事物来进行逻辑推理。这是学生进入中学阶段的重要变化之一。随着大脑皮质的成熟，初一、初二的学生尚不具备图形、图景和基本空间关系的表现能力，而到了初三，学生就可以进行空间关系的表现。这是人类的空间想象能力提高与发展的关键期，同时也是人类的科学形象思维能力发展的高峰期。学生进入中学阶段后，也可以摆脱直接经验的束缚，运用自己所学的理论来分析思考，进行合理的推理，从而认识世界，增长知识。思维成长的关键期在初二，进入初二后，学生就开始使用理论来完成逻辑推理。

赖衍贤在《中学生逻辑思维心智成长特征分析》中提出：①在少年期的逻辑思维中，尽管抽象逻辑思维已经开始占优势地位，但是在很多方面，还属于经验型，所以逻辑思维成长离不开感性知识的直接帮助。②初中生由抽象逻辑思维的实践型成长到科学理论型的主要转变期，是在初三到高三。初中部各年级孩子的抽象逻辑思维的观念、判定、逻辑推理三个形态的发展是不平衡的。由发展的快慢来看，初三年级孩子的抽象思维的三个形态都是按照观念、判定、逻辑推理的基本模式依次蓬勃发展的。具体表现如下：第一，儿童对生物科学知识的识记由毫无意义的机械识记，转变为有意识的理解记忆。在整个年龄段和性别时期内，识记的规模和效率都会随年纪的增长而逐步提高。起初，他们的无意识识记能力较好。但在很多情形下，他们的识记并不具有明确的目的，也并不求助于识记的技术手段。他们对自己所喜欢的、有趣的、直观的内容，如生命的某些生命现象或细胞的各部分名称识记得相当好，但对于某些较抽象的知识，如遗传规律等则比较差。学生的机械认识能力也体现得非常突出，习惯对知识点的表面的机械的认识，但常常不知道其含义以及造成生命现象的因素，即以死记硬背居多。例如，学生只记住了制作洋葱内表皮细胞临时装片时滴"清水"，而制作口腔上皮细胞却要用"生理盐水"，却不了解这是因为植物细胞比动物细胞多了一层细胞壁，限制了细胞膜吸水膨胀。在知识的作用下，他们又逐渐地把对自我的认识服务于认识的目标和要求。就这样，初中学生的有意识识记和理解识记能力就越来越占据了主要地位，其生物科学思维由习惯于具体的形式知识向广泛运用的形象思维和抽象思维过渡。但他们在低年级时还是习惯于简单的形象思维，喜欢从具体事物中学习，不擅长掌握抽象的内容。所以，中学的生物科学课程应引入适合大部分学生的感性材料，才有助于他们的认识能力向高层次过渡。第二，学生进入初中后，学习生物科学已由单纯的"用脑"逐步转化为"手脑并用"。学生在学生物科学之前，对观察实验的学习方法比较陌生。起初并不知如何去了解规则和掌握概念，抓不住重点，只知道"用脑"背诵。而从初中生物科学需要学习者边观察边思索、边实践边分析，需要学习者手脑并用。例如，教师在教学中使用的一些生物模型，就是帮助学生转化思维的很好的教具，再逐渐培养学生从使用模型到制作模型，这就完成了向更高层次的转化。这种学习方法上的变化也要求进入初中的学生的思维有相应转化。第三，学生在学习生物科学的过程中逐步学会将生物科学问题转化为物理、化学甚至数学问题。在初中生物科学教材中，对于很多问题的处理都需要先学会对其物理过程、生化过程的分析方法，对相关公式的认识以及对计算结果的含义的讨论。例如，在学习"人体的呼吸"这一课时，如何通过呼吸运动来完成吸气和呼气过程就牵涉物理科学中"气体的压强变化问题"，初一的学生还没有学到相应的物理知识，理解起来就比较困难。在学习孟德尔的遗传规律的杂交实验中，需要计算子二代的表现型概率，这就需要具体的数学思维。所以，在课堂教学中应逐步训练学生把生物科学问题转变为对应的物理、化学和数学问题的能力。

总而言之，初二、初三是中学生的空间想象能力、科学思维能力和抽象逻辑能力形成与发展的关键时期，可塑性强。因此，在中学生的认知能力还未成熟之前，对他们的思维进行充分刺激和有效的训练是很有必要的。这提醒教师在教育教学中要注重将学生的认知能力发展与教学过程相结合，注重将脑发育基础研究与基于大脑的科学教育相融合，创设适于青少年大脑活动特点的学校和社会教育环境。

对于现阶段的大部分初中生来说，其高阶思维能力还有待于提高，随着学生的年龄、学习能力的提高以及所学知识难度的增加，在高阶思维能力的差异上会体现得更为明显，高年级学生对于高阶思维能力的掌握要明显优于低年级学生。也就是说，年龄的增长和学业的加深会无形中推动学生高阶思维能力的进一步发展。这一点也与学生在成长发育过程当中，其大脑的思维能力不断成熟有很大的关系。

受中枢神经系统结构的生理差异的影响，男女生在智力、认知及社会行为等方面表现不同。女生的优势主要体现在语言流畅性方面，而男生则主要在空间记忆方面具有明显优势。总体来说，男生的思维能力要优于女生，并且男生的逻辑思维能力会随着年龄的增长而进一步提升。

现阶段初中生高阶思维的发展现状与教师的课堂教学有很大的关系。目前在大多数课堂上，教师对于高阶思维培养的目标定位并不明确。在实践中，很多教师在进行融入高阶思维的教学设计时，往往将教学内容或者教材作为教学目标的最终设计结果，也就是说高阶思维的教学目标反而变成为教学服务的一种工具，这实际上违反了进行高阶思维培养的最基本目标。

Skilbeck 认为，学生的高阶思维是可以通过一些方法培养和训练的。学生的高阶思维作为思维意识、思维方法和思维能力的综合，生成它的最好方法是通过教学，且应该具备以下条件：丰富的环境、深层的思考、积极的交流、解决真实的问题等。2017 年，欧洲基础教育学会的学者提出了高阶思维的三个特点，分别是个性化、生成性和动态性。第一，个性化。不同学生具有的高阶思维是不同的，有自己的个性特点。学生在认识事物、分析事物时，由于其生活环境、所受教育和接受的传统文化等因素不同，使学生在思维过程中的侧重点不同，观察与分析事物的角度不同，表现出个性化的思维特点。第二，生成性。从个性化的特点可以看出，高阶思维没有固定的思维模式，是具有生成性的。思维路径不是提前设定的，是在思维的过程中根据已有知识和新信息不断发展而产生思维结果。第三，动态性。高阶思维要适应社会的不断发展变化，其构成和特点在不同时期是不同的，具有时代性。

第三节　高阶思维研究的理论基础

一、批判性思维

高阶思维的历史可以追溯到古希腊的苏格拉底，然后是柏拉图、亚里士多德、托马斯·阿奎那、弗朗西斯·培根、雷内·笛卡尔、托马斯·摩尔、艾萨克·牛顿、伏尔泰、托马斯·杰斐逊、约翰·杜威、让·皮亚杰等人。2500 年前苏格拉底（Socrates）在教学实践中发现人们不能合理地证明自己的观点，他们的思想混乱，证据不充分。苏格拉底认为深入探索和深思熟虑是非常重要的，提出了"苏格拉底提问法"，即不直接给出答案，而是提出富有启发性的问题引导学生思考，即使学生回答错了也不直接纠正，而是继续设置情境引导学生独立思考，一步步解决问题，让学生自己找到答案。苏格拉底提问法基于逻辑推理和思辨，让学生在熟悉概念和定义的基础上，进一步思考并对问题做深入分析，可以培养学生的高阶思维。

美国哲学家杜威曾在《我们如何思维》一书中提到了三个思维水平的不同表现：较低层次的思维水平，其特点是无反省、依赖直觉、具有很大自我蒙蔽性。大多数人所谓的所见即事实就是这个思维水平。高层次的思维水平的特点为选择性的反省、缺乏公平合理性。真正的批判性思维具有反省外显化和公平性的特点。具有这种思维能力，学生可以在观察、体验、沟通、思考和推理的过程中不断获取信息，并通过积极巧妙的分析、评估、整合、建构，进行自我反思，这就是高阶思维的体现。

国内学者对批判性思维的研究起步较晚。在内涵指向上，国内学者主要是对批判性思维能力的相关内容进行阐述，但有不同的取向。批判性思维的关键点是具备思考能力，具体指具有分析、评价、判断的能力。批判性思维需要"合理怀疑、合理置信、合理评估"，这依赖高阶思维。在实践中，学生对合理性的判断，离不开反思求解问题，离不开推理演绎。

二、需要层次理论

早在 19 世纪，马克思和恩格斯曾把人的需要分成生存、享受和发展三个层次。20 世纪美国心理学家马斯洛在 1943 年出版的《人类的动机理论》一书中将人的需要分为了生理、安全、社交、尊重、自我实现五个层次。依据需要层次理论，在教学活动中，教师要深入了解学生的需求，并根据学生的需求设计合理教学环节，让学生通过自主训练完成对自我的认识，让学生在解决复杂问题的过程中不断培养自己的高阶思维，获得自我认同感，体现自身的能力与价值，满足自我尊重和自我实现的需求。

三、耶基斯-多德森定律

心理学家耶基斯和多德森的研究发现，个体的动机强度与效率之间的关系，呈现出一种倒 U 形的曲线，过强的动机反而会导致行为效率降低，中强度的动机能够获得更高的效率。在教学中，学习内容太困难，让学生思考良久仍摸不着头脑，很容易产生很强的挫败感，但过于简单的学习内容，没有挑战性，则不利于学生高阶思维的发展。因此，在设计教学内容时，教师需要先充分了解学生的情况，了解不同任务的难易程度，从而调整学习内容，让学生的动机水平处于最合适的程度，才能提高学生的学习效率，促进对学生的高阶思维的培养。

四、布鲁姆认知目标分类理论

20 世纪 50 年代，美国教育研究中心的 Benjamin Bloom 教授提出教育目标分类框架，把思维学习分为六个层次，从低到高依次是：记忆、理解、应用、分析、评价、创新。这就是布鲁姆的分类法。后续的一些学者不断发展和完善这个分类法，将它分为两个维度：知识学习和认知活动，其中分析、评价和创新就属于高阶思维——分析将研究对象分成各部分，可以帮助我们寻找问题的主线，从而更好地解决问题；评价是根据一定的标准对研究对象做出分析判断后得出的结论；创新是从表象问题产生、计划或者生成某个新的问题。因此，可以通过一些方法培养和训练学生的高阶思维，可以通过教学引导学生增强思维意识，掌握思维方法，提升思维能力。2017 年，欧洲基础教育学的学者提出了高阶思维的三个特点，分别是个性化、生成性和动态性，个性化是指不同的学生有自己的个性特点。每个学生的思维方式不同、知识储备不同、观察分析事物侧重点不同，思维自然具有个性化的特点。学生思维发展个性化的特点注定高阶思维没有固定的模式，无法提前设定。同时，知识的更新日新月异，社会发展速度非常快，高阶思维还具有时代性。

五、建构主义理论

建构主义学习理论是行为主义到认知主义的进一步发展，它认为学习过程是学习者主动建构知识的过程。在传统的教学过程中，教师处于主体地位，学生被动接收知识，无法发展高阶思维能力。建构主义的代表人物皮亚杰提出的同化和顺化学说解释了双向建构的过程。同化是指个体把外界刺激所提供的信息整合到自己原有的认知结构中。建构主义强调发展学生的主体功能，教师的主要作用是引导学生在已有知识经验的基础上吸收新知识并构建自己的知识框架，注重学生的自主学习，提倡激发学生的学习内动力。教师对教学活动中的学习任务应该设置真实的情境，同时要和以前的知识经验存在差异性，具有一定的挑战性，让学生能运用相关的知识解决实际问题，顺应新的观念，发展高阶思维。

六、多元智能学习理论

多元智能理论是美国哈佛大学教育学家和心理学家霍华德·加德纳提出的，认为人类的思维和认识的方式是多元的。每个个体都同时拥有相对独立的八种智能：语言、数理逻辑、音乐、空间、身体运动、人际交往、自我认识、认识自然，它们以不同的方式、不同的程度组合，使每个人的智能各具特点。教师要通过多种形式的教育活动，引导学生多元化地解决实际问题，改进原有的思维模式，获得新的思维能力。

第二章
高阶思维能力培养

第一节　培 养 要 求

促进学习者的高阶思维能力的发展是体现学生主体性、开发人的潜能、发展人的创造性、培养健全人格的素质教育的具体要求，也是新课程改革的主要精神。这就要求教师从社会需求本位的角度，从人本发展的角度，改变以讲授为主体的传统课堂，改变过分注重培养学生记忆、理解与应用的低阶思维能力的做法，大力倡导有利于提高人才素质的高阶思维能力的推行。为培养与初中生物相关的高阶思维能力，对学生、家长、教师、学校、社会都提出了新的要求，具体如下：

一、学生方面

学生是祖国的希望，当今时代对学生提出了比以往更高更新的要求：

（一）学习能力

在现代社会，知识的更新日新月异，学生肩负着实现中华民族伟大复兴的重要使命，应具备很强的学习能力，将陈旧的学习方式变为主动的、建构式的学习，并把学到的知识应用于生活实际，学以致用。

（二）创新能力

创新能力是一个民族进步的灵魂，是一个国家兴旺发达的不朽动力。学校越来越注重培养高素质的创新型人才，对学生提出愿意创造、敢于创造、善于创造的全新要求。只有勇于创新、善于创新的人才才不会被时代淘汰。因此，在当今社会更应注重学生的创新能力的培养，提升学生的社会竞争力。

（三）科学的方法

好的方法可以使学习事半功倍，如利用思维导图梳理知识点、利用读书笔记记录名著感悟、利用关键词串联来背诵课文、利用批注理解文章意义、利用错题本积累易错题、及时复习巩固近日所学等。

二、家长方面

家长是孩子的第一任老师，是孩子永远的榜样。要想为孩子讲好人生第一课、帮助孩子扣好人生的第一粒纽扣，就要在平时的生活中，通过自己的言行影响孩子，注重开发孩子的思维能力、提高实践和创新能力。要提升孩子的思维能力，家长在生活中可以从以下几个方面入手。

（一）多设疑问，引导思考

孩子在成长的过程中总会遇到各种各样的问题，尤其对于初中生，初中阶段正是家长引导和培养孩子的思维能力的好时机。所以，家长可以多提问，并一步步引导孩子去深入思考问题，发现因果联系，提出解决办法。这样才能让孩子的思维能力越来越强。

（二）读书分享，提升能力

家长可以和孩子共同阅读一本书，陪伴孩子并引导孩子养成良好的阅读习惯、创设良好的阅读氛围，并谈一谈读书的感受，分享书本带来的启示，还可以创编故事的结局。在这个过程中，锻炼的不仅仅是孩子的思维逻辑能力，还能锻炼孩子的想象能力、创造能力以及对语言的运用能力。

（三）让孩子学会归纳总结

曾子曰："吾日三省吾身"。归纳总结能力能够帮助学生分析问题、总结经验、提升思维能力，同时也能帮助学生在学习生活中对知识经验进行加工、概括、提炼，推导普遍特征，从而达到举一反三、学以致用的目的。家长可以在日常生活中培养孩子的归纳总结能力，例如，让孩子打理自己的房间，将自己的学习资料、用具分门别类放好；在孩子阅读后提问："这篇文章主要叙述了哪些内容？你能否用最简洁的语言概括文章的中心思想？所以最终的结论是……"或分享今天在学校的收获，让孩子用最简单的语言讲清楚所学的知识点，等等。

（四）陪孩子一起做益智游戏

益智游戏可以促进孩子和父母的情感交流，对个体健康的家庭关系、社会关系的建立都是有好处的，还能够调节孩子的情绪，促进思维的发展。父母应该多陪孩子进行一些益智游戏，适当参加一些社会活动，创造良好的生长环境。

此外，家庭教育应与学校教育相互配合，形成教育合力，创造良好的家校环境，共同培养心理健康、习惯良好的少年儿童。

三、教师方面

（一）课程

课程是国家、社会对未来人才要求的体现。在不同时期，我国的课程要求也是不一样的。新时期的课程改革要求培养学生的高阶思维能力，倡导学生主动参与，乐于探究，勤于动手，培养学生搜集和处理信息的能力、获取新知识的能力、分析和解决问题的能力以及交流合作的能力。因此，教师应遵循课程改革的要求，以学生为本，注重培养学生的学习态度、学习方法、学习技能。

（二）学情

教师应在充分了解学生的学习情况与学习需求的基础上，对学生的综合实践能力进行细致分析，尊重个体间的差异，实施分层的思维锻炼；合理安排教学过程，为学生创设更广阔的高阶思维训练空间，使教学目标更贴近学生的实际情况；注重实践操作，用探究活动驱动高阶思维，引导学生积极思考，在师生和谐互动中完成高阶思维能力的提升。在课堂教学中，教师要让基础弱的学生解决一般问题，提高分析与综合能力，掌握基本知识和技能；让基础好的学生尝试研究解决一些开放性问题，以期达到思维进阶、优化自身高阶思维的目的。

（三）课堂

教师是课堂的引导者，新时期的课堂应避免"满堂灌"的情况，教师需要充分尊重学生的主体地位，根据学生的学情和最近发展区，设置可以"跳一跳"的问题，引导学生积极参与，认真思考，在寻找答案的过程中完成适当的思维训练，全面提升学生的思维能力。同时，教师也可以设置任务，由学生以小组讨论的方式完成，在讨论的过程中形成思维与思维的碰撞、智慧与智慧的交锋。此外，在学生进行总结或回答问题时，教师也可以通过反问的方式引导学生深入思考，达成对高阶思维能力的锻炼。

（四）教学模式

随着网络的普及与科技的发展，出现了多种多样的教学模式，如讲授型教学模式、启发式教学模式、讨论式教学模式、自学—指导模式、抛锚式教学模式、范例式教学模式等。而不管选择哪一种教学模式，教师都应以学生为主体，使其思维能力在合适的教学模式中得到锻炼，最终促进学生的高阶思维能力的发展。

（五）评价

新课改提出评价的根本目的在于促进学生的发展，教师作为学生学习的评价者，应善于发现学生的闪光点，多用激励性评价，让评价成为促进学生成长与发展的手段。教师应打破传统的"唯分数论"，建立德智体美劳等多维度评价体系，促进学生多元化发展。同时，新课改要求教师的评价应注重过程多于结果，重视学生在课堂上的表现、参与程度、高阶思维的提升、相互交流合作等方面，使教师的教真正服务于学生的学。此外，新课改还要求教师在评价时采用多元评价体系，建立学生、教师、家长、社区等多方共同评价制度，使评价更客观、公平。

四、学校方面

学校是培养人才最直接、最主要、最高效的场所，而且当今时代知识更新得很快，这就要求学校不仅要教授学生科学文化知识，还应注重培养学生的自学能力、实践和创新能力，强调学生的个性化发展和高阶思维能力的训练。领导力和团队建设是学校建设过程中的舵手，是学校的价值引领、信念驱动，领导者需具备先进的理念水平和远见，注重教师的专业素质发展及创新能力培养，促进高阶思维与课程教学的融合。

五、社会方面

社会应为培养学生的高阶思维能力创造良好的社会环境，提供更多的资源。为响应学生成长需要，回应学生发展需求，家长、学校与社区应形成"家校社共建"体系，为学生高阶思维能力的培养提供有趣味、有内容、有效果的"实践课堂"，如垃圾分类活动、亲子益智活动、读书分享会、高阶思维专项训练活动、制作微课等，使孩子们在游戏、实践活动中完成高阶思维的提升。同时，还可以提供读书阅览室、科技展、人工智能机器人编程室等，为培养具备高阶思维能力的人才提供适宜的土壤。

总之，如今国家大力推行人才强国政策，注重人才的培养，而衡量人才质量的标准包括知识能力、品德修养、思维能力、创新能力等。因此，想要获得创新人才，学生、家长、教师、学校、社会应按照培养具有高阶思维能力人才的要求不断努力，为培养人才贡献力量。

第二节 培养原则

高阶思维能力是符合信息时代发展趋势的关键能力，主要包含创造能力、解决问题的能力、决策能力等。教师在课堂教学中，若能够合理训练学生的高阶思维，不但能有效帮助学生形成优秀的思维习惯，也能提升学习效果。而就目前国内中学生的实际状况与生物学科教学实践而言，部分生物老师还不善于训练学生的高阶思维，在实际课堂活动中过分强调生物基础知识的教学，学生的问题处理能力和高阶思维能力没有得到提高，实际课堂教学效果也不好。因此，中学生物教师在开展教学时，需要把能力培养作为教学的重点，根据学生的实际情况，采用多元化的教学手段，更好地提高学生的高阶思维能力。

一、学生为主体原则

在生本教育理念下，学生是教育教学的出发点和归宿，教师的一切教学活动都要以学生为中心开展，充分发挥学生的主观能动性，因此，教师在生物教学过程中要充分体现学生的主体地位，按照素质教育改革和新课程标准的要求，以学生为主体、以教师为主导开展教育教学活动，在课堂上充分体现对学生个性的尊重，维护师生之间的身份平等，能够合理看待学生在学习过程中的各种表现。这样能让生物课教学效果与学生的学习兴趣有效提高，对教学过程中培养学生的自主学习和探究能力也具有十分重要的促进作用。因此，教师在培养学生的高阶思维能力时，要遵循以学生为主体的原则，让学生主动进行思维训练。

二、自主性原则

苏霍姆林斯基曾说："促进自我教育的教育才是真正的教育。"在初中阶段，学生的自主学习能力得到培养且已经有所发展，学校教育应鼓励学生通过自主学习的方式提高自制力和对知识的自主学习能力。在生物教学中，中学生已经通过小学阶段的学习和日常生活的积累，对生物知识有了一定的了解，且因为中学生物知识与生活联系紧密，生物课堂教学氛围相对活跃，但学生对生物知识的掌握程度和各自的兴趣点并不相同，在遵循自主性原则的情况下，教师不应将课堂知识强制灌输给学生，而是让学生当家作主，加强自主学习活动的设计，引导学生探索自身感兴趣的内容，才能有效提高高阶思维能力。

三、启发性原则

在中学生物教学活动中，教师在进行教学设计时，需要涵盖以教学目标为中心，并能通过有效的课堂提问激发学生进行积极思维活动的内容，并且要给学生足够的自主思考时间。因此，教师在培养学生的高阶思维时，要认真分析和观察学生的能力，坚持启发性原则，给学生及时的引导。

四、因材施教原则

在中学生物教学过程中，教师在培养学生的高阶思维能力时，应遵循因材施教的原则，即根据学生对生物知识的掌握情况以及学习能力、个性特征等情况，采用针对性的教学手段，从而有效激发学生学习生物知识的兴趣，也可以使他们的思维更加活跃。

五、问题性原则

高阶思维的起始点是问题的提出。学生在学习知识的过程中，只有通过不断的质疑，不断发现新问题才能不断进步、不断发展，如果只是单纯机械地接受、记忆教师讲授的知识，并没有提出质疑的想法，学生将很难得到成长。所以，在教育教学过程中，自主学习应是学生的主要学习方式，教师应经常鼓励学生运用高阶思维发现问题，并学会用自己的能力解决问题，如对于新旧知识点之间的联系或者一个问题的不同解决方法，学生能否自己探索等。在生物知识学习过程中，学生要始终保持善于发现和思考问题的习惯，才能更好地理解教师所讲的内容，掌握新知识，从而提高自己的生物学素养，发展高阶思维能力。在课堂教学的提问环节中，教师在提出某个问题后，不要立即将答案抛给学生，可以通过讲解慢慢引导学生进行思考，当学生提出疑问后应引导学生展开联想，可以鼓励学生产生新的解决问题的思路和方法。只有这样，学生才能将学到的理论知识通过创新思维融会并运用于实际操作过程。

六、实践性原则

生物是一门理论与实践相结合的学科，生动有趣的实验现象可以使学生获得感性认知，这决定了生物高阶思维能力的培养需要遵循实践性原则。教师通过生物实验培养学生的综合素质时，需要抓住实验中能让学生主动探索和思考的机会，培养学生的探究精神。遇到问题时，教师应以引导为主，鼓励学生独立思考，培养其思维能力和创造能力，这样有利于学生综合素质的提高。部分学校重视素质培养，但素质教育的落实、细化还有待改进。在核心素养培养背景下，教师在生物教学过程中除了教授基础知识，还应引导学生对未知领域进行探究，提高学生的学科素养。此外，教师也要沉着研究教学，提高自身的教学水平和业务能力，创新教学模式。例如，教师要注意将抽象难懂的理论知识转化为形象的具体实验现象并加以证实，一方面帮助学生熟悉操作流程，另一方面加深学生对教材知识的理解和记忆，从而进一步提高学生的高阶思维能力。

七、合作性原则

生物课程学习是一个多学科融合的学习过程，在这个过程中进行合作学习可以减少学生在实践过程中的重复操作，提高学生的实践效率，达到良好的学习效果。通过合作学习，每一个学生从不同角度提出创意，可以使参与合作的学生对课程内容形成更深刻的认识，并提出新的见解。此外，学生们在合作过程中进行多方的思想交流，这种积极的氛围可以刺激学生的高阶思维发展，让学生取长补短、互相促进、增进友谊，通过他人的评价来加深对自己的认识，而师生之间进行合作还可以促进师生之间良好关系的建立和发展。

八、全面性原则

学生在学习过程中由于性格和生活环境不同，表现出的学习能力和学习效果也各不相同，单一的教学方法和教学模式难以满足不同学生的学习需求，教学应充分尊重学生的差异性，在教学目标、教学内容以及教学方法等多方面，结合不同层次学生的学习能力和学习基础，实施具有针对性的教学措施，从而全面提高学生的生物课程学习效果。

九、理论联系实际的原则

生物学是一门探究性的学科，基于理论知识的探索研究内容较多；生物学还是一门与日常生活实际联系紧密的学科，因此，教师应将生本教育理念融入教学过程，在教学方法和教学模式以及教学理念方面要充分体现理论联系实际的原则。这就要求教师在教学内容的设置上能够有效地将理论知识与实践相结合，为学生提供更多的实例进行探索，同时，在教学方法和教学模式上，教师可以将学生日常生活中的相关知识从多方面应用到生物教学过程中，这样不仅能提高学生对学习生物知识的兴趣，而且对培养学生应用知识的能力也很有效。

总之，无论采用何种教学策略，都要遵循"以学生为主体、以教师为主导"的教学原则。这是提高学生高阶思维能力的实践基础。本研究还需要在未来的教学实践中不断改进优化，拓宽该模式的适用范围，促进优质教学资源的共建共享。

第三节　培养路径

高阶思维是指一种发生在更高阶知识水平层面上的智力行为及认识过程，主要包括基本问题处理能力、逻辑性思考能力和创新性思维能力。学生的高阶思维技能的训练是一个长期的、系统的教育工作，必须贯穿整个学校教育阶段，在此过程中，教师应立足于学生的认知需求，以学生为主体，基于多样化的教学策略开展教学活动，调动学生自主进行课题的思维探究、讨论等，从而激发学生的高阶思维，推进学生高阶思维能力的成长和提高。在平时的生物教学中，教师可以从以下几个方面尝试进行高阶思维能力的培养。

一、课前准备阶段

教师在课前可以布置一些教学相关的资料搜集、实地调查、实物收集、野外观察和家庭实验探究等活动，借助"前置体验"，驱动深度学习，为高阶思维训练打下基础。例如，在学习"传染病"相关知识前，先让学生向家人求教、在社区进行调查等，了解身边的传染病发生情况，也可以在网上搜查曾发生过的比较严重的传染病案例及其带来的危害和严重后果，接着引导学生进一步探究导致传染病发生的原因、传播途径及预防措施。在学习"种子的结构"时，教师布置前置作业，让学生收集和观察各种植物的种子；在"探究种子萌发的环境条件"时，可以提前一周准备黄豆、绿豆、花生、玉米等种子发给学生，让学生在家或学校里利用课外时间进行实验探究，并记录探究过程中观察到的现象和遇到的问题，在上课时全班同学再一起讨论并寻找答案。

二、课中教学进行阶段

教师在教学中应采用多样化的教学方法，多角度调动学生的主体性，多途径促进学生高阶思维活动的启动。

（一）设计驱动性问题，促进高阶思维锻炼

在生物课堂教学中，问题式教学是教师常用的方式，教师可以利用有效问题，创设具有驱动性的问题情境，将学生引导到高阶思维活动中。例如，在学习"细菌"这一课时，教师让学生了解细菌的细胞结构后，再进一步提出"与前面学过的动植物细胞相比，它们有什么异同之处？"随后给予学生充分的讨论时间，让学生总结细胞与动植物细胞的异同，从而得出原核和真核细胞/生物的概念。随后，教师还可以继续追问：下一节课将学习的真菌的细胞结构又是什么样的呢？是与细菌一样属于原核，还是与动植物一样属于真核呢？这样又能激发学生提前学习。又如，学习"病毒"这一课时，结合社会热点提出问题：目前大家熟知的狂犬病毒是由一种没有细胞结构的、不能独立生活的生物（它的名字叫病毒）所引起的传染病。病毒的身体结构是怎么样的？它又是怎么生活的呢？这就是利用问题驱动学生进行发散性思维活动。

（二）推进项目式学习，培养学生的模型构建能力

项目式学习是一种"以项目建设为主线、教师为导向、学生为核心"，推动学生积极参与、自由合作、探究创新的学习模式。例如，在学完真菌的相关知识后，教师让学生围绕"构建生物体的各式各样的细胞"做一个小专题——对比动物、植物细胞以及细菌和真菌的细胞构造、形态结构，并组织学生进行各式各样的细胞模型制作，通过各种细胞构造的比较，训练学生的综合分析能力，使细胞模型的制作更富有开放性与创意，学生能够利用各种材料来动手制作，从而达到做与练的融合，有效训练了他们的发散性思维与创新性思考，发展了高阶思维能力，也培养了学生专业的核心素质。在学习"骨、关节、肌肉的协调配合"的相关知识时，让学生先自学再组装模型（如果课前来不及准备，也可以课后让学生找材料制作）。另外，模拟胸廓、血液循环、肾小球的结构及尿的形成过程等模型，都可以让学生尝试利用身边能找到的材料去制作，从而有效地促使学生进行深度学习。

（三）整合迁移式学习，培养学生构建和统整知识的能力

初中生物课程的知识点多，内容繁琐，记忆负担较重，需要教师在教学过程中引导学生学会进行知识的整合迁移及知识结构的构建。教师可以在学完一个章节，或者期中、期末复习时，可以进行一些专题式的复习，而此时思维导图、概念图、图表法应该是不错的方式，也可以通过一个主题把相关的知识点内容串联起来。例如，宝中的李姮老师的区公开课《诗词中的生物学：生物的生殖与发育复习课》，就是用诗词把初中所学生物的生殖和发育知识点串成一条线，先让学生在课外收集大量的诗词，整理出与生物的生殖和发育有关的诗句运用到课堂中，既做到了学科之间的融合，也充分调动了学生资料查找收集能力和对资料的整合能力，从而达成对知识构建和统整能力的训练。

（四）创造和谐融洽的学习环境，培养批判性思维

要让学生在课堂中发挥主导作用，需要教师营造平等开放、和谐融洽的课堂学习环境，才能让学生自由表达观点，勇于提出不同意见。因此，教师对于课堂氛围的营造、问题的创设等方面，都要考虑是否适合这个年龄阶段的学生，是否有利于培养他们的高阶思维能力。

三、课后社团活动

教师利用课外实践活动开展生物社团活动是培养学生高阶思维能力的另一条重要途径。

第一，组织学生收集科学家的故事并分享，既培养了学生收集信息的能力，又让学生体会科学家们的不惧艰难困苦、投身于科学研究的民族精神。

第二，通过开展"感受生命、遇见美好"生物摄影优秀作品展，让学生走进大自然，发现自然之美，记录生命之美。

第三，通过开展细胞和各生物结构模型的制作活动，让学生在制作过程中了解生命的运作机制，理解生命过程中各结构的精密合作活动，从而更知晓生命存在之不易，激发对生命的敬畏之心和爱护之意。

学生在整个初中阶段进行高阶思维能力培养的过程中需要一个长期的、系统的、多元的课程结构，因此，教师们应立足于学生学习所需的课本教材内容，从培育学生的学习能力与学习素质入手，以多元化教学策略激发学生进行高阶思维活动，从而推进初中学生的高阶思维能力的成长和提高。

第三章
初中生物学科高阶思维综述

第一节　发展学生的高阶思维能力的必要性

高阶思维能力需要在学习活动中去培养，包括分析能力、综合理解能力、对问题的评价能力等。在低年级时，知识更多是通过机械的背诵和实训来掌握。随着学习阶段的深入，更注重的是解决实际问题的能力，培养高阶思维能力的必要性进一步凸显，主要体现在以下方面：

一、时代发展对具有高阶思维能力的需求

百年大计，教育为本。教育应顺应时代的发展。从教育改革趋势来分析，当前的时代发展要求课堂教学与时俱进地转变。曾经，人们乐于以成绩的高低来划分学生的能力，但是现在教师应注重将传统课堂上的知识传授转变为对学生高阶思维能力的培养。

如今，社会对高精尖产业、生产和生活的智能化等方面的要求越来越高，在全球化的背景下，个体需要更多的创新能力才能在世界的发展浪潮中站稳脚跟。在教学中，教师应该在程序层面和元认知层面上理解和应用高阶思维，引导学生将一般的实践能力和科学观念相结合并用于解决问题，还要帮助学生建立思维模型，才能应对现代学习环境下的多种复杂问题。

二、培养具有高阶思维能力的学生是核心素养的要求

一直以来，国家颁布的许多政策都指向学科核心素养的要求，如 2019 年中共中央、国务院印发的《中国教育现代化 2035》和 2016 年颁布的《中国学生发展核心素养》等文件中均提出要着重培养学生的多种能力，如理性思维、问题解决、批判质疑等能力。但在之前的教学过程中，学校教育过多地关注学生的记诵能力以及解题能力，忽视了思

维能力的重要性。因此,培育具有高阶思维能力的人,是目前教育的重中之重。结合生物学科特色来看,教育部已经重新完善、制定了新课程标准,提出四个生物学核心素养,即生命观念、科学思维、科学探究和社会责任。

中学生思维活跃,求知欲强,并正处于价值观、世界观发展的关键阶段,核心素养的提出便是希望学生通过对生物学的学习,更好地认识自然,形成正确的价值观,并在探究的过程中掌握学习能力。同时,生物学学科核心素养强调从实践层面激励学生勤于观察、专于探究,培养学生的创新能力。这些都体现了对学生的高阶思维能力的要求。

三、高阶思维能力对学生发展的优势

在初中阶段,提高学生的高阶思维能力,不仅有助于学生在学习效率、学习主动性、积极性等方面的提升,也有助于学生把所学的知识应用于学习与生活中的实际问题和挑战。这一点在生物学科方面体现得较明显。因为生物知识体系与生活的联系非常密切,在学习的过程中更容易激发学生的好奇心。教师应将生物课程体系分为多个模块,且模块间是相互联系的,能够让学生在构建知识体系时更容易操作。同时,在初中的整个学习过程中有很多实践探究活动内容,如草履虫的观察、呼吸作用的验证、酸奶的制作等,旨在通过多种形式,培养学生的实践操作能力。此外,还可以通过设计问题组等形式,逐步培养学生对于复杂问题的解决能力。也就是说,把握初中的知识难度和体系,把相关素材与高阶思维相联系,让学生在学习知识的同时发展思维能力。

但需要注意的是,对于不同阶段的学生而言,受其身心特点的影响,学习的方式也不尽相同,并且根据心理学上的阶段性理论,不同的学习阶段也具有较显著的、不同的特点。因此,教师针对初中生进行高阶思维能力的培养时,需要切实尊重初中生的生理和心理特点,在把握生物学科教学标准的基础上,进行有针对性的训练。

高阶思维对学生具有重要的价值,主要体现在:

(一)提升学生学习的积极性与持续学习能力

首先,有效的探究学习活动可以充分调动学生的积极性,增强学生的体验感,同时能够使学生在实验过程中主动思考并总结经验,从而促进学生的高阶思维能力的提升。教师应结合教学的内容,从生活中寻找学生的兴趣点,使得教学生活化,进而开展相应的生物教学活动,使学生能够体验知识的实质性作用。其次,高阶思维能力是在学习过程中逐渐培养的,可以使得学生具有高水平的知识迁移和实践创新能力,包括跨学科的融合、理论与实践的融合等,学生能够以所学的知识解决实际生活问题,展示自己的学习成果,让他们获得成就感,提升学习的主动性。

（二）发展良好的学习习惯

初中阶段的学生已经具备一定的判断能力及逻辑推理能力，因此，教师通过开展有效的探究学习活动，以学生的认知为出发点，引导学生在此过程中不断地进行反思，有助于学生更好地掌握知识点，同时能够提升学生的自主思考、分析能力，养成良好的学习习惯。在各科教学活动之中，学生能够相互交流学习经验，分享学习成果以及自己的创意等，视野不断得到拓展。学习不只是吸收知识，更多的是与自己、与同伴之间的思维碰撞，也是高阶思维中如何理解、定位自身的问题，实际上就是自我认识、定位和实现价值的过程。高阶思维解放了学生的思想，不再局限于极端功利的唯分数论，使其在更开阔的世界中实现自我发展。

（三）促进实践能力的提升

在当前的教学中，教师应重视学生在课堂上的主体地位，充分尊重学生的个体差异，并通过实践教学，引导学生在实践过程中从不同角度对生物学问题提出解决思路，在探索过程中通过对实验进行分析，完善知识建构，提升实践能力。例如，学习"单细胞生物"一节时，学生通过对课本知识的学习只能了解草履虫的基本结构与功能，此时，教师进一步抛出问题，让学生利用实验去探究草履虫的结构特征，并且根据趋避反应做出有效的实验设计。这样的实践活动不仅能丰富学生视野，而且能引导学生正确建立对知识的深度认知。

第二节 发展学生高阶思维能力的可行性

初中生的高阶思维能力的发展，既是课程标准的重要要求，更是深化教育改革的重要目标。培养和训练初中生高阶思维意识、高阶思维能力的主战场在学校，主阵地在课堂，主攻点在课堂教学和课外活动。

一、新课程改革为发展高阶思维能力提供了教学指南

面对愈演愈烈的国际竞争，从 2001 年开始，教育部开启了新一轮的教育改革，将全面提高民族素质和培养创新能力作为深化教育改革的重点。新课程改革实践提倡改变学生的学习方式，将原来被动、机械的学习方式发展为主动、灵活的以学生为主体的学习方式，摒弃题海战，引导并鼓励学生主动参与、积极探索、认真实践，以培养学生的

创新能力和实践能力为根本任务；对于教学评价，则更加关注学生的学习过程，关注评价主体、内容、方式等方面的多元化和立体化。衡量人才的标准不再仅限于分数，更在于其各方面能力、思维的发展。这为发展学生的高阶思维提供了明确的指向。借着教育改革的东风，在初中生物学科教学中发展学生的高阶思维能力必定水到渠成。初中生物学是一门基础科学，在培养科学精神和科学素养方面具有基础性作用，在新课改中被空前重视，因此，在初中生物教学中发展高阶思维能力是可行的。

二、初中生的思维发展为高阶思维能力的培养提供了内在动力

与小学阶段相比，初中生的思维发展更加迅速，呈现出鲜明的思维特点：抽象思维开始占据主导地位；辩证思维逐步发展，能理解对立统一的规律；独立性思维和批判性思维发展迅速，但容易出现片面和表面的认知；创造性思维和创造能力也逐步提高，对未知的、感兴趣的事物充满了好奇，具有强烈的求知和探索欲望。

初中生在教学活动中常有令人惊喜的表现，他们往往能出乎意料地从多个角度、多个层次提出一些新的想法和见解，分析问题、解决问题的能力大大提高；实践能力和创造能力得到了进一步发展，能注意问题中的隐含条件，对事物的评价趋于全面、客观。这种思维特点为高阶思维能力的发展提供了稳定、恒久的内在动力。同时，思维能力的发展引起学习策略的变化，学生在学习上不再满足于记忆、理解等低级思维，尤其是对死记硬背的内容更是厌烦，此时培养学生的高阶思维能力最是可行的，甚至可以达到事半功倍的效果。例如，"探究种子萌发的环境条件"这一课，仅仅让学生记忆背诵，不仅会让学生觉得单调乏味，没有任何趣味和难度可言，还将丢失生物课探索、发现、求证等科学本质，更别提培养学生的思维能力、创建能力等科学素养。但是，如果教师运用实验探究的方式，启发学生思考、分析生活实例，综合多方面信息，引导学生创造性地运用材料进行实践、设计实验方案并评价实验方案的科学性，课堂活动妙趣横生，让学生愿意学习、乐于学习，还能激发学生的探究欲望，发展学生的个性特长，让学生在学习的过程中获得成功感和自豪感。

由此可见，在课堂教学中发展学生的高阶思维能力，既培养了学习兴趣和自主学习能力，又非常符合学生的思维发展需要。

三、教师在发展学生的高阶思维能力方面具有举足轻重的推动作用

课程改革已经进行了几十年，各地深入学习和贯彻课改的活动正进行得如火如荼，初中教师将高阶思维应用于教学的意识被不断唤醒，在课堂教学中能主动运用相关理论

进行教学设计并备课，积累了大量的教学心得和实战经验。在教学过程中，很多教师能自如地将高阶思维能力训练融入教学环节，在指导学生运用高阶思维进行学习方面也游刃有余。

例如，在学习"小羊多莉的身世"这一课时，教师一方面能快速有效地运用课本上的资料，引导学生进行分析、整理，激发学生追根寻底的探究意识，从而解开小羊多莉的身世之谜，另一方面又能引导学生思考"克隆哺乳动物"有哪些优势，又存在哪些不足。这样一来，学生对克隆技术就会有进一步的理解，同时求知欲望也被激发了，他们经常会问"在理论上克隆人好像也不是不可能的事，但为什么没有克隆人?"教师趁势引导学生发展高阶思维，思考"为什么要禁止克隆人"等问题。

除此之外，教师应在教学实践中不断摸索总结，才能合理应用多种生物教学模式，如图解式、探究实验式、问题导向式等，这些具有开放性和能动性的教学模式为培养学生的创造思维、发展学生的高阶思维能力提供了基本的教学模型。总之，在发展学生的高阶思维能力上，教师具有重要的驱动作用。

综上所述，新课程改革为发展学生的高阶思维能力提供了教学指引，而中学生思维的发展是高阶思维能力培养的内动力，教师在发展学生的高阶思维能力方面具有重要的推动作用，因此，在初中生物教学中发展学生的高阶思维能力是非常可行的。

第三节　初中生物学科高阶思维现状及影响因素

生物学有非常显著的科学性，且与物理、化学和数学等其他学科的渗透和融合在逐渐增强。理性思维是科学性的重要特征，更是生物学的核心素养。理性思维的提高离不开高阶思维的发展，生物学高阶思维能力对发展学生的核心素养十分重要。本研究对初中生物学课堂教学中高阶思维能力培养的现状进行调查，并根据调查结果，对其中存在的优势和不足进行分析，探寻影响初中生高阶思维能力发展的因素，以期为提高初中生高阶思维能力的实践和初中生物学课堂教学改革提供依据。

一、调查目的

本文利用问卷星小程序对初中生展开调查，通过学生自我评价的方式，清晰明了地掌握当前初中生在生物课堂学习中高阶思维能力发展的情况，了解初中生学习过程中的思维特点和发展水平，为后续的深度学习和教学研究提供必要的参考。

二、调查问卷的设计

笔者从生物学科的核心素养出发，结合研究主题的内涵，在问题解决能力、批判性思维能力和创造性思维能力三个维度内进行调查，并将生物学高阶思维能力的具体指标形成表格（见表3-1）。

表3-1　　　　　　　　　　　　高阶思维能力具体指标

高阶思维能力	对 应 指 标	题号
问题解决能力	发现问题的能力	第4题
	知识归纳、迁移的能力	第11题
	解决问题的能力	第13、14题
	自我反思的能力	第12题
批判性思维能力	分析资料的能力	第6、7题
	提问质疑的能力	第5题
	辨析判断的能力	第9、10题
创造性思维能力	独立思考的能力	第8题
	能提出新颖的、独特的方法来解决问题的能力	第15、16题
	产生新思想、新思维的能力	第17题

三、调查的实施

通过抽样调查法，利用问卷星小程序对深圳市宝安区某中学初一、初二年级开展为时6分钟左右的问卷调查。经统计，共回收问卷642份，其中有效问卷642份，问卷全部有效。

四、调查结果统计与分析

（一）问题解决能力分析

本调查的问题解决能力主要通过第4、第11、第12、第13、第14这五道题展开。

第4题　在初中生物课堂学习中，我会经常提出一些问题。

表 3-2 发现问题的能力

选项	小计	比例
从来都不	23	3.58%
偶尔这样	169	26.32%
有时这样	244	38.01%
经常这样	141	21.96%
总是这样	65	10.12%

"发现问题的能力"结果分析：从表 3-2 中可以看到，38.1%的学生"有时"能发现问题，21.96%的学生选择"经常"，10.12%的学生选择"总是"能发现问题。还有 26.32%以下的学生发现问题的意识比较薄弱，甚至有 3.56%的学生缺乏问题意识，处于无问题状态。

第 11 题 我能运用在课堂上所学的生物学知识和技能，思考和解决现实生活中遇到的问题。

表 3-3 知识归纳、迁移的能力

选项	小计	比例
从来都不	13	2.02%
偶尔这样	108	16.82%
有时这样	206	32.09%
经常这样	188	29.28%
总是这样	127	19.78%

"知识归纳、迁移的能力"结果分析：从表 3-3 中可以看到，29.28%学生的学生选择了"经常"，19.78%的学生选择了"总是"，这一部分学生归纳知识、迁移知识的能力较好，32.09%的学生选择"有时"，16.82%的学生选择"偶尔"，2.02%的学生不懂迁移知识。

第13题　在学习生物学中遇到困难时，我会主动查找资料或寻求他人帮助。

表 3-4　　　　　　　　　　　　解决问题的能力

选项	小计		比例
从来都不	11		1.71%
偶尔这样	86		13.4%
有时这样	171		26.64%
经常这样	196		30.53%
总是这样	178		27.73%

第14题　在解决问题遇到困难时，我不害怕，我会勇于做一些努力和尝试克服困难。

表 3-5　　　　　　　　　　　问题解决能力中的情感态度

选项	小计		比例
从来都不	6		0.93%
偶尔这样	74		11.53%
有时这样	177		27.57%
经常这样	216		33.64%
总是这样	169		26.32%

"解决问题的能力"结果分析：从表 3-4 可以看到，30.53%学生的学生选择了"经常"，27.73%的学生选择了"总是"，这一部分学生会主动查找资料或寻求帮助。但还有 40%左右的学生不懂得解决问题的方法。从表 3-5 可以看出，超过一半的学生解决问题时的情感态度比较理想，但有 40%左右学生解决问题的情感态度不够好。

第12题　我在完成一项学习任务后，会回想哪个部分做得好，要继续保持；哪个部分做得不够好，要改进。

表 3-6　　　　　　　　　　　　　　自我反思的能力

选项	小计	比例
从来都不	10	1.56%
偶尔这样	98	15.26%
有时这样	190	29.6%
经常这样	193	30.06%
总是这样	151	23.52%

"自我反思的能力"结果分析：从表 3-6 可以看到，30.06% 的学生选择了"经常"，23.52% 的学生选择了"总是"，这一部分学生的反思能力较好。但还有 29.6% 的学生反思能力有待提高，15.26% 的学生反思能力较差，1.56% 的学生缺乏反思能力。

综上分析，有 67.91% 的学生在"发现问题的能力"方面需要加强培养，有 50.84% 的学生需要教师在"知识归纳、迁移的能力"方面进行引导，有 41.03% 的学生需要在"解决问题的能力"方面提高，有 46.08% 的学生需要锻炼"自我反思的能力"。

（二）批判性思维能力分析

本调查的批判性思维能力主要通过第 5、第 6、第 7、第 9、第 10 这五道题展开。

第 5 题　讨论时我能够提出和别人不一样的想法。

表 3-7　　　　　　　　　　　　　　提问质疑的能力

选项	小计	比例
从来都不	33	5.14%
偶尔这样	242	37.69%
有时这样	247	38.47%
经常这样	81	12.62%
总是这样	39	6.07%

"提问质疑的能力"结果分析：从表3-7可以看出，只有12.62%的学生选择了"经常"，6.07%的学生选择了"总是"，38.47%的学生选择了"偶尔"，5.14%的学生缺乏提问质疑的能力。学生的提问质疑能力普遍较弱。

第6题　对于从网络媒体上得到的生物学信息，我能够初步辨别它们是否真实可信。

表3-8　　　　　　　　　　　　　　分析资料的能力

选项	小计		比例
从来都不	14		2.18%
偶尔这样	110		17.13%
有时这样	225		35.05%
经常这样	177		27.57%
总是这样	116		18.07%

第7题　在阅读有关的生物学信息时，我能够区分材料中哪些是事实，哪些是作者的观点。

表3-9　　　　　　　　　　　　　　分析资料的能力

选项	小计		比例
从来都不	14		2.18%
偶尔这样	98		15.26%
有时这样	179		27.88%
经常这样	196		30.53%
总是这样	155		24.14%

"分析资料的能力"结果分析：从表3-8可以看出，有30.53%的学生选择了"经常"，18.07%的学生选择了"总是"，但还有17.13%的学生辨别信息的能力较弱，

2.18%的学生缺乏辨别生物学信息的能力。从表 3-9 中可以看出，有 30.53%的学生
分析资料的能力较好，24.14%的学生选择了"总是"，表明分析能力很强，但还有
27.88%的学生的分析能力有待提高，15.26%的学生的分析能力较差，2.18%的学生
的分析能力非常弱。

第 9 题　对于多数人的观点，我不一定赞同。

表 3-10　　　　　　　　　　辨析判断的能力

选项	小计	比例
从来都不	35	5.45%
偶尔这样	214	33.33%
有时这样	262	40.81%
经常这样	75	11.68%
总是这样	56	8.72%

第 10 题　我在表达自己的想法时，有充分的证据。

表 3-11　　　　　　　　　　辨析判断的能力

选项	小计	比例
从来都不	8	1.25%
偶尔这样	111	17.29%
有时这样	178	27.73%
经常这样	212	33.02%
总是这样	133	20.72%

"辨析判断的能力"结果分析：从表 3-10 可以看出，只有 11.68%的学生选择了
"经常"，8.72%的学生选择了"总是"，40.81%的学生选择了"偶尔"，5.45%的学生

对别人的观点几乎没有怀疑，缺乏自己的判断。从表 3-11 可以看出，超过 50% 的学生在表达自己的想法时，都有充分的证据，但也有 45% 左右的学生表达自己想法时证据不足或缺乏必要的证据。

综上分析，在批判性思维能力培养方面，学生"分析资料的能力"相对较为理想，但其"提问质疑的能力"相对落后，只有 18.69% 的学生的质疑能力值得肯定，还有 80% 以上的学生的质疑能力需要提高。辨析判断的能力较弱，会比较容易接受别人的观点。

（三）创造性思维能力分析

本调查的创造性思维能力主要通过第 8、第 15、第 16、第 17 四道题展开。

第 8 题　设计实验时，我能从中挑选出一个最佳的方案，而不是随便选择一个。

表 3-12　　　　　　　独立思考的能力

选项	小计	比例
从来都不	12	1.87%
偶尔这样	81	12.62%
有时这样	160	24.92%
经常这样	202	31.46%
总是这样	187	29.13%

"独立思考的能力"结果分析：从表 3-12 可以看出，有 31.46% 的学生选择了"经常"，29.13% 的学生选择了"总是"，但还有 24.92% 的学生的独立思考能力需要加强，1.87% 的学生的独立思考能力很弱。总体上来看，学生的独立思考能力还有很大的提升空间。

第 15 题　在分组学习时，我的观点独特新颖，同学们愿意倾听和接受我的建议。

表 3-13　　　　　　　　　　　　提出创造性问题的能力

选项	小计	比例
从来都不	27	4.21%
偶尔这样	123	19.16%
有时这样	221	34.42%
经常这样	163	25.39%
总是这样	108	16.82%

第 16 题　我愿意了解和倾听他人的观点，并从中受到启发。

表 3-14　　　　　　　　　　　　创造性解决问题的能力

选项	小计	比例
从来都不	6	0.93%
偶尔这样	47	7.32%
有时这样	141	21.96%
经常这样	241	37.54%
总是这样	207	32.24%

"能提出新颖的、独特的方法来解决问题的能力"结果分析：从表 3-13 可以看出，有 25.39% 的学生选择了"经常"，16.82% 的学生选择了"总是"，但还有 34.42% 的学生在思维的独创性方面需要加强，19.16% 的学生在思考的独创性方面较弱，4.21% 的学生缺乏思维的独创性。从表 3-14 可以看出，超过 60% 的学生能够听取其他人的观点，并能受到启发。

第 17 题　我愿意与同学交换学习成果和分享交流经验，并觉得自己也有新的收获。

表 3-15 产生新思想、新思维的能力

选项	小计	比例
从来都不	7	1.09%
偶尔这样	68	10.59%
有时这样	154	23.99%
经常这样	206	32.09%
总是这样	207	32.24%

"产生新思想、新思维的能力"结果分析：从表 3-15 可以看出，有 32.09%的学生选择了"经常"，32.24%的学生选择了"总是"，23.99%的学生的思维创新性需要提高，10.59%的学生的思维创新性较弱，1.09%的学生缺乏思维创新性。

综上分析，在"独立思维的能力"上，60.59%的学生能独立思考，独立思考能较强，但在"提出新颖的、独特的方法来解决问题的能力"方面却只有 42.21%的学生具有思维独创性。在"产生新思想、新思维的能力"方面，有 64.33%的学生认为自己有新收获。这种新收获需要建立在别人的"成果和经验分享"上，这进一步说明学生的思维创新能力需要提升。

总之，通过问题解决能力、批判性思维能力和创造性思维能力三个维度的分析，可以了解初中生的生物高阶思维现状：一是在问题解决能力上，需要加大力度培养学生深入发现问题、解决问题的能力；二是在批判性思维能力上，要加强引导学生从不同的角度去思考问题，多层次地锻炼学生的分析辨别能力，引导学生多思考"怎么做"才能更好地解决问题；三是在创造性思维能力上，要注重培养学生的创新思维，让学生敢于大胆质疑，敢于大胆尝试。

五、初中生生物高阶思维的影响因素

(一) 传统课堂和传统教学方式的影响

传统课堂讲究"师道尊严"，课堂上学生质疑或者提出不同的看法容易被认为是不尊重课堂，或者因被教师忽略而没有得到足够的重视，久而久之学生便产生了思维惰性。同时，部分教师对学生的要求也重在书本知识的系统学习，就初中生物而言，在教学过程中，对基础知识技能的重视程度往往高于对学生思维能力的培养。教学方式比较单一，主要的教学方式仍然是教师讲、学生听。学生处于被动接受知识的状态，导致学生在学习生物学时，高阶思维能力得不到锻炼。

教师应该有意识、有目的地改变自己的教学理念，科学地使用多样的教学方式，培养学生的高阶思维能力，如开放实验探究课堂，只要是适合学生的实验，就坚决让学生去动手操作，让学生在探究中学习，在探究中思考，在探究中提高。

（二）高阶思维能力培养的策略和方法欠缺

高阶思维能力培养的策略，一方面需要教师在教学过程中不断思考和实践，总结经验，归纳方法；另一方面，需要深入学习新课标，领会并落实新课标的要求，并在教学实践中总结新的教学策略，激发学生的求知欲，保护学生探究的好奇心，创造宽松的学习氛围，给学生正确的引导，鼓励学生大胆创新，敢想敢做敢说。

（三）学生的思维比较固化，缺乏灵活性，批判创新的能力不足

有部分学生过于重视分数，忽略了对自身能力的培养。在学习过程中缺乏灵活性，偏信教材，不敢尝试，容易人云亦云，缺乏质疑精神。还有部分学生的学习方法单一，记忆背诵多，深入分析思考少，需要教师在课堂上有意识有目的地进行训练。

第四章
基于高阶思维能力的课堂教学模式

新课程改革强调教育教学要以学生发展为本，促进全体学生的全面发展、可持续发展和个性发展。《义务教育生物学课程标准（2022 版）》也明确指出，在推动育人方式变革的过程中，要凸显学生的主体地位，关注学生个性化、多样化的学习和发展需求，着力发展学生的核心素养。这就意味着，课堂教学要激发学生的学习主观能动性，让学生真正成为学习的主人。以生为本，不是简单地让学生自主进行学习活动，更不能只停留在表层知识的学习，而是要以课堂为载体，帮助学生发展高阶思维，提升素养。在此过程中，教师作为教学活动的引领者和主导者，引导学生主动参与学习活动，激发学生的学习内驱力，促使学生在主动学习的过程中，实现思维由浅到深、由表到里的进阶式发展。

构建以学生为主体的课堂教学模式，突出学生在教学过程中的主体地位，能够进一步促进学生的身心发展。

第一节　图解教学模式

生物学图解通常由图形、符号、线条、箭头以及对应的文字说明等元素组合而成，初中生物学教材内容包含大量各种形式的图解。相较文字信息，以图解作为载体的信息呈现，更加直观、形象，有利于突出感知对象，便于理解。生物图解教学，指的是利用各种图形、图像、图表来揭示生物学基本概念、事实、原理、规律、生理过程及形态结构等，并以此构建完整的生物学知识结构体系。利用生物图解辅助教学，可以使感性认识和理性认识有机结合起来，能帮助学生化难为简、化抽象为具体；在一定程度上，更有利于把教师的教与学生的学两种双向思维紧密结合起来。图解教学的核心是通过图示的形式，帮助学生在分析问题、解决问题的过程中，构建概念，发展思维。学生在对图解信息进行思考、分析、对比、归纳和总结的过程中，锻炼能力，实现思维循序渐进、由点到面的发展。

一、生物图解的特点

（一）科学性

科学性是指遵循客观事实。构建生物图解，需要严谨的态度，遵循生物学基本事实、原理、生理过程、规律等。

（二）简洁性

构建初中生物教学中的图解的目的是帮助学生更好地理解生物学知识的本质，因此，图解的内容应当简明扼要、突出要点。

（三）逻辑性

生物图解所反映出来的生物学基本知识要层次分明、结构完整，体现出一定的逻辑性和序列性，才有助于启发学生的逻辑思维。

（四）统整性

构建生物图解首先需要确定一个核心概念，并以核心概念作为辐射中心，突出知识之间的内在联系，构建具有整体性的知识网络和思维框架。

二、构建初中生物图解的途径

（一）活用教材图解，深化形象思维

初中生正在经历形象思维向抽象思维发展的阶段，很多生物学概念、原理、过程、形态结构等往往又是抽象且难以理解的。因此，生物学教材中设计了大量的图解，以此帮助学生深化形象思维。例如，在"生物与环境组成生态系统"一节中，生产者、消费者和分解者三者之间的关系错综复杂，教材以图片、文字和箭头的形式，设计了"生产者、消费者和分解者的关系"示意图，使得三者的关系一目了然，形象直观，有利于学生形象思维的深度发展（见图4-1）。

（二）改编教材图解，促成发散思维

教师根据不同的内容，结合教学实际，在学生已有认知的基础上，对教材图解进行

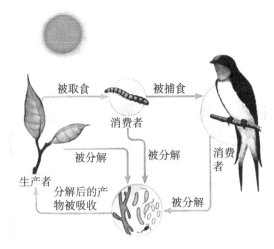

图 4-1　生产者、消费者、分解者关系示意图 1

改编，促进学生举一反三，有助于帮助学生对知识的迁移应用，培养发散思维。如图4-2所示是对教材中"生产者、消费者和分解者的关系"示意图的进一步改编。

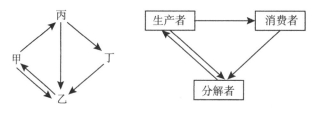

图 4-2　生产者、消费者、分解者关系示意图 2

（三）自主构建图解，激活系统思维

教材中往往有很多隐含的核心概念，这类知识往往比较抽象、难以理解。在充分研究教学目标、课标等要素的基础上，教师可深挖教材内容，对知识点进行重构并整合，构建适合学生认知的图解，有助于学生理解隐含概念，促进系统思维的发展。例如，在"生物与环境组成生态系统"一节中，对于食物链和食物网中能量的流动特点，常规的教学往往会直接给出"能量逐级递减"的概念，而没有引导学生深入探究能量为何会逐级递减，学生对此概念的理解只是停留在表层。通过图解，则能够更好地揭示能量流动逐级递减的本质（见图4-3）。

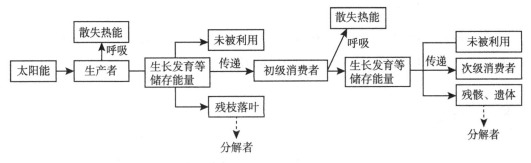

图 4-3 "生态系统中能量流动"图解

三、生物图解教学模式基本流程

（一）确定图解，理清思路

选取合适的生物图解是进行图解教学的前提。不同地域、不同班级的学生有较大的差异，秉承因材施教的理念，根据不同的授课内容，教师需要在分析教材和学情以及课程标准的基础上，选取、改编或者编制适合学生理解和思维发展的图解，并通过构建图解，梳理教材，化零为整，形成整体的知识框架，以达到重构知识的效果。其中，图解可以是完整的，直接用于教学；也可以是教师设计出图解框架，然后在课堂上引导学生根据框架完善图解。

（二）运用图解，构建概念

《义务教育生物学课程标准（2022 版）》强调，教学要让学生有充分自主思考的时间，让学生在主动学习的过程中真正理解生物学概念，并能够将概念应用到实际情境中。因此，在运用生物图解进行教学的过程中，要注重引导学生主动构建生物学核心概念，并在构建概念的过程中发展系统思维。

（1）创设情景，激活动机。通过创设具体的情境，激发学生的兴趣，引导学生主动思考。

（2）问题驱动，启发思维。根据图解内容及具体学情，设置梯度式问题链，通过层层递进的驱动性问题，引导学生观察图解—以图析文—图解迁移，推动学生在思考问题、解决问题的过程中逐步构建概念，内化知识，启发思维。

（三）情境再现，学以致用

教师通过具体的情境，建立生物学知识与社会、生产、生活之间连接的桥梁，培养学生运用所学知识在真实情境中解决问题的能力。

📖 **教学案例：**

人教版七年级上册《细胞通过分裂产生新细胞》教学设计

（一）教学目标

1. 描述细胞分裂的基本过程；描述细胞分裂过程中染色体的变化；描述动植物细胞分裂的异同点。

2. 通过构建图解、分析图解，提高以图析文的能力，培养理性思维。

3. 体验将图解教学用于探究细胞分裂过程中物质变化的一般过程，认同图解教学在生物学学习过程中的作用；关注细胞分裂的研究对医疗、生活等方面的重要价值，树立关注人类健康的社会责任感。

（二）教学重难点

重点：细胞生长和细胞分裂的概念；动植物细胞分裂的过程和异同点；细胞分裂过程中染色体的变化。

难点：细胞分裂过程中染色体的变化。

（三）教学过程

1. 创设情境，激活动机

创设"壁虎断尾"的生活情境：壁虎有许多种，最大的体长约 35 厘米，而最小的只有 3 厘米左右。它们生活在气候温暖的地区，我们能在树上或岩石间看见它们。受到其他生物袭击时，壁虎能脱去自己的尾巴，但很快会有一条新的尾巴长出来。有时尾巴并未完全脱落，当新尾巴长出来时，原来的那条又伤愈了，壁虎就有了两条尾巴。由此引发学生思考：断尾的壁虎是怎样长出新尾巴的呢？与细胞的哪种生命活动有关？

壁虎断尾是一种很常见的现象，教师正是利用生活中的现象来激发学生的兴趣，引发思维火花的碰撞，创设学习情境。

2. 运用图解，构建概念

（1）运用图解，构建概念：细胞的生长。

关于细胞的生长，教材只是用简单的语言来描述。根据文字描述，教师将把细胞生长的过程用图解的形式直观地呈现出来，引导学生观察图解并思考问题：由①到②，细胞发生了什么变化？过程a表示的是细胞的哪项生理过程（见图4-4）？通过问题驱动，观察图解，构建"细胞不断从吸收营养，转变成组成自身的物质，体积会由小变大"的概念。

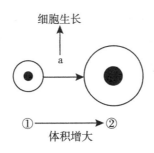

图 4-4　细胞生长图解

（2）运用图解，对比分析，初建细胞分裂概念。

教师根据教材内容，分析细胞不会无限生长，部分细胞长到一定程度后会进行细胞分裂，启发学生初步构建细胞分裂图解，以及通过图解对比分析细胞生长和细胞分裂活动，并思考问题：过程b表示细胞的哪项生理过程？由②到③和④，细胞发生了什么变化？教师引导学生在分析图解的基础上进行总结：细胞生长的结果是体积增大，而细胞分裂的结果是数量增多（见图4-5）。这样就让学生从宏观上认识细胞分裂的概念。

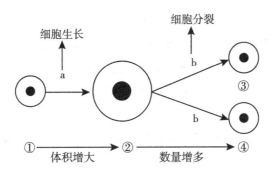

图 4-5　细胞生长和细胞分裂图解

（3）运用图解，动态演示，活化思维。

教材中先用文字描述动物细胞和植物细胞的分裂过程，接着给出植物细胞分裂过程示意图，但没有给出动物细胞分裂过程示意图。对于初一的学生，其思维还处于形象思维向抽象思维过渡的阶段，空间想象能力也有待提高。因此，对于动物细胞和植物细胞分裂的具体过程以及两者的异同点，还不能从本质上去理解。

教师在教学中首先引导学生开展小组合作，利用彩色橡皮泥在透明硬板上动态地演示动物细胞和植物细胞分裂过程图解。接着在观看动植物细胞分裂的 3D 视频的基础上提出问题：动物细胞和植物细胞分裂过程中各个结构会发生什么变化？最先开始分裂的是哪个结构？动物细胞和植物细胞分裂过程有何异同点？引导学生在问题驱动下，绘制动物细胞和植物细胞分裂过程的图解，进一步建立细胞分裂的概念。同时，通过图解比较分析动植物细胞分裂的异同点，形成系统的知识网络（见图 4-6）。

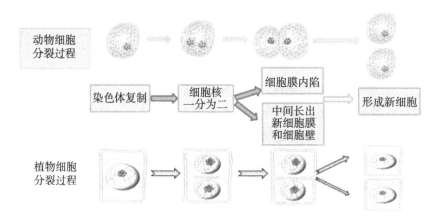

图 4-6　动物细胞和植物细胞分裂过程图解

（4）运用图解，构建模型，认知跃迁。

在细胞分裂过程中，染色体的变化是一个非常抽象的过程，是本节课的难点之一。为何是细胞核最先分裂？细胞怎样才能有条不紊地完成整个分裂过程？学生要推测出细胞核的分裂过程，首先要复习细胞核的功能。通过图解，让学生理解正是因为细胞核含有遗传信息，才能够控制细胞的各项生命活动，如细胞生长、细胞分裂等。然后引导学生深入理解细胞核是如何指导细胞的生命活动有序进行的（见图 4-7）。接着引导学生思考：细胞核是怎么分裂的？细胞核中的遗传物质是简单地直接平分吗？通过图 4-8 的图解结合反推法可以得出结论：细胞核中的遗传物质不是简单地平均分成 2 份，这样遗传信息会逐渐丢失。细胞能够正常工作，新细胞的遗传物质必须与原细胞相同。教师继续提问：如何才能让两个新细胞的遗传物质与原细胞相同？通过纸张复印现象的类比，得出遗传物质需要先复制再平分才能实现新细胞和原细胞拥有相同的遗传物质的结论。遗传物质在哪里？教材用了简单的文字

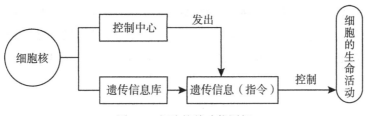

图 4-7 细胞核的功能图解

和洋葱根尖细胞分裂图描述了染色体的组成和形态变化，但是对于初一的学生来说，内容依然非常抽象。因此，教师先引导学生利用毛线和粘球构建染色体的模型，再通过图解梳理 DNA、蛋白质、染色体和细胞核的关系（见图4-9）

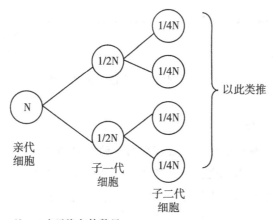

注：N表示染色体数目

图 4-8 细胞核直接分裂反推法图解

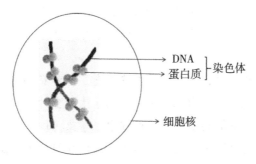

图 4-9 染色体的组成及与细胞核的关系

在理解了染色体的组成及与细胞核的关系的基础上，教师引导学生通过贴图的方式构建细胞分裂过程中遗传物质变化的动态图解模型，在模型构建的过程中理解染色体是如何先复制然后再平均分配到两个子细胞中的，同时理解新细胞与原细胞拥有相同的遗传物质这一核心概念（染色体的形态与数目均相同），从而实现认知跃迁（见图4-10）。

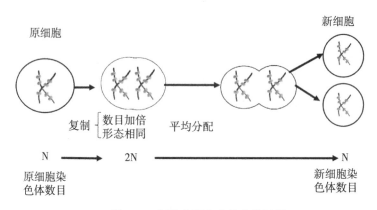

图4-10 细胞分裂染色体变化过程

3. 情境再现，学以致用

在引导学生逐步对细胞分裂过程中物质的变化抽丝剥茧地分析后，教师进一步提问：细胞分裂后，体积发生什么变化？如果一个细胞连续分裂下去，体积会不会越来越小？学生分析后得出结论：原细胞分裂成两个新细胞后，细胞会经过生长过程，最后绝大多数转变为成熟的细胞，各自执行功能。少数细胞会继续保持活跃的状态，进入下一个分裂周期。但是细胞会不会无限分裂？如果某个细胞不受控制，无限分裂会产生什么结果？此时，教师再通过图解梳理细胞分裂与细胞生长、癌细胞的关系，让学生明白正常细胞受到遗传物质的控制，不会无限增殖。如果细胞受到某些因素的影响，会摆脱细胞核的控制，成为脱缰之马，无限增殖，变成癌细胞，从而引导学生关注生活习惯、关注健康问题（见图4-11）。

4. 小结

本节课的内容较抽象，包含较多重要概念。教师在教学中利用大量的图解，可以将抽象的内容直观地呈现出来，充分调动学生的多种感官参与学习，提高学生的学习参与度。在利用图解构建模型的过程中，学生通过观察图解、分析图解，层层深入地理解生物学重要概念，促进观察力、图文转换能力、总结归纳能力、逻辑推理能力等方面的发展，从而提升了核心素养。

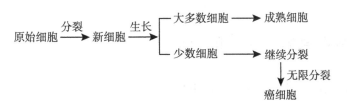

图 4-11　细胞分裂与细胞生长以及与癌细胞的关系

第二节　翻转课堂教学模式

在常规的课堂教学中，基本上应用"课堂学习新知"+"课后完成练习"模式。基础知识的传授通常是在课堂上完成，教师通过讲授或训练的方式，让学生获得基础知识，然后学生在课后完成对应的练习。然而，在大班教学中，学生往往具有个体差异性，不同的学生对教学的进度、方式等方面的需求不同，因此，这种传统的教学模式不利于因材施教。此外，还存在传统的课堂教学知识的传授与能力的培养不匹配、学生缺乏动手实践的机会等问题。翻转课堂作为信息化教育环境下的产物，与常规教学模式不同，翻转课堂教学模式采取先学后教的方式，以学定教。知识的传递发生在课前，教师通过发布视频、布置课前任务、提出课前思考问题等方式，让学生在课前进入学习状态。学生通过观看视频，解决教师在课前提出的问题，凸显了学生作为学习主体的地位。基础知识的学习是学生在课前通过观看视频完成的，因此，翻转课堂教学模式更注重学生学习的自主性，让学生真正成为学习活动的主体，从而增强了学生学习的主动性和创造性。

一、翻转课堂教学模式的发展

最早开展翻转课堂研究工作的，是哈佛大学的物理教授埃里克·马祖尔。他在 20 世纪 90 年代创立了同侪互助教学方式。这种教学方式目前已在百所大学经历了多年的实践探索。埃里克·马祖尔认为，学习可以分为"知识的传递"和"知识的吸收内化"两个方面。常规的教学模式更注重第一个方面，也就是知识的传递，而翻转课堂在关注知识传递的基础上，利用课堂上的讨论、实践、练习等活动，使知识的内化过程更加深刻。经过实践表明，同侪互助教学方式能够有效提高课堂效率和质量。不过，而真正掀起了一场轰动世界的翻转课堂革命的是美国的一位名叫萨尔曼·可汗的金融分析师。

二、翻转课堂教学模式的特点

与传统课程相比，翻转课堂具有以下特点：

（一）师生角色的转变

翻转课堂使得教师从传统课堂中的知识传授者变成了学习的指导者和促进者。这意味着教师不再是教学活动的中心。在学习任务的驱动下，学生真正成为个性化的学习主体，他们可以自主选择学习时间、学习地点、学习内容和学习容量。

（二）重新建构学习流程

通常情况下，学生的学习过程由两个阶段组成：第一阶段是"知识的学习"，是通过教师和学生、学生和学生之间的互动来实现的；第二个阶段是"知识的内化"，是在完成基础知识的学习后，通过一系列知识的实际应用来实现的。在传统的教学模式中，由于第二个阶段主要是学生在课后自主完成，如果遇到学生自己无法解决的问题，而此时又没有其他师生可以一起讨论或提供帮助，学生容易产生挫败感，学习效率也会随之降低。而翻转课堂对教师的教与学生的学进行了颠覆与重构。"知识的学习"阶段发生在课前，学生通过自主观看和学习老师提前发布的视频来获取基础知识，在这个过程中如果遇到困难，可以寻求教师的在线解疑。教师通过在线解疑，也可以了解学生感到困惑的地方，从而在第二个阶段组织有针对性的研讨，在讨论交流的过程中促进学生对知识的内化。

三、翻转课堂在初中生物教学中的意义

（一）有利于提高学生的学习自主性

初中生物学的基本概念、原理、规律等具有一定的系统性，不同章节之间的知识具有一定的联系，因此，学生只有学会自主学习、自主总结、归纳，把知识内化，才能够取得更好的学习效果。将翻转课堂教学模式引入初中生物教学，能够打破传统课堂教学的局限性，留给学生更多自主学习的空间。特别是在某些特殊时期，基于翻转课堂的学习，可以建立线上课堂与线下课堂之间的桥梁，更有利于培养学生的自主学习能力。具体而言，首先，在课前环节，教师会留给学生独立预习的空间，使学生能够根据自己的

情况自主选择学习时间、学习地点及学习容量；其次，在课中环节，教师要为学生创造合作学习环境，让学生在轻松的氛围中进行自主思考、交流等。因此，翻转课堂教学模式极大地提高了学生的学习参与度，体现了以生为本的新课程理念。

（二）有利于增强师生的互动交流

在初中生物教学中应用翻转课堂教学模式，可以有效地增强师生间的互动交流。在传统教学模式中，师生的互动交流更多表现为生物课堂上的问答，而在引入翻转课堂教学模式以后，教师不再是课堂的主体，而是学生学习的引领者，从而拉近了师生的距离，使学生更愿意与教师交流、对话，师生之间的互动机会逐渐增多。例如，课前，教师可通过"学习任务单"指导学生，在无形中搭建师生交流的平台；课中，教师可了解学生的预习情况，也可在学生相互讨论、交流的过程中给予指导或点拨；课后，教师可针对不同学生的疑惑给予解答，实现与学生的一对一交流。因此，从整体而言，翻转课堂教学模式在初中生物教学中的应用，显著提升了师生之间的互动交流。

（三）有利于实现教学效益更大化

翻转课堂教学模式在初中生物教学中的应用，可以较好地转变课堂教学的整体格局，提升教学效果。翻转课堂是基于先进教育信息技术的一种教学模式，其将课堂时间重新分配，能最大化地实现对教与学时间的延伸，使得初中生物教学的课前、课中及课后教学活动安排更贴合学生的学习需求，且能照顾不同层次的学生，最终实现"优等生"加速学习、"中等生"追赶学习、"学困生"重复学习。同时，该教学模式在初中生物教学中的应用，也让教师避免在课中对基础知识"填鸭式"的重复。概言之，翻转课堂的应用，实现了初中生物教学效益的更大化。

四、翻转课堂教学模式典型案例

（一）可汗学院教学模式

1. 概述

可汗学院翻转课堂教学模式的创始人是美国的萨尔曼·可汗。萨尔曼·可汗之前是美国一家基金公司的金融分析师，他在数学方面具有很高的天赋。2004 年，上七年级的表妹纳迪亚有一些数学难题不会做，于是便请教自己的表哥，也就是萨尔曼·可汗。可汗通过在线平台，远程为表妹解疑。在可汗的辅导下，纳迪亚的成绩日渐优秀，随后，萨尔曼·可汗的侄子、外甥和外甥女也纷纷上门讨教。萨尔曼·可汗一时间忙不过来，于是灵机一动，将自己的数学辅导材料录制成视频放到视频网站，一时间受到很多人的好评。随着点击率的提升，他开始思考这种教学方式的优势，于是，在 2007 年，萨尔曼·可汗创办了可汗学院，目的是在线传播知识，提供免费学习视频，因此它属于非营利的教育机构，通过在线图书馆收藏了 3500 多部可汗学院的教师关于数学、历史、金融、物理、化学、生物、天文学等科目的教学视频，这些视频对全世界的人开放，这便是翻转课堂最早的雏形。

2. 可汗学院的教学特点

（1）视频短小精悍。可汗学院的每段学科视频都比较短，一般不超过十分钟，内容也会设置难度梯度，便于学生由简到难、层层深入地学习。

（2）交互系统。在可汗学院教学模式中，教学设计者借助电子黑板系统来录制视频（见图 4-12），然后发布到可汗学院网站上，不但可以为学生提供学习视频，同时还开发了配套的习题库。这样一来，系统就可以根据学生的练习题完成情况，向教师反馈学生的学习情况。

（3）传统的教学模式受课时影响较大，而可汗学院的系统，一是可以让学生掌握每一个未来还会用到的基础概念之后，再继续深入学习。二是进度类似的学生可以重编在一个班，这样可以较好地保证每个学生的均衡发展。

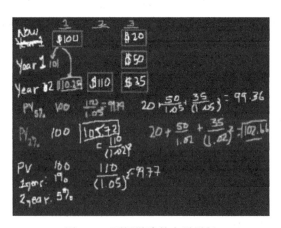

图 4-12　可汗学院的电子黑板

3. 可汗学院的模块

可汗学院翻转课堂教学模式主要由三大模块组成，分别是教学设计者模块、教师模块和学生模块（见图 4-13）。教学设计者模块的推进，需要借助信息技术，因此这是一个以信息智能化技术为教育服务的过程。智能时代的不断发展，为学生的差异化学习提供了基础保障。

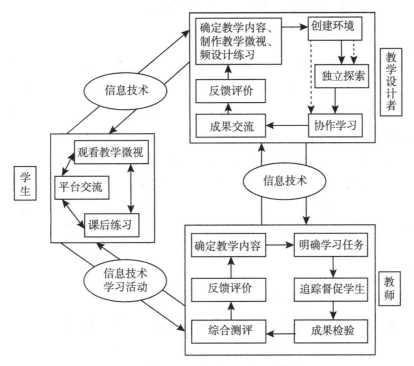

图 4-13 可汗学院翻转课堂教学模式

（1）教学设计者模块：可汗学院的教学设计者不参与课堂教学，只负责课前部分，主要工作包括管理与制作课前视频并设计配套的练习题，然后发布到平台上；创建和维护学生的在线学习环境。其中，教学设计者的角色与授课教师的角色由不同的人执行。这种分工虽然可以减轻授课教师的负担。但因教学设计者没有直接参与教学活动，没有建立起教与学的双边活动，而无法了解学情，更不能实时反馈，在一定程度上会削弱翻转课堂的教学效果。

（2）教师模块：相较教学设计者，可汗学院的教师是课中部分教学的主心骨。首先，教师需要确定学习内容，并根据学习内容来制定具体的学习任务。其次，在课前自学部分，教师需要通过平台监督学生的自主学习情况，并及时给予有需要的同学针对性的引导和帮助。最后，教师需要对学生的学习成果做出检验和测评，再反馈给学生本人，通过"任务—学习—反馈"过程，提高学习效率。

（3）学生模块：在可汗学院翻转课堂教学模式中，学生的学习活动分为三部分：一是观看平台发布的微视频，根据微视频自主学习基础知识，二是在平台上与其他人交流讨论，三是完成配套的练习。因此，这种模式可以在很大程度上增强学生自主学习的灵活性，满足了学生学习需求的差异性。

（二）美国林地公园高中翻转课堂教学模式

1. 概述

"翻转课堂"的兴起得益于美国林地公园高中两名教师乔纳森·伯尔曼和亚伦·萨姆斯的一次特别尝试。2007年，他们为了使缺课的学生能够跟上学习进度，于是便把教学内容录制成视频，通过网络平台发布，让缺课的学生可以自主学习，跟上教学进度。这次特别尝试得到了学生的支持。两位教师由此得到了启发，结合长期以来对学生的观察，他们发现学生对课堂上所学的知识并不能灵活应用于练习和日常生活。因为学生在完成家庭作业的时候总会遇到困难，然而此时教师却不能面对面给予学生有针对性的帮助和指导。于是，他们使用屏幕捕捉软件，把结合实时讲解和PPT演示的视频上传到网站，让学生先自行观看视频，然后利用上课时间帮助学生解决疑惑——这是"翻转课堂"的突破性尝试，在当时受到了学生的广泛欢迎。后来也有人将翻转课堂称为"颠倒教室"。

2. 美国林地公园高中翻转课堂教学模式实施流程

美国林地公园高中的翻转课堂主要分为课前自学、课中答疑、课后总结三部分（见图4-14）。

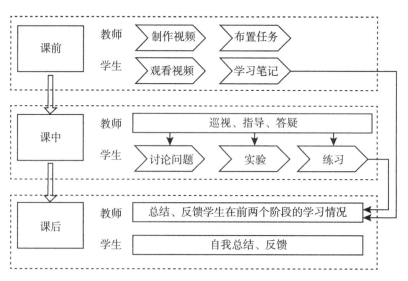

图4-14　美国林地公园高中翻转课堂教学模式

（1）课前自学：课前学习部分一般发生在课堂教学的前一天，学生自主在家中观看视频。由于视频是提前下载或者拷贝的，因此如果遇到难以理解的地方，可以重复观看，这样可以让不同认知层次的学生都得到适当的发展。

（2）课堂答疑：课堂上的答疑解惑过程是林地公园高中翻转课堂教学模式中最重要的组成部分，主要包括讨论问题、实验、练习与作业三个环节。在这个过程中，教师不再重复基础知识的讲授，而是组织学生开展小组合作讨论、实验，并实时检查学生的学习情况，帮助遇到困难的学生，最后指导学生在课堂上完成练习。在此阶段中，教师活动与学生活动同步进行，教师充分发挥指导者的作用，而学生的主体性也得到充分体现。

（3）课后总结：课后部分相对简单。教师对学生在前两部分的表现做出评价、反馈和总结，而学生也会对课前的视频学习和课中的学习活动做出反馈，并根据实验结果和作业或练习情况做出总结。

翻转课堂的实施效果主要取决于两个环节：一是学生在课前通过教师事先提供的视频学习新知识。视频是否能吸引学生？是否方便学生观看？知识体系的设置是否合理？知识点的讲解是否透彻？知识点训练的交互功能是否较生动等，都直接影响学生对新知识的掌握，从而对教师在知识体系的把握、视频制作技术等方面提出了更高的要求。二是通过组织课堂活动实现知识内化。丰富多彩的课堂活动，如案例、项目的挑选，研讨问题的设计，课堂活动组织过程与形式等将直接影响学生能力的提升及对知识的理解与内化，从而对教师在课堂活动设计方面也提出了更高的要求。

（三）深圳南山实验学校的"三步五环节"翻转模式

深圳市南山实验学校是国内较早实施翻转课堂教学实践研究的学校之一，南山实验学校进行的翻转课堂实验是运用信息技术整合策略实施新课程改革的一次大胆尝试。其教学模式主要分为课前三个步骤和课中四个环节（见图 4-15）。

图 4-15　南山实验学校翻转课堂模式

（1）课前：教师提前在平台上发布微课视频，学生在上课前一天自主学习平台上的微课视频，接着自主完成进阶性练习题并提交。接着，学生可以根据平台给出的测试结果来反思、总结自己的学习成果。这种方式给予学生充分的学习自主权，同时还能让学生的个体差异性得到发展。特别是其中设置的进阶性练习，有助于学生循序渐进地培养高阶思维。

（2）课中：课堂上，教师会通过平板打开翻转课堂平台，详细查看学生每道题的错误率、分析学生的答题情况，课中的重点环节是聚焦问题，引导学生合作探究，突破难点。在这个过程中教师充当的是教学活动的组织者和引导者，学生则是学习活动的参与者、探究者。最后，学生通过多道综合练习题，进一步加强对知识的内化。如果时间允许，教师还会组织一些拓展活动。

（四）重庆聚奎中学的翻转课堂教学模式

位于重庆江津区的聚奎中学办学始于1870年的聚奎书院，学校的发展史是中国近现代教育史的缩影。2011年，聚奎中学借鉴美国最新的翻转课堂模式，率先在中国大陆的学校中开展实践研究，很快赢得了广泛关注。翻转课堂改革，激活了这所百年名校的创造能量。聚奎中学在借鉴美国翻转课堂模式的同时，结合本校的"541"高效课堂模式对其进行了改造，探索出了适合聚奎实际的"课前四步骤""课中五环节"的翻转课堂基本模式（见图4-16）。

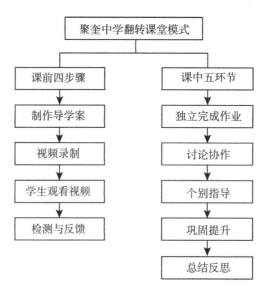

图4-16　聚奎中学"课前四步骤""课中五环节"的翻转课堂基本模式

1. 课前四步骤

云教育在聚奎中学的翻转课堂中发挥了重要的作用。学校开发了一套网络学习平台，该平台不但为学生提供课前学习微视频，同时还能智能管理学生的学习活动。

（1）制作导学案。该步骤的完成需要整个备课组共同参与，教师通过集体备课与讨论，制作出适合学情的课前自学学案。

（2）视频录制。聚奎中学的课前自学视频时长一般为 10~15 分钟，由学科组的教师代表录制，然后上传到"校园云"服务平台。

（3）学生观看视频。学生们首先独立预习教材和学案，接着在平板电脑上自主观看微视频。

（4）检测与反馈。学生们在观看视频并完成自主学习之后，需要通过网络学习平台完成相应的检测题，以反馈自己的自主学习情况，而平台会对学生的答案进行智能分析与评价，教师和学生可以在线查看结果，从而做出相应的总结、反思，进而调整教学活动或学习活动。

2. 课中五环节

（1）独立完成作业。学生在课堂上先独立完成教师布置的作业，并记录在完成作业的过程中遇到的难题。

（2）讨论协作。对于在第一个环节中遇到的难题，通过小组合作讨论以及师生之间的协作共同解决。

（3）个别指导。在通过讨论协作解决问题后，教师会继续监控课堂，同时会进行个别辅导，以促进不同层次学生的思维发展。

（4）巩固提升。在教师的指导下，学生进一步完成网络平台上的检测题，也可以完成其他相应的练习，促进知识的内化。

（5）总结反思。最后，学生自主查看答案详解，或者观看平台上教师发布的解析视频，自主订正错题并总结反思。

第三节　问题导学教学模式

古人云："学起于思，思源于疑"。西方也有谚语："哲学始于惊疑。"问题是思维的源泉，是思维的动力，更是保证学生深层次认知参与的核心。"问题导学"关注教师的引领和启发过程，让学生在问题的发现与解决过程中获得更多的思考空间。

"问题导学"是一种以问题的发现与解决作为线索来驱动教学过程的探究性教学模式，该模式能实现课堂从"教师主讲"到"教师主导、学生主体"的转变，体现了新课标提倡的学生本位的教学理念。其实质是在学生的意识形态领域内创设一种探究问题的情境，激发学生的学习"内驱力"，充分调动学生学习的积极性和主动性，提高学生的思辨能力、合作探究能力，建构符合学生认知发展的知识体系，发展高阶思维能力和创新能力，达到掌握知识和发展智力的目的。

一、问题设计

在问题导学教学模式的应用过程中，"问题"是基础，"导"是关键，"学"是核心。其核心思想是以问导学，即以问题为主线，引导学生自主学习，自主构建知识体系。因此，合理设计问题，是问题导学的基础。它包括两个层次：一是以"问"带"导"，即教师需要联系目标、结合学情来系统地设计问题，突出"导"是"问"的灵魂，"问"是"导"的体现；二是"导"中生"问"，培养学生质疑和创新能力。问题的设置是否得当，难度梯度是否符合学生的认知规律，直接影响学生思维的发展。问题的设置要遵循以下原则：①发展性原则。问题的设置要以促进学生思维发展为目的，与学生的心理特征、认知特点和发展规律相关联。③目标引领原则。好的问题可以起到目标引领作用，教师应以问题为主线，引导学生主动探索。③循序渐进，层层深入。一节课往往需要通过不同的问题引导学生探索新知，教师在设置问题时，要循序渐进，通过设置层层深入的梯度问题，推动学生思维和能力的发展。④逻辑性原则。各问题之间要具有一定的逻辑顺序，才能起到启发思维的作用。

从提问的主体来看，问题的提出方式主要分为两种：第一种是根据问题情境，教师提出问题，通过问题驱动，引导学生层层深入地探究生物学本质；第二种是教师引导学生发现问题，提出问题。爱因斯坦曾经说过，提出一个问题甚至比解决一个问题更重要。问题的产生，建立在观察和思考的基础上。生物学问题的提出一般要经历三个阶段：第一个阶段是对眼前的生物学问题情境或原问题进行思考和探究；第二个阶段是学习主体发现问题并对其进行质疑；第三个阶段是学习主体对所发现的问题用生物学的语言或概念进行阐述。

问题的种类与设问的方式可以多种多样，教师可以设置开放性设问、进阶式问题、探究式问题、质疑性问题等。根据不同的教学内容，选择适合的设问类型。

（一）进阶式提问

进阶式提问主要通过一系列的问题链来实现，这些问题的设计如同阶梯一样，第一阶梯靠近地面，很容易通过，后面逐渐升高，这样有利于学生实现从"现有区"到"最近发展区"的跨越。它不仅能在很大程度上促进学生积极思考，而且有利于帮助学生逐步深入地剖析和理解知识的本质，从而构建具有逻辑性的知识体系。

进阶式提问可以以"布鲁姆的目标分类法"作为"脚手架"（见图 4-17）。第一个问题是建立在已有知识的基础之上，它只是要求学生回忆已学的内容。第二个问题建立在理解的基础之上，学生们要展示他们的理解能力，从本质上理解有性生殖和无性生殖的概念。第三个问题是让学生们应用知识于实践。第四个问题则需要学生思考和分析有性生殖和无性生殖的优点。最后一个问题则在评价方面提出了要求。这些问题层层递进，难度也越来越大。正是通过进阶式的问题导向，才能更好地引导学生自主构建知识，培养学生的进阶思维。

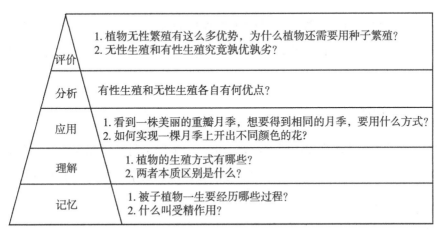

图 4-17　《植物的生殖》梯度问题图

（二）探究式提问

《生物学课程标准》强调教师在教学中要引导学生思考，亲身体验探究的过程，领悟科学探究的方法，从而增强学生的探究意识。每个探究活动往往需要具有探究价值的问题或任务——探究性问题是在教材已知内容的基础上拓展、延伸出来的，教师也可鼓励学生就所学内容提出自己感兴趣的问题。这样有助于激活学生的探究欲，从而主动参与探究活动。

 教学案例：

人教版八年级上册《先天性行为和学习行为》

创设情境：在蚯蚓走"T"形迷宫的实验中，蚯蚓要经过大约 200 次尝试，遭受多次轻微电击后才能学会直接爬向潮湿的暗室。小鼠属于哺乳动物，也可以通过走迷宫获取食物。

引导：对于小鼠走迷宫获取食物的行为，请提出你要探究的问题，并尝试设计方案来验证。

问题一：小鼠能走出迷宫获取食物吗？

问题二：小鼠走迷宫属于学习行为还是先天性行为？

问题三：小鼠走迷宫获取食物的尝试次数会比蚯蚓少吗？

……

通过设置探究性问题，教师引导学生在提出问题、做出假设、制定方案、实施方案、得出结论、表达交流的过程中，提高分析问题、解决问题的能力与探究能力，提升高阶思维。

（三）据图设问

生物学知识往往抽象难懂，因此需要借助一定的图文材料来深入学习。在图文材料提供的直观、感性知识的基础上，教师通过问题链来启发学生抽丝剥茧地分析，归纳知识的本质。

教学案例：

人教版七年级上册《生物与环境组成生态系统》

在本节课中，生产者、消费者和分解者之间的关系，以及食物链和食物网中的物质和能量流动是本节课比较难懂的知识点。借助图解，通过问题链，以图表形式出示问题，有利于发挥学生的主观能动性，同时通过小组合作讨论，培养学生的观察能力和分析归纳能力。

问题：仔细观察图片（见图4-18），你观察到什么？这说明什么？

图4-18　生产者、消费者和分解者的关系图

你观察到什么	说明什么
动物以绿色植物为食	生产者是绿色植物
图中的生物都向外散失热量	生物的生命活动需要消耗和散失能量
箭头从太阳开始	能量的最终来源是太阳能
从植物到动物，箭头越来越细	物质和能量逐级递减
植物和动物的箭头都指向腐生生物	植物和动物最终都被分解者分解

（四）开放性设问

开放性设问可分为计划型和计策型两种，即要求学生结合情景和设问要求，回答一系列"怎样做"的问题，这类问题的开放度较高，没有固定的答案，如"面对日益减少的水资源，你可以做什么力所能及的事？""作为中学生，在保护生物多样性上你能做什么？""面对日益严重的环境污染，你能做什么？""根据材料，你得到了什么启示？"等。开放性问题一般没有固定的答案，只要学生的回答与问题相关，言之有理即可。这样有助于发散思维和创新思维的养成。

🎁 教学案例：

人教版八年级下册《两栖动物的生殖与发育》

情境：1995 年，美国一名中学生在河流和沼泽中发现三条腿的青蛙，引起科学家的注意。后来经过调查，在美国南部、东部、中西部和加拿大等地也发现了畸形蛙，蛙的畸形个体数高达 10%。为探究其原因，研究人员把出现畸形蛙地区的水取来，用非洲爪蟾做实验，结果爪蟾在发育过程中也产生畸形。

问题：畸形蛙的出现，可能是由什么原因造成的？上述材料说明了什么问题？由此你得到什么启示？

（五）刨根问底式追问

在解决完前一个问题之后，沿着当前的思路，继续进行刨根问底式追问，可以进一步帮助学生理解隐藏在观点背后的本质，激励学生更全面地理解相关内容，建构更完善的知识体系，培养学生的发散思维。刨根问底式追问常见的表述有："你为什么会有这样的观点呢?""你能举出例子加以证明吗?""你的依据是什么?""引起它的原因是什么?""还有别的方法吗?"

 教学案例:

<h3 style="text-align:center">人教版八年级上册《两栖动物和爬行动物》</h3>

两栖动物的主要特征:幼体生活在水中,用鳃呼吸;成体大多数生活在陆地上,也可以在水中游泳,用肺呼吸,皮肤辅助呼吸。

爬行动物的主要特征:体表覆盖角质的鳞片或甲;用肺呼吸;在陆地产卵,卵的表面有坚韧的卵壳。

问:既可以生活在水中,又可以生活在陆地的就是两栖动物吗?

答:不是。

追问:你能举出例子加以证明吗?

答:比如乌龟。

追问:你的依据是什么?

答:乌龟可以生活在水中,也可以生活在陆地,但乌龟用肺呼吸,体表覆盖着角质的甲,卵的表面有卵壳,因此乌龟属于爬行动物。

追问:还有其他反例吗?

答:还有鳄鱼,也是水陆两栖,但是鳄鱼属于爬行动物。

当然,不同类型问题之间常常有互相交叉的地方。这需要教师根据具体的教学内容和情境,选择合适的设问方式,提升课堂教学的效率。

二、问题导学教学模式的基本策略

问题导学教学的策略主要包括情境设疑—合作探疑—释疑归纳—拓疑延伸四个方面。

(一) 情境设疑

实践证明,学习通常是在具体情境中发生的。创设问题情境的目的在于揭示事物之间的矛盾,从而激发学生的好奇心和求知欲,使他们在思维上产生概念冲突,进而对知识产生强烈的好奇。良好的问题情境可以激发学生的学习兴趣,激活思维。因此,教师应该尽量在教学中创设问题情境和有向引导。

创设有效问题情境时要注意：①问题情境要基于教情和学情；②问题情境要与学生的日常生活联系密切；③问题情境要新颖别致，具有启发性；④问题情境要和学生的认知层次和特点紧密贴合，能够引发学生的认知冲突。

（二）合作探疑

从心理学方面来看，学生的课堂学习可以分为个人学习、竞争学习和合作学习三种类型。从研究情况来看，合作学习是课堂教学活动的主流，能促进学生在合作中激活思维的火花，开发潜能，达到知识学习和能力提升并行的效果。此外，由于学生个体认知的差异性，他们对问题往往会有不同的见解。而采取合作探究的学习方式，能使学生在合作学习中集思广益，互通有无，在思维碰撞的过程中深入分析问题的本质，从而有效提高课堂教学效果。在此过程中，教师要充分发挥引领者的作用，适当给予学生一些"催化剂"，促进学生质疑、解疑。

（三）释疑归纳

在经过一系列基于问题的探索之后，教师要关注学生的学习情况，引导学生采用不同的方法进行总结归纳，如思维导图、概念图、表格等形式，图文并茂地内化知识，并深入挖掘知识之间的内在联系，构建整体的知识体系。

（四）拓疑延伸

"合作探疑"和"释疑归纳"强调的是思维的发展过程，基于以"问""导"学的导向，学生完成了知识的建构。而"拓疑延伸"强调的是学习的结果，这个结果的反馈指标之一就是能否拓展延伸，学以致用。

三、问题导学教学模式在初中生物课堂的应用

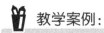教学案例：

人教版八年级上册《病毒》

（一）教学目标

1. 描述病毒的形态特征，以及与人类的关系；

2. 举例说出病毒的种类；

3. 描述病毒的结构；

4. 关注病毒与人类社会、人类健康的关系；认同技术进步对于科学研究的促进作用。

5. 培养学生良好的日常行为习惯，增强对病毒的防护意识。控制疫情、人人有责。

（二）教学重难点

重点：病毒的形态结构；病毒的繁殖；病毒与人类的关系

难点：病毒的结构与其他生物的区别

（三）教学过程

1. 情境设疑，激活思维

创设情境：人类社会在各个不同的发展阶段，一直饱受病毒困扰，可以说人类发展史就是一部人类与病毒做斗争的历史。

【设问】你知道哪些疾病是由病毒引起的？病毒是不是生物呢？

亚里士多德曾说："思维自惊奇和疑问开始"。教师要以问题来引导学生拓展思维，在教学中设计一个与本节课相关的、学生感兴趣且与实际生活有密切联系的问题，激发学生探究的兴趣，建立课堂与生活相互联系的桥梁。

2. 合作探疑，发现新知

（1）搭建问题链，探索病毒的发现

病毒的发现史是一个探究的过程，教师通过搭建层层递进的问题链，启发学生的探究思维（见图4-19）。

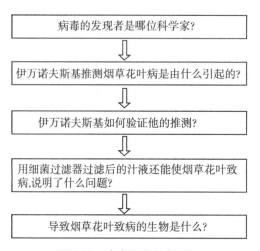

图 4-19　病毒的发现史图解

（2）据图设问，初探病毒——病毒的形态结构

病毒的形态结构是本节课的重难点之一，内容比较抽象。教师据图设问，以问题为线索，引导学生在观察图文和构建病毒模型的前提下展开思考辨析，并总结归纳病毒的形态结构，从而自主构建概念。

【情境】

A：20世纪初，科学家首次用电子显微镜观察到烟草花叶病毒是一种杆状颗粒。

B：图4-20是一些常见病毒的形态。

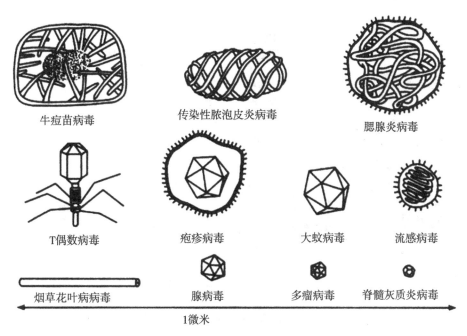

图4-20　常见病毒的形态

【据图设问】

①用什么仪器才能观察到病毒？这说明了什么问题？

②从图中可以发现病毒的形态有何特点？用什么单位描述病毒的大小？

结合图文可知，病毒需要借助电子显微镜才能观察到，说明病毒的形态非常小，需要用纳米作为单位来描述病毒的大小（见图4-21）。

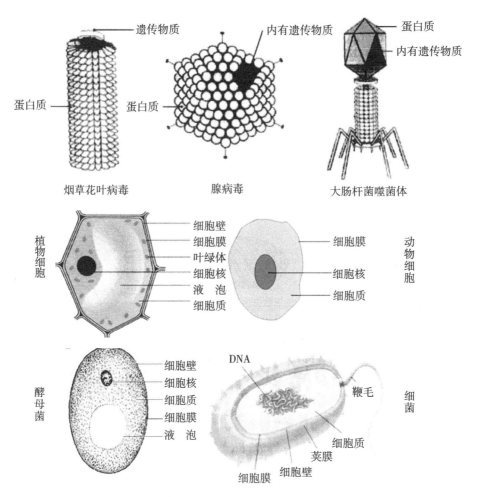

图 4-21　病毒、动植物细胞、酵母菌和细菌结构示意图

【据图设问】

①以上三种病毒在结构上有何共同点？

②病毒的结构为何如此简单？这与病毒的形体微小有何联系？

③病毒的结构与植物细胞、动物细胞、酵母菌以及细胞的结构有什么本质区别？

　　引导学生观察图片，总结并归纳病毒的结构：蛋白质外壳＋内部遗传物质。与其他生物对比，病毒没有细胞结构。正是因为病毒的形体太微小了，以至于其结构非常简单，只保留了与生命活动有关的最重要的结构——蛋白质和遗传物质。在对结构与形态的因果关系分析中，学生的逻辑思维得到发展。

（3）刨根问底，再探病毒——病毒的生存、繁殖与分类

【刨根问底】
①病毒没有细胞结构，为什么说它属于生物呢？（能进行生命活动）
②病毒是如何进行生命活动呢？

引导学生开展小组合作，以问题为导向，归纳并总结病毒的生活方式和繁殖方式：因为没有细胞结构，病毒不能独立生活，必须寄生在活细胞体内，并且在活细胞体内以自主复制的方式进行繁殖。

【刨根问底】
既然病毒靠寄生才能生存，那么根据宿主的不同，可以将病毒分为哪些类型？

病毒的分类比较简单，教师引导学生在问题的指引下，通过思维导图进行自主归纳，提高学生的总结归纳能力和构建知识框架的能力（见图4-22）。

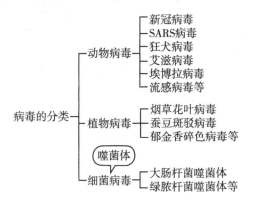

图 4-22　病毒的分类思维导图

（4）链接生活，开放设疑

【开放性设疑】

目前，对于疫苗的作用，有些人仍有疑惑，对于到底该不该打疫苗的问题，你怎么看？请阐述你的理由。

病毒与人类的生活、生产息息相关，在解决问题的过程中，教师要求学生通过举例说明病毒与人类的关系，帮助学生建立知识与实际生活之间的联系，同时，通过辩证分析病毒对人类的影响，提高学生的辩证思维能力。

3. 释疑归纳，构建知识体系

理清知识之间的逻辑关系和内在联系，自主构建知识体系，是推动学生思维发展的目标之一。特别是在构建知识体系的过程中，教师可以观察到学生的思维过程和学习结果（见图4-23）。

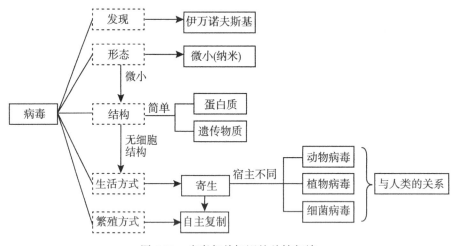

图 4-23　病毒相关知识的总结归纳

4. 拓疑延伸，学以致用

【设疑】

①这三类病毒寄生在生物体内，与人类的生活、生产有什么样的关系？你可以举例说明吗？

②病毒对人类的生活、生产只有有害的一面吗？你可以举例说明吗？

第四节　学案导学教学模式

　　学案，即学习方案，是一种教学资源整合手段，是教师根据学生的认知水平、知识经验等特征编制的，以学生为主体、指导学生主动建构知识的学习活动方案或一系列学习事件的总和。学案以学生的学为出发点，针对初中阶段的概念教学、实验教学以及复习巩固教学，可开发出不同的学案，但其最终都以监控课堂、提高学生的学习兴趣以及增强学生的能力为目的。学案是由教师根据教学基本情况编写而成的，学案导学就是以学案作为导向的一种合作、探究的教学模式。学案导学有助于促进学生多思考、多观察、多动手、多探究，促进学生积极参与学习活动，让学生从被动的学习变成主动探索，主动构建知识体系，充分体现了教师的主导性和学生的主体性。

一、研究背景

　　生物学是研究生命现象和生命活动规律的一门科学。《义务教育生物学课程标准（2022版）》提出，教学要指向学生的生活，学生在生物学习的基础上，能够解决实际问题，促进学生核心素养的发展，进而服务于生活，提高生活品质。对于中学生来说，他们大多数在小学阶段较少接触科学知识的学习，学生的生物学科知识基础几乎为零，并且未曾参与生物动手实验，尚未形成科学探究思维，因此，从生物学的角度来培养学生的核心素养，是非常有必要的。

　　自生物课程核心素养提出以来，初中阶段生物学科的教育价值远远超出基础知识的学习，传统的书本知识的传输、死记硬背的知识点已经不能满足当今社会对人才的需要。如何在有限的生物学课堂上，达成形成学生核心素养的目标，成为初中阶段生物教学关注的首要问题。

二、学案的概念

（一）学案的概念

　　学案是教师根据新课标的要求、学生的实际知识经验和认知水平，将教学目标、教学内容、教学方法以及教学巩固与反馈等一系列教学流程，有序地呈现在学生面前，为学生的学习活动提供"脚手架"。学案以学生的"学"为出发点，以学生为本，引导学生自主学习、合作探究，自主完成思维脉络图的构建。

（二）学案与教案的比较分析

教师在认真研读课程标准、教材或其他参考资料的基础上，明确并落实教学目标，解决教学重难点，通过精心创设教学情境，将教学内容分解成学生需要解决的"闯关"任务，进而形成学案。教师在课堂开始前可将学案分发给学生，作为学生课前预习、课上学习及课后复习的学习工具。教案则是教师在课前基于对课程标准、考纲、教材的研读而形成的讲课方案，其形式往往比较统一，主要包括授课题目、教学目标、教学重难点、课时安排、教学准备、学情分析、教材分析、教学内容、作业布置、板书设计和教学反思等。其目的更多的是使授课者在课前对教学过程做到心中有数，因此，教案是"以教师的教"为核心的。

学案以教案为基础，教师在准备完"教"之后，准备学生的"学"即形成了学案，实现"教"和"学"的统一。但学案侧重于回答"学什么?""怎么学?""学到什么程度?""如何用?"等问题，而这些问题的出发点都是学生。学案与教案最大不同点在于，学案是"以学生的学"为出发点，建立在学生现有知识储备的基础上，引导学生对教材知识进行"深加工"，从而自行构建知识框架的教学方案。学案强调学习内容的结构化、问题化与生活化。学案能够显著地提高学生的自主学习能力，引导学生在分析和解决问题的过程中、在体验式活动中掌握更多的知识。

（三）学案的特征

1. 学案导学从问题串出发

根据学生的认知发展特点，学习的发生要以认知冲突为出发点，因此，层层递进、关联紧密的问题串的设计显得尤为重要。学案首先要建立一个大的问题情境，其中包含了本节课学生需要构建的重要概念。在大问题情境下，又分别设计小的问题分支，并与重要的概念——对应。学生解决学案中的一个个问题的过程，其实就是逐步建构概念的过程。

2. 学案导学为课堂活动作指导

学案作为学生的学习工具，不仅体现了教师的授课思路，更是对学生的学起到有效的指导作用。为了充分发挥学案导学教学模式的作用，教师需要将明确的学习目标、具体的学习指导以及本课的重难点整合到学案中。中学生本来对周边事物就有着强烈的好奇心，教师面对整个教室的学生时，课堂把控效果有时会不尽如人意，学案则能对课堂流程起着很好的监督作用，让学生在课堂上知道学什么、问什么，从而更好地参与学习活动。

3. 学案导学以学生为主体

教师在设计学案时，要以学生为主体，从学生的角度出发，问题的出发点和落脚点都是学生如何解决问题。因此，学案中的目标设计、材料选择、情景设计都应该符合学生的学习情况，才能够激起学生的学习兴趣。

三、学案导学教学模式的理论基础

（一）最近发展区理论

维果斯基提出，学习者独立完成学习任务的能力与他们在成人或同龄人帮助下解决问题的能力之间的差距就是最近发展区。根据最近发展区理论的指导，教师在开展教学之前，首先要对学生的学情有清楚的认识，了解学生的认知发展特点，并基于此来设计学生的课堂发展目标。教师在选择教学内容时，要尽量贴近学生的生活，并且在活动设计、小组分工时，要注意对难度的把握，且在活动中对基础概念、科学思维、科学探究方面都应有所涉及，才能有助于发展学生的核心素养。

（二）先行组织者策略

有意义学习理论认为，学生已有的知识和经验是直接影响其学习的主要因素。因此，在开展教学之前，教师应该为学习者提供不同的学习材料，这些材料不仅包括听到、看到甚至闻到、触摸到的感官材料，而且包括具有概括性的抽象、理性思维资料。学生在课堂上对感性思维材料的加工以及对理性思维材料的内化过程，就是学生的认知结构发生重组、建构的过程。这些学习材料就是"先行组织者"，其作用是为学习者在感性与理性、具体与抽象之间架起桥梁，促进新知识的构建。

据此，教师在学案的设计过程中，要注意对教学材料的选择，基于学生的认知水平，尽可能地为学生提供不同层次的思维材料，如视频、图片、音乐，或者实物、模型。为了更有效地促进学生学习思维的发展，教师提供的材料要既能唤起学生已有的知识，又能帮助学生构建新的知识脉络。此外，教师提供的材料要贴近学生的生活，具有情境性，这样学生的有效学习才能真正发生。

（三）建构主义理论

建构主义认为，学习要以学生为主体，学习不是教师对学生的知识灌输，学习的发生是学生对知识的自我完善与建构。教师作为学生学习的协助者，为他们提供指导，帮助学生对所学知识进行意义建构。基于核心素养的学案是辅助学生学习的工具，学生完成学案的过程，就是学生独立、系统地掌握和理解所学知识的过程。对于生物学科来说，利用基于核心素养的学案，可以帮助学生有效地构建生物学知识体系。

建构主义理论要求教师在教学过程中时刻关注学生的学习状况，学案的设计更是要从学生的视角出发。在学案的活动设计中，学生是活动的体验者，学生在活动中发现情景中的问题，借助思维材料，对问题进行表征、改组并发现问题的答案，进而构建概念。在此过程中，教师、教材，甚至学案，都作为学生学习的辅助工具，帮助学生形成正确的生物学概念。

四、学案的编写原则

学案的编写要遵循一定的原则，不同的教师编写学案时所依照的原则有所不同，但是从整体上看，基本上要遵循主体性原则、启发性原则、层次性原则、参与性以及条理性原则。

（一）主体性原则

使用学案导学，目的是把课堂还给学生，让学生成为课堂的主人，体现"以生为本"的新课程理念。因此，教师在做教学准备时，要结合教学内容，深入分析学生的学习情况，以学生的实际学情为出发点，将教学内容和学生的学习方法相融合，从而尽可能地促进学生的自我发展。

（二）启发性原则

学案导学以学生主动探究式学习为主要学习方式，要让学生要学会思考，善于思考，主动寻找答案，因此学案要具备一定的启迪性、发散性。教师通过问题设计及任务布置，启发学生一步步地探究、论证、思索、质疑，逐步发展学生的探究性思维和发散性思维。

（三）层次性原则

问题的设计，尤其是问题的难易度方面，要充分考虑每个学生的不同个性和认知水平的差异，将难易不一、杂乱无章的学习内容处理成有序的、阶梯性的、符合各个层次学生认知规律的学习方案，要从学生的实际情况出发，并尽可能地关照所有的学生。

（四）参与性原则

学案的编写要遵循让所有学生都能参与整个学习过程的原则。只有学生都能参与学习活动，才能真正体现"以生为本"的教学理念。这就需要教师在设计学案的时候，从学生的角度出发，精心设计每个学习活动，学生能够被活动所吸引，自然乐于对知识进行深入探索。

（五）条理性与整体性相结合原则

在学案的编写过程中，对于知识的编排要有条理性，不能杂乱无章。同时又要能够将知识点串联起来，既有横向串联，又有纵向串联，形成整体的知识框架，从而帮助学生进行知识构建。

五、学案教学的优点

（一）改变课堂教学模式

传统的课堂教学模式基本上是一种"填鸭式"、以教师为主体的讲授型教学模式。学生的学习是被动的、机械的，是依照教师的讲解进行的。这种模式不利于学生思维的发展与新旧知识联系的构建。而采用学案教学可以将传统的满堂灌课堂教学模式转变为指导型教学模式，教学结构发生了改变，由教师的"教"转化为学生的"学"，学生由"要我学"变为"我要学"，将教师的主导作用和学生的主体作用和谐统一。教师讲课尽量少而精，通过学案把知识转化为问题来呈现，重点加强对学生的学法指导。

（二）改变学生的学习方式

在传统教学模式下，学生进行的是一种被动式学习，死记硬背居多，在整个学习过程中都是被教师牵着鼻子走，不能很好地将自身潜能发挥出来。采用学案教学模式，学生根据事先设计好的学案，在教师的指导下，可以自主地对学习内容进行探讨，学习方式发生了颠覆性的改变，学生的主动学习能力也得到了发展。

（三）培养学生的自主学习能力，培养系统思维

学案教学是一种以生为本的教学模式。教师通过课前给学生发放学案，可以指导学生对即将要学习的内容进行自主探讨。学生在课堂中自主学习，并在与同学的合作探究过程中，共同发现问题、分析问题，进而解决问题——学生的学习过程也是问题解决的全过程，这样有利于培养学生系统的思维方式，有利于学生的知识迁移并应用所学解决生活中的问题。

六、基于不同课堂模式的学案设计

（一）学案编写的前期准备

学案是学案教学的载体，但学案不能脱离课标与教材，更不能脱离学生的实际认知水平和认知特点。因此，编写学案的第一步就是要对课标、教材和学情进行深入分析。分析学情的一个重要内容就是分析学生的前概念。教师要编写出一份启发性较强，并能有针对性地指导学生自主学习的学案，必须吃透教材，在理清教材的重难点，对教材内容有整体把握的基础上，对教材做进一步的挖掘。教师只有具备足够的知识储备，才能成为更好的传授者。此外，教师在编写学案前应对学生的学习方法、习惯、认知规律、认知水平等有一定的了解，从而制定出适合学生自主学习的学案，将"教"与"学"双边活动有机结合起来。

（二）情景导向的生物学案设计思路

1. 资料分析

导学案是学生进行课堂学习的辅助工具。如何发挥导学案最大的作用，资料的选择尤为重要。首先，教师要精准把握学案的内容。其次，教师要对教学资料进行分析，选择适合学生发展的素材，并对素材进行分析、归类。素材的选择应遵循少而精的原则。

2. 掌握学习情况

学生的学习情况是课堂的起点，教师在课前要了解学生的阶段特征、兴趣爱好以及已经具备的知识水平。学案的编排，要以学生的学习情况作为重要依据，不仅在学案的内容设计上要注意难度层层递进，而且要注重因材施教，关照不同层次的学生。

3. 梳理知识系统。

学生基于学案的导向作用完成知识的学习和概念的构建，是学生知识结构外显的过程。因此，教师要利用学案的这一特征，对学生的知识系统进行梳理。首先，学案能直观呈现学生知识的缺失，教师应及时帮助学生查漏补缺；其次，学案还要帮助学生构建完整的知识框架，对课堂知识形成知识脉络，进而完善原有的认知结构。

（三）生物学案设计思路

学案的出发点是学生，应注重学生的学法，根据学生的实际情况来设计，达到促进学生自主学习的目的。基于问题情境的学案设计，能较好地体现学生的主体性，培养学生的生物学核心素养。学案的组成主要包括以下几个方面：

1. 制定学习目标

学习目标的制定，要符合学生的实际情况，要使学生明确自己本节课要掌握哪些知识，让学生的潜能得到充分的发展。其中的知识目标和技能目标要在学案中体现出来，情感目标可以由教师在课堂上适时操控。

2. 确定学习重难点

每节新课要让学生在掌握基础知识的前提下，通过自主探讨、师生共讨或生生之间的合作交流，理解本节课的重难点。所以，教师在编写学案时，为了能够引领学生自主思考、自主学习，可以通过一连串的问题设计并基于课本内容来引导学生一步步掌握本节课的重难点。

3. 构建整体知识体系

促进学生的自主学习，帮助学生搭建知识框架是学案导学需要发挥的重要作用。通过梳理基础知识、重点知识、难点知识之间的联系来帮助学生构建本节课的知识体系，让学生对所学知识形成整体框架，有助于学生理清学习思路，循序渐进地掌握学习内容。因此，学案的设计及内容要呈现阶梯性、条理性、启发性，对学生的学法形成指导，教会学生怎么学，使学生从"学会"变成"会学"。

4. 设计当堂练习，加强巩固

在完成本节课的学习后，还要设置相应的课堂练习或达标测试，以检测学生掌握知识的程度。检测的内容要精练，要适合不同层次的学生，最好通过当堂练习来加强学生对新知识的理解和识记，巩固学生在本节课中所学的知识。

5. 知识升华，精讲点拨

在每节课的最后阶段通过学生自主合作讨论，归纳主要学习内容、重难点以及收获，培养学生的表达能力与自我总结能力。同时，可加入教师的精讲点拨，对本节课进行全面的总结。

6. 课堂反思

每节课的最后环节可设置学生的学后反思活动，让学生反思自己学了本节课之后的收获以及存在的问题，教师则及时对学生的问题作出反馈。

针对不同的课时，学案的具体组成可以根据实际情况具体来定，但每个环节的设计都要体现出学法指导，要有学生能够充分发挥潜能的空间，以促进学生的自主学习，改变学生的学习方式，培养学生独立分析、解决问题的能力，培养创造性思维。

七、学案导学的实施方式

学案的设计通常包括自学案和探究案两大主体部分。学案导学的实施一般采取将自主学习和小组合作学习相结合的方式。其学习过程主要包括：

（一）独学自知，自研自激

这个阶段主要是以自学案作为载体和导向，引导学生自主学习。在一节课刚开始的时候，教师设计好的问题能够引发学生的思维冲突。自学案的形式不限，具体需要根据学生的学习内容和不同阶段学生的认知特点而设计。例如，采用回顾旧知的形式，可以让学生建立新旧知识之间的关联；采取概念图的形式，可以帮助学生构建系统而完整的知识体系。

（二）小组合作，互探互激

这个阶段的小组合作学习的主要任务有两个方面：一是对第一个阶段，也就是自主学习阶段的学习结果进行探讨、交流，多由组长组织成员提出问题并解决问题。二是小组合作，解决探究案中的问题。

（三）总结归纳，内化知识

将零散的知识进行归纳、总结，能够加深对知识的内化，发展学生的系统思维。在此阶段，教师的主导作用体现在对学生的学法指导上。此外，还应通过问题导向，引导学生找准知识之间的逻辑序列，解疑升华。

（四）达标检测，自我反馈

达标检测是学生对学习活动的一种反馈。题目的设计要紧扣教材内容、教学重难点和教学目标，同时，为了让不同层次的学生均得到发展，题目要体现层次性，题型要多样化，题量不宜太多。

八、导学案设计实例

导学案设计是实施导学案教学的出发点，其设计的科学性、合理性和可行性，直接决定了课堂教学模式的高效与否，教师要在授课前做足充分的准备工作，包括做好学情分析、合理设置教学目标和规划上课流程等。

（一）概念教学型导学案

初中阶段生物教学包含大量的基础概念，如生物圈、群落、蒸腾作用、生态系统等，但初中生物课程标准对学生的要求不仅仅是对知识的碎片化记忆。因此，对于概念的学习，学生需要在解决问题的过程中自主构建知识体系，并基于现实问题来不断地拓展延伸，对知识进行改组，进而达到活学活用的目标。概念教学的导学案一般包括自主学习、合作探究以及课后分层练习等。

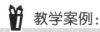 **教学案例:**

人教版七年级上册《动物体的结构层次》

（一）自主学习

阅读课本 59 页至 62 页内容，梳理基础知识。

1. 细胞分化形成不同组织

（1）细胞分化：在个体发育过程中，一个或一种细胞通过_____产生的后代，在形态、结构和生理功能上发生_____，这个过程叫作细胞的_____。

（2）组织：细胞分化产生了不同的细胞群，每个细胞群都是由形态相似，结构、功能_____的细胞联合在一起形成的，这样的细胞群叫作_____。

2. 组织进一步形成器官

（3）器官：不同的_____按照一定的次序联合起来，形成具有一定功能的结构叫_____。

3. 器官构成系统和人体

（4）系统：能够共同完成一种或多种生理功能的多个_____按照一定的次序组合在一起，就构成了_____。

（二）合作探究

1. 探究一：细胞分化的过程

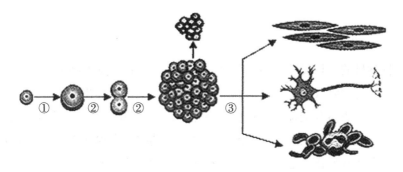

图 4-24　细胞分化过程

分析：①表示的过程是_____；②表示的过程是_____；③表示的过程是_____。

2. 探究二：试比较人体的四大组织的结构与功能的关系

表 4-1 　　　　　　　　　　　　　　四大组织的结构与功能的关系

组织名称	组成	功　　能	举　　例
上皮组织	细胞	具有___、___等功能	皮肤、消化道等表面
肌肉组织	细胞	具有___、___功能	骨骼、胃肠、心脏
神经组织	细胞	能够感受___，传导___，起调节和控制作用	脑、脊髓和神经
结缔组织	多种多样的细胞	有___、___、___、___等功能	___脂肪等

3. 探究二：器官构成系统和人体

有人说，只靠运动系统就能完成各种体育运动。这种说法对吗？

（三）归纳所学

动物体的结构层次以人为例，细胞是怎样构成人体的？请用流程图展示出来。

（四）达标检测

判断下列说法是否正确。正确的画"√"，错误的画"×"

1. 多细胞生物体内细胞是随机堆砌在一起的。　　　　　　　　　　（　　）
2. 胃腺细胞和胃壁肌肉细胞在同一器官内，却属于不同的组织。　　（　　）
3. 同一受精卵经细胞的分裂和分化，所产生的细胞内的染色体数量是一样的。

（　　）

（二）实验探究型导学案

初中生物学科的学科属性为自然学科，这就要求生物课堂上必须落实学生学科思维的发展。首先，初中阶段的学生要形成"发现并提出问题、作出假设、制定计划、实施计划、得出结论、表达与交流"的探究思维模式。实验探究型导学案也要遵循这一流程，引导学生在合作中自主完成各个流程的设计。其次，实验导学案需要学生具有一定的知识储备，在实验操作的过程中，知其然并知其所以然。因此，导学案的设计要包含预习案、行课案以及检测案，在行课案的设计过程中注重对教学过程的评价。

教学案例:

人教版七年级上册《制作并观察植物细胞玻片》

（一）预习案

1. 使用光学显微镜观察，必须使可见光能够穿过被观察的物体，因此，观察的材料一定要＿＿＿＿＿＿＿＿。

2. 常见的玻片标本按材料不同可分为＿＿＿＿＿、＿＿＿＿＿、＿＿＿＿＿。

3. 按保存时间可分为＿＿＿＿＿＿＿＿、＿＿＿＿＿＿＿＿。

4. 阅读课本第43—45页

（1）准备：用洁净的＿＿＿＿＿＿＿把载玻片和盖玻片擦拭干净。放在实验台上，用吸管在载玻片的中央滴一滴＿＿＿＿＿（注意适量）。

（2）制作：用镊子从洋葱鳞片叶＿＿＿侧撕取一小块透明薄膜＿＿＿＿。把撕下的内表皮浸入载玻片上的水滴中，用镊子把它＿＿＿＿＿＿＿。用镊子夹起盖玻片，使它的＿＿＿＿＿＿＿＿＿＿，然后缓缓地放下，盖在要观察的材料上，这样才能避免盖玻片下面出现＿＿＿＿而影响观察。

（3）染色：把一滴＿＿＿＿滴在盖玻片的一侧。用吸水纸从盖玻片的＿＿＿＿侧吸引，使染液浸润标本的全部。

5. 请你用一个字归纳"制作洋葱鳞片叶内表皮细胞临时装片"的每一步制作步骤：＿＿＿＿、＿＿＿＿、＿＿＿＿、＿＿＿＿、＿＿＿＿、＿＿＿＿、＿＿＿＿。

（二）行课案

1. 玻片标本有哪些类型？

2. 植物细胞临时装片是如何制作的？

3. 植物细胞的基本结构是怎样的？

4. 洋葱内表皮临时装片的制作步骤是什么？制作临时装片的步骤是什么？

5. 使用碘液染色的目的是什么？

6. 如何区分显微镜视野中的细胞和气泡？

（三）检测案

1. 某同学在显微镜视野内发现一个里面空白且有黑边的椭圆形结构，用镊子尖轻轻压一下盖玻片，发现它能变形和移动，则该结构是（　　　）。

　　A. 液泡　　　　B. 气泡　　　　C. 细胞　　　　D. 细胞核

2. 炎炎夏日，我们通常吃西瓜来解渴。切开西瓜时，会发现有许多红色的汁液流出。这些汁液主要来自西瓜果肉细胞的（　　　）。

　　A. 细胞壁　　　B. 细胞核　　　C. 液泡　　　　D. 叶绿体

3. 图4-25表示"制作洋葱鳞片叶表皮细胞临时装片"实验的部分操作步骤，

步骤②和④滴加的液体分别是（　　　）。

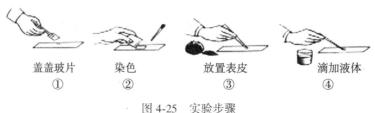

盖盖玻片　　　染色　　　　　放置表皮　　　滴加液体
　　①　　　　　②　　　　　　③　　　　　　④

图 4-25　实验步骤

A. 清水、清水　　B. 清水、碘液　　C. 碘液、清水　　D. 碘液、碘液

实验探究型导学案设计过程，要包含对学生实验操作的评价，对学生的行为进行规范。

表 4-2　　　　　　　　　　　　　　制作植物细胞玻片评价表

操作步骤	规范操作方法	分值	自评	互评	师评	得分
擦	擦拭载玻片、盖玻片	1 分				
滴	在载玻片中央滴适量清水	2 分				
撕	取材（大小、厚度适度）	2 分				
展	用镊子将标本放平	1 分				
盖	加盖盖玻片（要求无气泡）	2 分				
染	标本全部浸在染液中（清洁）	1 分				
吸	吸水纸吸取多余染液	1 分				
临时装片制作技能总成绩						

（三）复习巩固型导学案

《义务教育生物学课程标准（2022 版）》提出，学习要指向大概念教学，引导学生理解概念的内涵与外延，并学会对概念进行运用。机械性的知识记忆会使学生丧失学习的乐趣，也偏离了生物学科本身的意义。复习巩固型导学案以探究式任务为主，让学生在完成模型构建、表格对比分析以及绘图的过程中，构建知识，深化概念。复习巩固型导学案的应用，能将初中阶段的知识融会贯通，学生基于问题解决以及教师点拨，对生物学概念进行深入思考，进而构建生物知识体系。

以血液循环复习课为例，本节课设计四个任务，难度层层递进，让学生在解决任务的过程中完成对概念的探索。

🎁 教学案例：

人教版七年级下册《人体内物质的运输》

任务一：观察小鱼尾鳍内血液的流动，绘制血管联系图。

1. 三种不同的血管内的血流方向有联系吗？绘制出三种血管的联系图。

2. 根据你的观察结果，推测心脏与这三种血管之间的血液流动是如何联系在一起的？画出你的猜想图。

任务二：阅读课本 P57—P59，找出动脉、静脉、毛细血管三者的特点，完成表格。

表 4-3   三种血管的比较

种类	管壁	弹性	血流速度	功能	图示
动脉					
静脉					
毛细血管					

任务三：判断不同血管出血的特点及止血方法。

1. 把脉、输液扎针、抽血分别用到哪些血管？

2. 大腿瘀青是什么出血？擦伤是什么出血？应该怎样包扎？

任务四：识别与心脏的四个腔以及心脏相连的血管，初步构建血液循环图并结合与心脏相连的血管，思考心脏中的血液流动方向并完成血液循环图。

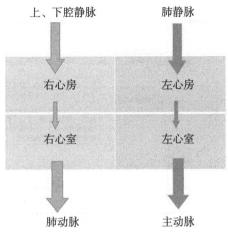

图 4-26　血液循环图

九、学案导学其他课例

教学案例：

人教版八年级下册《植物的生殖》

（一）目标导航

1. 掌握植物的无性生殖和有性生殖的概念，说明二者的主要特点以及区别。

2. 说明植物的无性生殖的常见类型。

3. 举例说明无性生殖在生产中的应用。

（二）教学重难点

学习重点：有性生殖和无性生殖的概念、区别；无性生殖的应用。

学习难点：有性生殖和无性生物的本质区别。

（三）教学过程

1. 独学自知，自探自激

学法指导：采用思维导图初步构建完整的知识框架，理清知识的内在逻辑关系。

阅读课本2—8页，独立完成思维导图，在课本上勾画重点，并将预习中不能解决的问题标示出来。

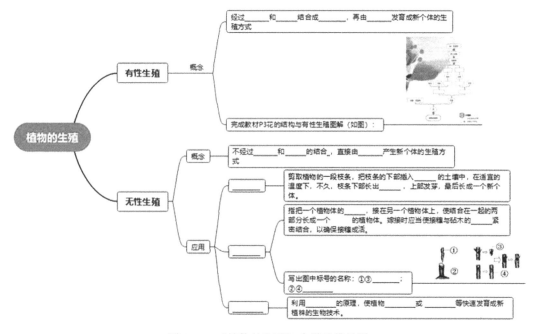

图 4-27　《植物的生殖》自学思维导图

2. 小组合作，互探互激

学法指导：采用小组合作讨论的方式，集思广益。由组长组织成员进行分工合作，确保每名成员都参与思考讨论和发表意见的过程。

（1）无性生殖的类型

发芽的土豆

铜钱草　　　　　　　绿萝　　　　　　　富贵竹

图 4-28　不同植物的生殖方式

①这些植物的生殖方式有什么共性？

②还有哪些植物能以类似的方式生殖？它们分别用什么器官繁殖新个体？

（2）无性生殖的应用

由于南瓜的根系比黄瓜的根系发达，现代温室内种植的黄瓜，很多都是以南瓜为砧木，把黄瓜的芽或枝作为接穗，嫁接获得的。图 4-29 是以南瓜为砧木嫁接黄瓜及嫁接的步骤示意图。请讨论：

①在图乙中，①②分别表示什么？

②嫁接分哪几类？嫁接成活的关键是什么？为什么？

③嫁接成活后，表现①的特性还是②的特性？

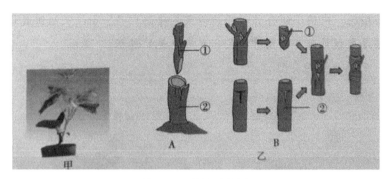

图 4-29 嫁接示意图

④嫁接有哪些优点?

⑤嫁接属于哪种生殖方式?这种生殖方式与农民种植小麦、玉米采取的方式有何本质区别?

⑥如果要在短时间内获取大量的无毒黄瓜幼苗,应该采用哪种方式?该方式有何优点?

表 4-4 　　　　　　　　有性生殖和无性生殖的比较

比较项目	有性生殖	无性生殖
两性生殖细胞的结合（有或无）		
优点		
繁殖速度（快或慢）		
后代的适应能力（强或弱）		
举例		

3. 总结归纳、内化知识

学法指导:请根据本节课所学,采用思维导图的方式归纳知识要点。

问题导航:①植物生殖方式有哪两种?

②什么叫作有性生殖和无性生殖?

③有性生殖和无性生殖的特点是什么?

④无性生殖的类型和应用有哪些?

(四) 达标检测

1. 单项选择题

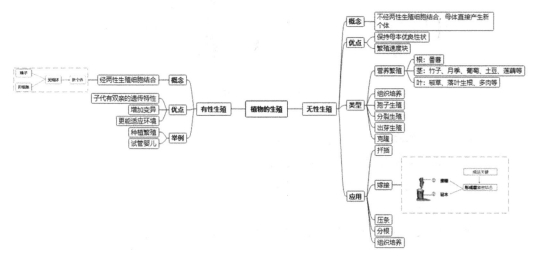

图 4-30　《植物的生殖》总结归纳思维导图

（1）发芽的马铃薯不能食用，但是将带芽的马铃薯块种下去，能够长出新的植株，这种生殖方式叫作（　　　）。

　　A. 嫁接　　B. 无性生殖　　C. 有性生殖　　D. 植物组织培养

（2）随着生物技术的发展，植物组织培养技术已广泛应用于生产实践中。这一技术的作用是（　　　）。

　　A. 可防止植物病毒的危害，提高农业生产效率

　　B. 可培育抗病毒的植物新品种

　　C. 可有目的地改变母体的某些性状

　　D. 从生殖类型来看属于有性生殖

（3）室内观赏植物景天，将其肥厚的叶子摘下一片，放在潮湿的土壤中，不久就可以生根，形成一株新的植株。下列与其生殖方式不一致的是（　　　）。

　　A. 植物的组织培养　　　　　B. 克隆羊多莉的诞生

　　C. 水稻用种子繁殖　　　　　D. 马铃薯用块茎繁殖

（4）有位同学在进行嫁接实验中，将蟹爪兰嫁接在仙人掌上，那么将来形成的植株开的花是（　　　）。

　　A. 仙人掌的花　　　　　　　B. 蟹爪兰的花

　　C. 不会开花　　　　　　　　D. 结合两种植物特点的花

（5）下列有关植物生殖方式的表述中，不正确的是（　　　）。

　　A. ①是嫁接，关键是形成层要紧密结合

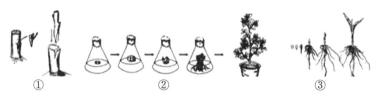

图 4-31　植物生殖方式

B. ②是组织培养，植物繁殖的速度很快

C. ②③都需要经过两性生殖细胞的结合

D. ①②是无性生殖，③是有性生殖

2. 非选择题

图 4-32 表示植物的一些繁殖方式，请据图回答下列问题。

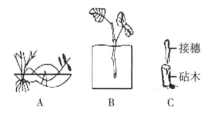

图 4-32　不同植物的生殖方式

（1）A、B、C 所表示的繁殖方式分别是_____、_____、_____，它们都属于_____生殖；这种生殖方式的优点是_____。

（2）C 的生殖方式成活的关键是_____。

我的发现/我的疑惑：

十、初中阶段应用导学案的成效

（一）有效监控学生的课堂动向

导学案是教师通过对课程标准、教材等资料的认真研读，对学生的课堂行为进行精心预设而形成的，在此过程中学案的完成反映了教师对课堂实时监控的过程。在一般课堂中，教师需要不断找学生单独起立回答问题，以此来了解学生的学习情况，效率相对较低。而导学案的使用可以直接、明了地呈现学生的学习状况，在布置学习任务之后，教师只需走下讲台，即可掌握学生的学习情况，进而能及时地对课堂教学进行调节。

（二）提高学生的学习兴趣

导学案设计的出发点是学生，内容应是贴近学生现实生活的问题情境，因此，导学案的完成需要学生亲身参与。课堂中的每位学生都能在导学案中找到自己的定位，学生的主体地位被实现了。并且，在小组合作探究中，不同组员各司其职，共享学习成果，并能在小组展示中感受实现自身价值的乐趣。

（三）增强学生的学习能力

导学案一般都包括复习旧知、自主探究、合作学习以及拓展延伸、课后提升等环节，无论哪个环节，都对学生有不同程度的要求。学生在复习旧知、自主学习中完成对基础知识的积累与巩固；在合作学习中形成与他人协调、合作、共享的能力；在拓展延伸中，在现实的生活情境中，将知识活学活用，掌握解决问题的本领。

十一、关于导学案的几点思考

（一）导学案与学生认知规律的关系

根据皮亚杰的认知规律，教学要在了解学生认知发展情况并把握其思维发展的特点的基础上开展。初中阶段的学生在解决问题时，常会不以实际事物为支撑，在头脑中对抽象思维材料进行处理。导学案正是为学生提供了理性思维材料，在导学案的引导下，学生的认知逐步由感性认识发展到由语言等符号支撑的抽象认识，在知识归纳与概括以及参与真实问题情境、提出问题解决方案的过程中，以材料为思维发展工具，逐步构建、改组并完善认知结构，最终使学生的思维获得发展。

（二）导学案是否增加教师负担

每一份导学案的设计都基于教师对课程标准、学情以及教材的解读，需要教师在课前精心准备。但导学案是否增加了教师的教学负担？其实笔者认为不然。导学案将教学重心放在了课前，教师在课前对学生学习的各个环节做出了预设，对真实的课堂进行模拟，包括教学目标的达成手段、教学重难点的突破以及教学情景的设置。有了充分的课前准备，教师在课堂活动中就可以更游刃有余，面对课堂中可能突发的教学问题，也更从容。特别是对于新教师而言，导学案更是其主导课堂的一针强心剂。

（三）导学案如何发挥最大效能

导学案虽然与教案设计的着重点不同，但其根本的目的都是辅助教学活动，因此，导学案与教案，甚至与板书、现代多媒体是相辅相成的。导学案作为辅助学生学习的工具，除了要在设计环节要精心准备外，还要与现代多媒体、板书有机结合。一方面，导学案中问题情境的设计要与课件展示内容相统一，或者相类似，以防止资料过多，学生不知从何下手。另一方面，板书是学案的提纲，学案是板书的具体知识内容。如果把学生的认知结构比喻成一棵树，那板书就是树干，而学案就是树干上丰盈的树叶和果实。学生基于教师的板书来构建知识的大体框架，再由学案补充系统的知识体系。教师在教学中要充分发挥导学案、多媒体以及板书的作用，进而开展高效的课堂教学。

第五节 探究实验教学模式

教学案例：

人教版七年级上册《给草履虫一个舒适的家》教学设计

（一）教材分析

由于单细胞生物个体极小，通常用肉眼无法观察它们的结构，而且它们是通过一个细胞完成生命活动的。七年级的学生对这些内容比较陌生。因此，依据生物课标要求的"通过观察某种原生动物（如草履虫）的取食、运动、趋性，说明单细胞生物可以独立完成生命活动"的活动建议，本节实验课的教学重点是通过观察草履虫的形态结构，进一步探究非生物因素对草履虫的影响。由于学生刚刚制作过动植物细胞的临时装片，并利用显微镜观察了动植物细胞，已初步具有制作临时装片、操作显微镜及观察的技能，所以观察草履虫不是很困难。七年级的学生正处在青春发育期，思维活跃，喜欢参与，乐于动手，而且有极强的求知欲和探究欲，教师可以在探究草履虫的实验中给他们提供动手操作和独立思考的机会，同时以问题导学为基础，通过创设情境来激发学生的探究欲望，在实验中培养学生的生物学核心素养。

（二）教学目标

1. 知识目标

(1) 说明单细胞生物可以独立完成生命活动（生命观念）。

(2) 学会探究草履虫对外界刺激作出反应的方法（探究实践）。

(3) 了解草履虫对外界刺激的反应。

2. 能力目标

(1) 培养提出问题、自主探究的能力，掌握科学探究的一般方法（科学思维）。

(2) 培养严谨的科学态度与实事求是、敢于创新的科学精神（科学思维）。

3. 情感态度价值观目标

(1) 体验科学探究的艰辛与快乐。

(2) 关注家乡环境变化，形成保护环境和珍爱生命的愿望（社会责任）。

（三）教学重难点

探究非生物因素对草履虫的影响。

（四）教学设计思路

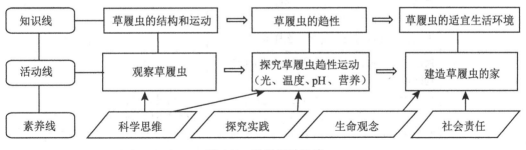

图 4-33　教学设计思路

（五）教学准备

1. 学生准备

在实验前 3 天，在家长看护下，学生分组采集不同地方（学校莲花池、学校锦鲤池、西湾红树林、凤凰山菜地水沟）的草履虫。

2. 教师准备

教师提前准备草履虫培养液、1% 琼脂溶液、载玻片、盖玻片、醋、蔗糖、冰和 60 度~80 度热水、电筒、试管和胶塞、草履虫培养液、清水、滴管、放大镜、黑胶纸、黑卡纸等。

（六）教学过程

教学内容	教师活动	学生活动	教学意图
1. 走向自然，走近草履虫	课前活动： 在实验前 3 天，组织学生以学习小组为单位分别到不同地方采集草履虫（校园莲花池、校园锦鲤池、西湾红树林、凤凰山菜地），简单进行镜检统计。 课堂引入：草履虫具有净化作用，有益于大自然。 展示：采集数据。 	采集地点	草履虫数量
---	---
莲花池	＋
锦鲤池	＋
凤凰山菜地旁水沟	＋＋＋
西湾红树林	－ | 图 4-34　采集数据 提问：为什么不同水域的草履虫的数量会不同呢？ 总结：空气、温度、水质、湿度、光照等都可能影响草履虫的生长。 设疑：那么草履虫更喜欢怎么样的家呢？	学生分组采集实验标本。 认识草履虫对人类的益处，树立保护环境的观念。 学生思考并尝试说出水质、光照、其他生物都可能会影响草履虫生活。	创设情境，引发思考，产生学习兴趣。 培养学生的社会责任意识。 鼓励发散思维，激发学习兴趣。
2. 认识草履虫	播放：草履虫在显微镜下快速运动的图片。 提问： 1. 草履虫在显微镜下运动速度过快，不利于观察，请问如何改善本实验？ 2. 用滴管吸取草履虫培养液，最好的吸取部位是哪里？ 图 4-35　草履虫培养液吸取部分 总结： 1. 学生的思考方向是一致的，即可借助外物限制草履虫运动，比如棉絮，还有教师实验前配置了 1%的琼脂溶液，实验时可以比较两者的优劣势。	学生通过观察，发现显微镜下的草履虫运动速度较快。 学生回答：①棉絮、纱布、胶体物质、固体等。②吸取部位：表层，因为含氧丰富。 学生进行观察，对比棉絮和琼脂的特点，发现棉絮和琼脂都可以限制草履虫的运动，但是琼脂可以使得草履虫的运动速度更慢，有利于观察内部结构。	激发创造性思维。 结合前面的知识，举一反三，加以巩固。以一个个小问题，突破实验的难点。 培养合作精神以及对比分析和观察能力。

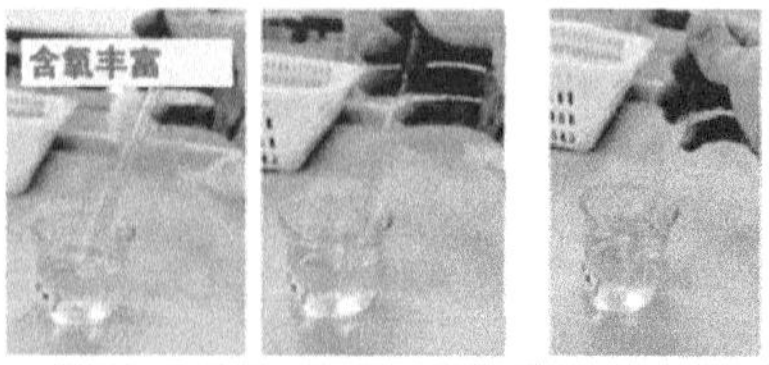

教学内容	教师活动	学生活动	教学意图
2. 认识草履虫	2. 吸取草履虫时应当吸取草履虫表层，因为此部分含氧丰富。 观察草履虫的结构和运动（5min） 实验步骤： （1）显微镜对光。 （2）用滴管从草履虫培养液表层吸 1～2 滴培养液，放在载玻片上。 （3）小组中一人利用棉絮、另一人滴加 1～2 滴琼脂溶液，用镊子轻轻盖上盖玻片。比较两种方式的优缺点。 （4）在低倍镜下观察草履虫的基本结构、形态及运动状态。 总结：①棉絮易于获取，而琼脂将草履虫的速度限制得更慢，视野开阔，有利于观察草履虫内部结构。②草履虫呈草鞋状，靠旋转前进。 补充：播放草履虫在水中生活的高清视频，让学生认识在显微镜下没有观察到结构，如大小细胞核、胞肛、口沟、收集管、伸缩泡等。	学生观看视频，补充学习未观察到的草履虫的结构和取食过程。	将直观的现象呈现给学生，以直接的视觉刺激来扩展学习内容。
3. 给草履虫一个舒适的家	提问：单细胞的草履虫要在怎么样的环境中才能更好地生长呢？请你们给它制作一个舒适的家。 演示：草履虫的趋性运动视频。 在载玻片右侧滴加草履虫培养液，左侧滴加清水。然后取少量的食盐放置在草履虫培养液中，观察到草履虫往清水方向逃离。这就是草履虫趋利避害的反应。 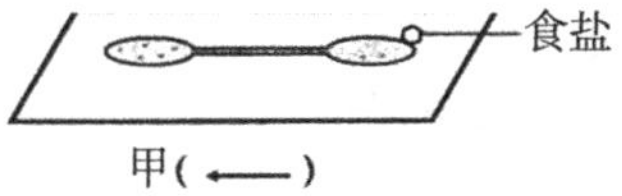 图 4-36　趋性运动设计方案（盐浓度） 提问：在不借助显微镜的前提下，如何更快捷地观察草履虫的趋性运动？	学生说出：温度合适、营养丰富、光照适宜、有空气等。 学生通过观察，了解草履虫趋性运动。 学生回答：利用放大镜。 针对不同实验，四组分别设计探究温度、刺激物、光照和营养的实验。	承上启下，调动自我知识储备，大胆参与讨论。

教学内容	教师活动	学生活动	教学意图
3. 给草履虫一个舒适的家	总结：把载玻片放置黑色卡纸上面，同时利用电筒照射，使得浅色的草履虫形成反差，再结合放大镜可以清晰观察到草履虫的趋性运动。 探究实验：适合草履虫的家。 分成四个学习小组，带领学生进"探究实验超市"，分别从温度、刺激物、光照、营养四个角度进行探究。 提供的物品有：有蔗糖、冰和 60°～80° 热水、电筒、试管和胶塞、草履虫培养液、清水、滴管、载玻片、盖玻片、放大镜、黑胶纸、黑卡纸等。 步骤： (1) 确定课题，选择物品。 (2) 合作学习，寻找方案。 教师引导：怎样设计对照实验？学生合作讨论，提出实验方案。 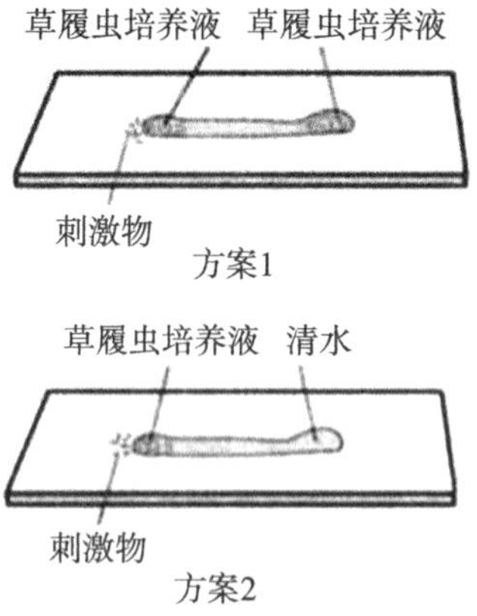 草履虫培养液　草履虫培养液 刺激物 方案1 草履虫培养液　清水 刺激物 方案2 图 4-37　趋性运动设计方案 (3) 实践操作，完善细节。 组织学生按提出的方案进行探究，并在实验过程中进一步完善细节。探究草履虫对蔗糖、醋作出反应的实验比较顺利，但学生在探究草履虫对光、温度作出反应的过程中却出现了一些问题，需要进一步完善和改进实验方法。	确定课题并选材：①营养：蔗糖、培养液、清水、滴管。②光照：试管和胶塞、草履虫培养液、黑胶纸、电筒、放大镜。③温度：60°～80° 热水和冰、培养皿、草履虫培养液、载玻片。	培养科学探究精神和科学思维。从多角度进行分析，并反复验证，从而认识到科研之路的不易，明白科学家对人类的贡献。

续表

<table>
<tr><th>教学内容</th><th>教师活动</th><th>学生活动</th><th>教学意图</th></tr>
<tr>
<td>3. 给草履虫一个舒适的家</td>
<td>
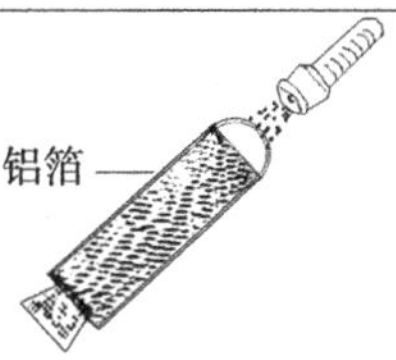

图 4-38　草履虫对光的反应装置

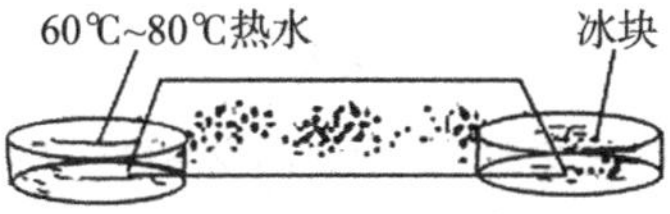

图 4-39　草履虫对温度的反应装置

(4) 小组分析，总结反思。
①为什么会出现两种不同的结果？②从实验中你得到什么启示？
总结：

<table>
<tr><th>刺激物</th><th>反应</th></tr>
<tr><td>食盐</td><td>避开、不利</td></tr>
<tr><td>醋</td><td>避开、不利</td></tr>
<tr><td>蔗糖</td><td>趋向、有利</td></tr>
<tr><td>光（电筒）</td><td>趋向、有利</td></tr>
<tr><td>冰水</td><td>避开、不利</td></tr>
</table>

图 4-40　实验结果

引导反思：①没有遵循对照实验；②实验结果应该经过多次验证。
</td>
<td>反思与总结：
1. 温水和热水的对照设置不够完善，结果不明显。
2. 光照的设置，没有充分避免外界因素的影响等。

学生明白在科学探究过程中应具有严谨的科学精神。</td>
<td>学会总结归纳，并且提出改进方案。</td>
</tr>
<tr>
<td>4. 联系实际，迁移应用</td>
<td>思考：通过实验，我们应该怎样给草履虫制作一个舒适的家呢？请你以简单绘图的形式，画一个舒适的家给草履虫。

总结：草履虫喜爱生活在温暖阳光且营养丰富、无污染的淡水中。

提问：实验后的草履虫可以放回最初采样的哪个水域呢？进一步提问：红树林不适宜草履虫生长的原因是？

总结：保护好生态环境，才能有利于草履虫的生长。</td>
<td>学生画图：提供阳光，适量的植物提供氧气，适宜温度和富有营养，并且没有受到重金属、酸雨等污染的淡水环境。

学生回答：凤凰山适合草履虫，红树林因有海水对草履虫具有不利刺激。</td>
<td>以画图形式总结，呈现多种可能，全面发展学生的能力。

培养生命观念和社会责任感。</td>
</tr>
</table>

（七）板书设计

《给草履虫一个舒适的家》

1. 观察草履虫的结构和运动
2. 探究草履虫舒适的家（遵循对照原则）

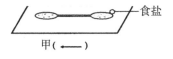

图 4-41

（1）光：趋向
（2）温度：趋向热水
（3）营养：趋向蔗糖

（八）教学反思

该实验从观察实验拓展为探究实验，遵循课标要求，以"家"创设情境，激发学生的探究欲望。结合前面学习的鼠妇探究实验以及动植物细胞的制片，学生已具备一定的知识储备，此时引入自主探究实验，既是对前面知识的巩固，也是对本节课进行应激性学习。从学生课前的草履虫采集活动，培养学生资料分析能力和合作精神，到课内设计多组小实验，以问题导学的形式，鼓励学生大胆说出答案，一步步引导学生得出结果。此实验的关键在于探究"家"的时候，每个小组有不一样的设计方案，也出现不同的实验结果。因此，在实验过程中，教师可分成多个部分进行讨论、反馈、修正，有利于学生培养严谨的科学探究精神。

（九）教学实录

师：同学们，一个草履虫一天能吞噬 43000 个细菌，因而对污水有一定净化作用。三天前，同学们在不同的地方收集了草履虫，在四个环境（校园莲花池、校园锦鲤池、西湾红树林、凤凰山菜地）中，它们的数量一致吗？

生：（展示）不同水域中草履虫的数量是不同的。

师：为什么不同水域中草履虫的数量不同呢？

生：（提出）空气、温度、水质、湿度、光照等都可能影响草履虫的生长。

师：那么草履虫更喜欢怎么样的家呢？

生：（提出各种设想）

师：现在，让我们初步来观察认识草履虫的结构特点。首先，我们思考一下：草履虫虽然是单细胞，当我们放到显微镜下观察，草履虫的运动速度会比较快。那这时我们要认真观察它的结构，那肯定要限制它的运动。有没有什么办法可以限制它的运动呢？

生：棉花、棉絮、酒精、胶水……

师：大家提及的都是可以限制草履虫的运动的方法，除了课本提及的湿棉絮，其实我们可以用琼脂液。那琼脂主要出现在哪些地方呢？此时，用滴管吸取草履虫培养液，最好的吸取部位是在哪里？

生：（举手回答）：表层。因为氧气含量比较多。

师：所以，大家要格外注意，要从草履虫的表层去选取培养液。那这个实验是怎么开展的呢？首先要看一看桌面上给大家提供了一系列的仪器，不要忘记显微镜的基本操作步骤哦。请一个同学用湿棉絮来限制草履虫的运动。另外一个同学用琼脂液来限制超级虫的运动。在观察对比之后，大家说一说这两种方式的优缺点是什么？并认真观察草履虫的基本结构。限时五分钟。

（学生进行观察，对比棉絮和琼脂的特点。）

师：好，3、2、1，请大家先把显微镜放回原位，把相关的材料也先放到一边。请看到草履虫的同学举手示意，并说说你的观察情况。

生：棉絮和琼脂都可以限制运动，但是琼脂可以使得草履虫的运动速度更慢，视野也更开阔，有利于观察内部结构。

师：下面，我们通过视频来更深入地了解草履虫的结构与功能。

（学生观看视频）

师：草履虫会对外界刺激作出反应，叫做应激性。那这个实验展示的是两处草履虫培养液，一边加了清水，另外一边加了盐水，再连接出一条水线以形成一条通道。那我们发现哪里出现的草履虫比较多？

生：清水。

师：也就是说，它对于有盐水地方会怎么样？会躲开，对吧？这种现象叫做趋避作用。那现在就要请大家给草履虫设计一个舒适的家。这里有以下物品给大家选择：蔗糖、冰水和60度的热水、黑纸、试管、瓶塞等。从物品的选择来推测，我们主要是想探究哪些因素？蔗糖可以代替营养对吧？

生：冰水和热水相当于温度，黑纸相当于黑暗的环境。

师：那蔗糖其实相当于营养。前期我们用的是显微镜去观察草履虫，那此时要观察它的趋性运动，怎么才能更便捷地看到它的运动方向呢？可以借助什么工具？

生：放大镜。

师：除了使用放大镜，我们也发现草履虫将近于透明色，也不利于观察，可以怎么处理呢？

生：染色。

师：但是染色需要的时间较长，有没有更好的选择呢？老师给大家准备了一张黑色的卡纸，那大家待会把载玻片放到上面，同时利用放大镜就可以看到草履虫的运动。为了使得光照对比更明显，还可以使用手电筒。

师：实验前，我们给每个小组安排了任务，A组探究的是光照；B组探究的是营养物质；C组探究的是冰水和温水，也就是温度。现在给大家两分钟的时间讨论：你们准备怎么去做这个实验？选择哪些仪器？具体有哪些实验步骤。

（学生小组讨论两分钟）

师：我看到大家都形成了自己的设计方案，那我们先请就是负责探究光照的小组说说你们的设计。

生： 我们选择用手电筒去照草履虫，观察它的运动。用黑色卡纸遮挡光。

师： 具体怎么形成对照，可以上台给大家展示吗？

生：（展示）我们利用长筒试管，用黑色卡纸包住一半，完全遮住这一半的光源，然后另一半是有光的状态，再加上电筒光的刺激，看它们往哪一边运动，来判断草履虫更适合有光还是无光的环境。

师： 那我们待会可以按照这种方式来尝试。如果大家有更好的方案也可以提出来，现在有请探究温度的小组上台讲解。

生： 和盐水实验有点像，我们打算在玻片中间滴加培养液，左边滴加温水，右边滴加冰水，然后分别用牙签连接通道，观察哪一边的草履虫会比较多（画图说明）。

师： 很好，大家都注意到了遵循对照实验，那如何探究营养因素呢？

生： 我们的方式和上组相似，就是在一侧滴加蔗糖溶液，另一侧滴加清水。

师： 我现在给大家5分钟的时间去操作实验，看看有没有哪些地方是要完善，以及得到的实验结果是什么呢？

（学生开始小组探究实验）

师： 请大家先把东西放在一边。请探究光照的小组说一说，你们发现草履虫是趋光还是避光运动的？

生： 我们观察到的是趋光现象。

师： 探究的温度实验呢？

生： 草履虫喜欢趋向于温水。但是隔壁同学的实验现象不明显，可能是因为时间过长，冰水和温水的温度差不大。

师： 继续，营养实验的现象是？

生： 草履虫喜欢趋向于蔗糖溶液。

师： 当然，同学们的实验现象可能不一致，但是可以继续反复验证，这就是科学的探究精神。

师： 我们知道草履虫对环境是有益处的，一个草履虫每天可以吞噬43000个细菌，所以它对人类是具有重要的价值的。通过实验，我们知道了应该怎样更好地保护草履虫。

第六节　自主合作教学模式

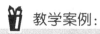教学案例：

人教版七年级上册《绿色植物与生物圈的水循环》教学设计

（一）教材分析

本节课是人教版《生物学》七年级上册第三单元第三章内容，在学生已经学习了相关内容的基础上，重点探究植物的蒸腾作用，引导学生了解蒸腾作用的意义及参与水循环的过程。

（二）学情分析

初一学生已经具备了初步的观察能力和探究能力，但此阶段的学生在学习过程中多依赖于感性认知，本节课教师主要以实验激发学生的探索热情，引导学生以小组合作方式自行设计实验，观察实验现象，将抽象的生物现象直观化展示，提高学生的思维能力。

（三）教学目标

1. 知识目标

（1）通过直观感知、对比观察，学生能说明绿色植物的蒸腾作用的相关内容。

（2）通过小组合作探究，探究蒸腾作用的主要器官是叶。

（3）通过建构模型，从结构与功能相适应的视角，解释蒸腾作用中气孔开闭的原理。

（4）通过资料分析，描述绿色植物与生物圈的水循环关系，认同绿色植物蒸腾作用的意义，初步形成保护森林的意识。

2. 能力目标

通过小组探究活动，引导学生根据实验设计的缺陷提出问题，进行猜想和假设，提出验证假设的思路，形成批判性思维，提高科学探究能力。

3. 情感目标

（1）在小组合作探究过程中培养学生乐于探索、实事求是的科学态度和团队合作精神，培养学生爱护生命的情感。

（2）通过与实际生活联系，形成生态意识，积极参与植树造林等实践活动。

（四）教学重难点

1. 教学重点

探究植物进行蒸腾作用的主要器官、叶片的结构、蒸腾作用的意义。

2. 教学难点

解释蒸腾作用中气孔开闭的原理。

（五）教法和学法

1. 教法

自主探究式、启发式、问题情景式。

2. 学法

课前实验—直观感知—小组合作—思辨论证—类比总结—构建知识体系

（六）课前准备

教师指导学生小组合作，将班级植物绿萝的枝叶部分套上塑料袋，放置在阳光下并观察实验现象，记录实验结果。

（七）教学过程

教学内容	教学过程		设计意图
	教师活动	学生活动	
课前准备	提前一天，教师指导学生小组合作，将班级植物绿萝的枝叶部分套上塑料袋，放置在阳光下并观察实验现象，记录实验结果。		从生活实际入手，让学生从宏观视角观察植物的蒸腾作用。
创设情境，引入课题 1. 观察蒸腾作用，构建蒸腾作用的概念	教师引导学生分析实验结果。 师：昨天的实验，同学们完成得都很认真，哪个组的同学给大家汇报实验结果？ 师：这些小水珠是从哪里来的？ 师：水分是以什么状态散失出来的呢？是气体形式还是液体形式？ 教师归纳总结蒸腾作用概念：水分以气体的状态从植物体内散发到植物体外的过程。 （板书课题：植物的蒸腾作用） 教师展示昨天被整个包裹起来的花盆。 师：同学们，这个装置可以证明植物进行了蒸腾作用吗？ 师：非常好，科学研究就是要有严谨的思想。	学生报告实验结果：发现塑料袋内有小水珠。 学生：是植物体内的水分蒸发出来的。 学生：我觉得是以气体形式散失出去的，因为我在叶片上看不到水珠，应该是气态的水蒸气遇到塑料袋变成小水珠了。 学生1：可以啊。 学生2：不可以，因为土壤中也有水分，这些水可能来自花盆中的土壤。	让思维在生活化的情境中启动，从宏观观察结果来概括蒸腾作用的概念，符合学生的认知规律，同时生活化的情境更能引起学生的共鸣。

教学内容	教 学 过 程		设计意图
	教 师 活 动	学 生 活 动	
2. 小组合作，探究植物进行蒸腾作用的主要器官	教师：在实验中，我们主要包裹了绿萝的茎和叶片，想一想，水分主要是通过哪个器官散失出去的？为什么？ 教师设计问题串，引导学生设计实验方案，探究植物进行蒸腾作用的主要器官。 问题串： (1) 这个探究实验中变量是什么？ (2) 如何控制单一变量？ (3) 如何测定实验组和对照组蒸腾作用的强弱？ (4) 备用器材：两根差不多的枝条、两支带刻度的试管、塑料袋、细绳、植物油。 教师针对实验方案中的问题，引导学生纠正调整。 把握几个易错点： (1) 可以用塑料袋搜集因蒸腾作用散失的水分，粗略判断水分散失的多少。 (2) 可以用有刻度的量杯定量判断蒸腾作用散失水分的多少。 (3) 量杯表面要滴植物油，防止水分散失。 设计好本实验方案，实验过程需要时间，教师提前录制好实验结果。 教师：量筒里液面为什么下降了？ 教师：这是唯一途径吗？ 教师：根据实验现象，得出什么结论？	学生思考回答：我觉得茎和叶片都可以，但主要是叶子，因为叶片数量多。 学生进行小组合作，讨论问题，选择教师准备的实验器材，设计实验方案，用表格、图片或文字形式呈现小组的实验方案。 学生上台用教师准备的器材完整呈现自己的设计方案，并讲述理由。 其他学生针对学生方案提出改进意见，并讨论如何让实验更严谨。 学生根据实验结果，分析实验原因，得出实验结论。 学生：从植物体内散失出去了。 学生：量筒里液面被油封住，水只能通过植物体散失出去。 学生：多叶组水位下降明显，袋内壁水珠最多；无叶组水位下降不明显，袋内水珠最少。这说明植物散失水分的主要器官是叶片。	初中学生具备了初步的观察能力和探究能力，但这一阶段的学生在学习过程中还比较依赖感性认知，所以在教学过程中，让学生进行小组合作，教师适当引导，由学生自主设计实验方案，观察实验现象、分析实验结果。

续表

教学内容	教学过程		设计意图
	教 师 活 动	学 生 活 动	
3. 自制模型，分析叶片结构与植物蒸腾作用的关系，探究气孔开闭原理	教师展示自制道具：叶片结构模型，请学生说出结构名称。 教师：你猜一猜，水分主要从哪个结构中散失？ 教师：那叶片表皮有什么结构呢？我们来做一个小实验。 教师引导学生做吹菠菜的实验。 实验要求：剪一根菠菜枝条，将菠菜叶放置在清水中，从菠菜茎处吹气，观察实验现象。 教师：通过这个实验，同学们猜测叶片表面有什么？ 教师：那我们就来做叶片表皮的临时装片来观察吧。 教师：半月形的叫做保卫细胞，保卫细胞围成的空腔构成了气孔。 教师：为什么菠菜下表皮气孔数偏多？所有植物都这样吗？ 展示一般陆生与水生植物叶片，如小麦、水稻叶片，睡莲叶片。 教师总结：一般的陆生植物，上表皮接受的阳光直射机会多，蒸发速度快，植物体内水分流失太快，上表皮气孔少可以适当减弱蒸腾作用，有些植物，如水稻、小麦，叶子竖直，上表皮下表皮气孔数目差别不大，也有些水生植物，如睡莲，因下表皮与水接触而不利于水分以气体形式散发，故气孔主要分布在上表皮。 教师展示图片：中午强光照射下的植物叶子呈萎蔫状，下午植物叶子恢复舒展状态。	学生：叶片的结构包括表皮、叶肉和叶脉。 学生：应该是在叶片表皮。 学生自己做趣味实验吹菠菜实验，用力吹气，可以看到菠菜叶片表面有很多气体冒出，下表皮冒的气泡比上表皮的多。 学生：叶片表面可能有小孔。 学生：可以看到很多形状不规则的表皮细胞，还可以看到成对的半月形的细胞，中间有孔。 这个问题偏难，教师可让学生自由发挥。	借助模型展示叶片及气孔结构，明确气孔在叶片上的位置关系。

教学内容	教 学 过 程		设 计 意 图
	教 师 活 动	学 生 活 动	
3. 自制模型，分析叶片结构与植物蒸腾作用的关系，探究气孔开闭原理	教师：在中午的强光照射下，植物叶子呈萎蔫状，这是什么原因？ 教师：如果蒸腾作用过强，植物如何保护自己？ 教师展示教具：气孔模型（气球模拟保卫细胞，胶带粘贴在气球内侧，通过 U 型管和注射器相连） 教师：我们来看这个模型，气球模拟的是半月形的保卫细胞，因为保卫细胞内侧壁厚，伸缩性弱，我们在气球内壁粘贴胶纸来模拟，现在给气球充气，可以看到气球膨胀，外壁扩张得多，气球弯曲，气孔张开，模拟的是保卫细胞的吸水还是失水？ 教师：如果蒸腾作用强，植物细胞失水，气孔会怎样呢？ 教师：请同学们想一想，如果在中午强光照射下，植物的叶片蔫蔫，能不能给植物浇水？	学生 1：植物叶片缺水。 学生 2：蒸腾作用太强，强过植物根吸收的水分，造成植物缺水。 学生：关闭气孔，减少水分散失。 学生：模拟保卫细胞吸水，吸水膨胀，外壁膨胀得多，保卫细胞弯曲，中间气孔张开。 学生类比思考后回答：保卫细胞失水，细胞弯曲度变小，气孔闭合。 学生：不能，叶片萎蔫，气孔是闭合的，就算浇水，植物也无法吸收。	
4. 联系实际，知识迁移，总结蒸腾作用意义	展示表格：一株玉米从出苗到结实的一生中，大约需要消耗 200kg 以上的水。这 200kg（200000g）水的用途大致如下： 作为植株的组成成分的水　约2kg 参与各种生理过程的水　约0.2kg ?　约190kg	学生思考后回答：通过蒸腾作用散失到空中去了。	通过各种材料让学生理解蒸腾作用的意义，帮助学生联系生活实际，提高保护环境、植树造林的意识，增强学生的社会责任感。

续表

教学内容	教 学 过 程		设 计 意 图
	教 师 活 动	学 生 活 动	
4. 联系实际，知识迁移，总结蒸腾作用意义	教师：这是不是一种浪费？蒸腾作用有什么意义？ 引导学生总结蒸腾作用的意义，如果学生总结不全面，教师可设置以下问题： （1）蒸腾作用的动力来自哪里？ （2）植物在强光照射下，会不会因温度过高而被晒死？ 知识迁移：如何理解"绿水青山就是金山银山"？我国西部地区实施"退耕还林还草"工程对改善西北地区气候有什么作用？	总结蒸腾作用意义： 1. 拉动水分与无机盐在体内的运输。 2. 降低叶片表面的温度，避免植物因气温过高而灼伤。 学生可以在课后查阅资料并完成一篇小论文。	

（八）课堂实录

课前准备：前一天，教师指导学生小组合作将班级植物绿萝枝叶部分套上塑料袋，放置在窗口并观察实验现象，对于个别学生将整个花盆包裹起来的现象不加制止。记录实验结果。

1. 观察蒸腾作用，构建蒸腾作用的概念

师：昨天的实验，同学们观察到什么现象？

生：塑料袋内层有小水珠。

师：这些小水珠是从哪里来的？

生：是植物体内的水分蒸发出来的。

师：水分是以什么状态散失出来的呢？是气体形式还是液体形式？

生：我觉得是以气体形式散失出去的，因为我在叶片上看不到水珠，应该是气态的水蒸气遇到塑料袋变成小水珠了。

师：非常好，这其实就是植物的蒸腾作用：水分以气体的状态从植物体内散发到植物体外的过程。

教师展示昨天部分同学把整个花盆包裹起来的花盆。

师：昨天我发现有部分同学把整个花盆包裹起来，这样可以证明植物进行了蒸腾作用吗？

生：不可以，因为土壤中也有水分，这些水可能来自花盆中的土壤。

师：非常好，科学研究就是要有严谨的思想。

（设计意图：让思维在生活化的情境中启动，基于直观观察来概括蒸腾作用的概念，符合学生的认知规律，同时生活化的情境更能引起学生的共鸣。）

2. 小组合作设计实验，探究植物进行蒸腾作用的主要器官

教师引导学生设计实验方案。

师：植物有根、茎、叶、花、果实、种子这些器官，进行蒸腾作用的主要器官是什么呢？为什么？

生1：我觉得茎和叶片都可以，但主要是叶子，因为叶片数量多。

生2：我觉得茎、叶、花、果实、种子的表面应该都可以进行蒸腾作用，主要应该是叶子。

师：非常好，那我们来场头脑风暴吧，假设叶是植物进行蒸腾作用的主要器官，叶片就是这个探究实验的变量，我们需要设置有叶组和无叶组。

师：如何收集散失的水分呢？

生：用塑料袋来收集。

师：如何保证收集的水分全部是植物体自己散失的？

生：塑料袋包扎在植物叶片上，不能包扎在容器上。

师：塑料袋收集的水分不便测量，能不能用更直观的办法测出？

学生思考后作答：把水放在有刻度的瓶子里，可以直接读出水分散失的多少。

师：瓶子中的水分自己也会蒸发怎么办？

生：放置食物油进行油封。

小组合作设置实验方案，用图例和文字描述，并设计表格记录实验结果。

小组代表上台展示自己小组经讨论后的实验方案。

因为本实验需要花费时间，无法在课上进行，教师在课后设计实验并录制视频，引导学生对实验现象进行观察分析。

师：量筒里的液面下降了，唯一的途径就是进入植物体，然后散失到植物体外吗？

生：是的，因为液面上有油，水分无法蒸发。

师：同学们通过观察实验现象，可以得出什么结论？

生：有叶组的水位下降明显，袋内壁的水珠最多；无叶组的水位下降不明显，袋内壁的水珠最少。所以植物散失水分的主要器官是叶。

（设计意图：初中学生具备了初步的观察能力和探究能力，但这一阶段的学生在学习过程中还比较依赖感性认知，所以在教学过程中，由学生小组合作，教师适

当引导，由学生自主设计实验方案，观察实验现象、分析实验结果。)

3. 自制模型，分析叶片结构与植物蒸腾作用的关系，探究气孔开闭原理

师：我们之前了解过叶片结构，请同学们回忆相关知识。

生：叶片的结构包括表皮、叶肉和叶脉。

师：猜一猜，水分主要从哪个结构中散失？

生：应该是在叶片表皮。

教师引导学生做吹菠菜的实验。

实验要求：剪一根菠菜枝条，将菠菜叶放置在清水中，从菠菜茎吹气，观察实验现象。

学生观察后回答：叶片两面均有小气泡产生，而且叶片背面的小气泡比正面多。

生：叶片表面可能有小孔。

师：我们来做实验探究吧，我们可以制作叶片表皮细胞的临时装片，这是老师在实验室操作完成的，绿萝植物上表皮的临时装片，这是绿萝下表皮的临时装片，同学们仔细观察，可以发现什么？

生：可以看到很多形状不规则的表皮细胞，还可以看到成对的半月形细胞，中间有孔。

师：半月形细胞叫做保卫细胞，保卫细胞围成的空腔构成了气孔。而且我们发现上表皮的气孔数偏少，下表皮的气孔数偏多，和我们之前的推测是一致的。

师：同学们想一想，这些气孔仅仅是水蒸气的通道吗？

生：空气应该也是从气孔进出植物体的。

师：为什么下表皮的气孔数偏多？

生：上表皮空气流通快，水分蒸发速度太快，所以下表皮的气孔数目偏多。

教师总结：一般的陆生植物，上表皮接受的阳光直射机会多，蒸发速度快，植物体内水分流失太快，上表皮气孔少可以适当减弱蒸腾作用，有些植物，如水稻、小麦，叶子竖直，上表皮下表皮气孔数目差别不大，也有些水生植物，如睡莲，下表皮与水接触不利于水分以气体形式散发，故气孔主要分布在上表皮。

师：在阳光强烈的中午，能给植物浇水吗？

生：不能，强光照射下，叶片萎蔫，气孔是闭合的，浇水植物无法吸收。

(设计意图：初中学生具备了初步的观察能力和探究能力，但这一阶段的学生在学习过程中还比较依赖感性认知，所以在教学过程中，由学生小组合作，教师适当引导，由学生自主设计实验方案，观察实验现象、分析实验结果。)

4. 联系实际，知识迁移，总结蒸腾作用意义

展示表格：一株玉米从出苗到结实的一生中，大约需要消耗 200kg 以上的水。

这 200kg（200000g）水的用途大致如下：

作为植株的组成成分的水	约 2kg
参与各种生理过程的水	约 0.2kg
？	约 190kg

师：这是不是一种浪费？蒸腾作用有什么意义？

生：应该不是。蒸腾作用能拉动水分与无机盐在体内的运输。

师：植物在强光照射下，会不会因温度过高而被晒死？

生：降低叶片表面的温度，避免植物因气温过高而灼伤。

师：如何理解"绿水青山就是金山银山"？我国西部地区实施"退耕还林还草"工程对改善西北地区气候有什么作用？

引导学生思考，在课后可以查阅资料并完成一篇小论文。

（设计意图：让学生构建与蒸腾作用相关的知识体系，帮助学生联系生活实际，增强保护环境植树造林的意识以及社会责任意识。）

第五章
基于高阶思维的培养策略

第一节　基于高阶思维培养的问题情境策略

一、问题情境的界定

问题情境教学具体是指问题的刺激模式，即问题呈现形态和组织方式。问题情境是个体不能用已有的知识、经验直接加以处理而获得答案，由此感到疑难的情境。从教育心理学角度可将"问题情境"定义为："教学中个体觉察到的一种有目的但又不知如何达到这一目的的心理困境，也就是学生所接触的内容用原有的知识不能解决时的心理状态。"苏联教育理论家米·依·马赫穆托夫指出："问题情境不是在问题思考过程中遇到意外障碍时产生的相应的智力紧张状况；而是在特定的教学情境中，因为学生过去掌握的知识、智力及实践的方法从客观上不足以解决现今所产生的认知任务时，所产生的一种智力困窘状况。"事实上，不是所有困窘疑惑都能够产生问题情境，即不是所有困窘都能激发智力探索。如果产生这一困窘的新认知与以前所掌握的知识与生活实践没有连接点，那么这种困窘就不能成为问题情境。有效问题情境是沟通生活实践与学习、具体问题与抽象概念的桥梁，是能够唤起学生思考并使学生融入其中的学习活动情境。

二、高阶思维指导下的生物问题情境

在教学过程中，教师立足教学目标，从实际需求出发，以生物学知识为核心，创设的与教学内容相符、包含相关生物知识及生物科学素养、研究方法等内容的问题，不仅能引起学生的积极情感体验，而且能让学生在知道、领会、应用、分析、综合、评价的过程中培养科学逻辑思维——其中知道、领会和应用为"低阶思维"，分析、综合和评价为"高阶思维"。好的问题情境能够激发学生的问题意识，是进行有效生物教学活动

的环境，是产生科学思维的条件。

三、基于高阶思维发展的生物教学问题设计的一般流程

亚里士多德曾说过："思维从问题、惊讶开始。"问题是激发学生思考的源头，同时也是保持学生不断思考的动力。新课程改革贯彻彻底改变学生的学习方式，把学生从被动学习中解放出来，强调以问题为核心的科学探究方式来学习。但研究表明，初中生物教学中的问题设计有许多不足，原因有很多，如问题随意、没有系统构思、与高中生物脱节等。因此，有必要提出一套可行的问题设计流程。当然，课堂教学具有很强的灵活性和多变性，往往预设问题后又会动态生成意料之外的问题。所以，教师不可能预设课堂上所有问题。结合优质问题与生物学科教学特点，问题设计流程一般为确立目标→确定落点→创设情境→立足认知→预设追问→考虑表述。

四、研究问题设计角度，发展高阶思维能力

（一）设计启发型问题，激发主动探究的欲望

孔子曰："不愤不启，不悱不发。"他认为学生没有到达很起劲想弄明白但想不通的程度，就不要去开导他；不到内心明白却又不能用适当的言辞表达出来的程度，就不去启发他。这就是启发式教学的思想。不仅如此，启发式也是一种教学原则。简单的"满堂问"教学就是师生之间的问答，当学生在课堂上的回答与预设答案有偏差时，如教师急于将学生拉回到正确答案或思路上，学生的主体性便不能体现。启发式教学强调学生积极主动分析、自主探究的过程。启发型问题的重点在于对学生的思维受阻环节进行点拨，对学生思维过程进行指导，产生有意义学习活动。例如，在讲解光合作用的原理前，根据实际应用的角度可启发学生思考"为了使光合作用达到最好的效果，在大棚蔬菜生产中，我们为什么要注意种植密度？为什么在早春时要用大棚种植？为什么光照条件好的蔬菜长得比较好？"让学生带着这些常识问题，边上课边思考，然后再次提问"蔬菜产量体现了光合作用的强弱，那么光合作用的条件是什么？要在哪些场所进行？光合作用的最终产物是什么？受哪些因素的影响？"通过一系列启发性的问题，让学生一步步、由浅入深地探索并理解光合作用的原理，从而自己总结光合作用的公式。

（二）设计逻辑型问题，帮助厘清各要素脉络

逻辑思维是一种高级的思维形式，有时也叫抽象思维。这种思维在通过对感性材料

进行分析或思考的基础上，以判断、推理为基本形式，间接、概括地揭示出问题的本质。逻辑思维的方式主要包括归纳与演绎、分析与综合、抽象与概括、比较、因果等思维活动。所谓逻辑型问题，是指涉及分析事物的因果关系、能帮助厘清各要素间脉络的问题。这类问题有利于培养学生思维的深刻性、缜密性。

逻辑型问题的作用在生物教学中，特别是实验操作中体现得很明显。生物是一门以实验为基础的科学，传统的实验教学能让学生记住实验原理、步骤，甚至实验现象，然后进入实验室按部就班地完成实验任务。但很多实验做完后，学生往往不能回忆起实验步骤、原理、细节等，甚至有的学生根本不知实验的目的是什么。如果能在实验教学中适当设计逻辑型问题，将能帮助学生更好地厘清实验设计的脉络，同时也能帮助学生挖掘深层次的问题。比如，探究光对鼠妇的影响的实验，在学生进行操作之前，先让学生思考：这个实验的变量是什么？怎样设置对照实验？需要什么实验材料？需要多少只鼠妇？为什么？怎样放置鼠妇？为什么这样放？放好之后，应该怎么做？目的是什么？通过设置一环扣一环的问题，让学生对整个实验的设计思路更加清晰，不但知道了实验的操作步骤，更理解这个实验的目的。

（三）设计比较型问题，培养思维的深刻性

针对一些相近或关系密切的概念、原理或生理过程，创设比较型问题情境，能使学生加深对知识的理解，利于培养学生思维的深刻性。例如，教师讲解"生物的种间斗争"时，对竞争、捕食、寄生三种关系，若设问三者概念如何，学生只会照本宣科，但如果同时要求他们对三种关系进行比较分析，找出异同点，学生就会通过思维加工来对比，从而理解得更深刻。类似这样的知识点很多。比如，在讲解"神经调节的基本方式"时，会提到"反射"的概念，反射是指在中枢神经系统参与下，机体对内外环境刺激所作出的规律性反应。中枢神经系统在这个概念中是核心词，教师可以围绕它设问"中枢神经系统是指什么？""中枢神经系统和神经中枢有什么区别？中枢神经系统与周围神经系统有什么区别？"在讲到神经调节和激素调节时，教师围绕两者的区别可以提出"神经调节和激素调节有哪些区别？"讲到光合作用与呼吸作用、自养和异养等知识点时，均可采用这种方式。实践证明，创设比较型问题情境，有利于抓住问题的关键，区分易混淆的知识。

（四）设计开放型问题，启迪创造性思维

按照思维的方向，问题可被分为封闭型问题和开放型问题。封闭型问题是指思考方向明确的问题，学生只会依照既定的方向思考。开放型问题也称发散型问题，是指思考方向不固定的问题，学生能够在更广阔的范围内思考。封闭型问题和开放型问题在知识

学习中所起的作用也是不同的，封闭型问题重在测查学生对基础知识的掌握，而开放型问题重在拓展学生的思路，发展创造性思维。

例如，在讲到显微镜的使用前，教师提问"一滴水里面有什么？"有学生可能马上想到还有肉眼看不到的东西，有可能是一些生物，也有可能是其他物质。那么具体有什么，是不是得借助相关的工具观察，是不是需要一些其他的检测手段？学生就可以展开头脑风暴，如果物质只是个体且较小，可以借助显微镜。如果颜色是无色怎么办，是不是需要染色？如果是液体状，又怎么解决这个问题呢？是不是与什么物质可以发生反应呢？河里、池塘里以及放置了几天的雨水或自来水中所含的物质是不是相同的？一个问题可以引发学生不断深入思考，发散思维。

（五）设计思辨型问题，挖掘评价和评判思维能力

思辨就是思考辨析力。古人曰："学而不思则罔，思而不学则殆"，说的就是学习与思考之间的辩证关系。所谓思考指的是分析、推理、判断等思辨活动；所谓辨析指的是对事物的情况、类别、事理等的辨别分析。思辨能力具有丰富的内涵，既包含学生独立思考、反思求证等精神，又包含推理、评价、判断、检验、批判等思维能力。应用思辨型问题时，通常由教师或学生呈现对某一问题的解释，要求学生能进行合理的评价，并给出自己的观点。

例如，在讲到学习性行为能力差异与生物的相关因素时，有人做过这样的实验，蚯蚓需要尝试 200 次以上才能避开有电极的一端，而老鼠只需要尝试 2~4 次就能走出复杂的迷宫并找到实物，从而说明越高等的动物，学习能力越强。问题 1：这两个实验严谨吗？有不少人觉得不严谨，也有人觉得比较严谨。觉得不严谨的人认为这两个实验有不止一个变量。觉得比较严谨的人认为蚯蚓和老鼠都是在未知路线下找食物，从错误次数和所用时间能反映出其学习能力的强弱。两种不同答案，经过大家的思辨，很快就会让学生明白哪种答案更合理。问题 2：应该怎么设计才能让这个实验更严谨呢？有人马上想到，应该把未知路线设置成一样，多设置几种动物，同样的环境并增加统计次数会更合理。经过思维的碰撞，让学生自己总结出更合理的方案。

（六）设计"辐射式"问题策略

所谓"辐射式"问题策略是指教师从一个知识点或问题出发，从不同角度设置一系列问题，引导学生发现与此问题相关的更多知识点，从而深化学生对知识的理解，培养学生在不同问题情境下分析问题、评价问题及创造问题的能力。

例如，对于"细胞是生物生命活动的基本结构单位"，可辐射出如下问题：细胞有哪些结构？怎样观察到这些结构？细胞中各结构的作用是什么？植物细胞和动物细胞有

什么区别？组成细胞的物质有哪些？这些物质是从哪里来的？为什么说细胞是生命活动的基本结构单位？细胞能进行哪些活动？每种活动过程中各结构有什么变化？细胞是怎样生活的？为增强直观性，还可借助课本图解进行相关知识的辐射。教师利用细胞显微结构图来启发学生将细胞膜的结构、功能，细胞器的结构、功能以及细胞核的组成、功能等知识全部辐射出来；通过叶绿体，把光合作用的过程、实质及意义辐射出来；通过线粒体，把呼吸作用的过程、意义辐射出来；还可引入竞赛机制以激励学生广开思路，逐渐养成发散思维的习惯。实践证明，"辐射式"问题情境的创设，既有利于培养学生思维的发散性，也利于学生全面系统地理解教材内容。

（七）创设"一题多变、一题多解的"的问题情境

培养思维敏捷性的关键在于"变"：一是指变换思维角度，寻求多种解题方法；二是对题目稍做变动，举一反三。

一道题有多种解法，在解题时教师要注意引导学生积极思考不同解题方法。例如，在探究蚂蚁的通讯方式时，蚂蚁可能通过什么方式进行通讯的呢？很多人回答是通过气味。那么怎样通过实验证实蚂蚁是通过气味进行通讯的？有哪些方法可以验证？可以引导学生用以下几个思路：用其他气味干扰原来走过的路径可以吗？消除原来走过的路径上的气味呢？把原来走过的路径原样收集并改变方向可以吗？怎么做呢？让学生根据不同的思路设计实验方案，培养学生的思维敏捷性。这就是一个问题引出多种解决方式的问题情境设置。

另外，一道题稍做变动，往往会有不同的答案，解题时教师要注意引导学生在变化中寻求正确的答案。例如，有一道题是这样的："有哪些因素影响植物的呼吸作用呢？"学生可能一下子会想到氧气的浓度、温度、水分等。紧接着，教师把题目改一改："我们在保存蔬菜瓜果时是应该降低还是提高植物的呼吸作用呢？应该怎么做？""我们在种植蔬菜时，为什么要经常松土？是降低还是提高呼吸作用呢？为什么要这样？"虽然一直围绕的都是呼吸作用的影响因素这个核心问题，但是在不同的情况下，答案是不一样的。通过变动题目，让学生对呼吸作用的原理有了更深刻的认识和理解，并能够学以致用。

（八）将复杂问题变成"阶梯式"或"分解式"问题情境

所谓"阶梯式"问题情境，就是为了更好地解决一些复杂、抽象、难理解的概念或原理，将知识点分解成一系列相互关联的相对容易的"问题串"，或是将某个问题的解决思路和过程分解成为几个相互联系的"小阶段"，然后通过总结各"小阶段"中的有效方法，最终获得解决问题的完整构思。通过这些"问题串"或"小阶段"，让学生

经历由简单到复杂的认知过程。

例如，在讲到视觉的形成过程时，为了让学生区分物象和视觉，教师把这个问题分解成以下几个问题：物象是在哪里形成的？视觉是在眼球还是大脑形成的？大脑和眼球之间需要什么结构连接？光线要经过哪些结构能到达视网膜？这样能让学生清楚地知道物象和视觉之间的联系，并从光线的路径逐步上升到物象形成，再到视觉形成，从而由具体过程上升到理论形成。

例如，讲到神经调节和激素调节的区别时，可以把这个知识点分解成几个小问题，如这两者作用的途径、反应的速度、作用的范围、作用的时间有什么不同等，再汇总来达到最终的答案。

例如，探索心脏结构和心脏功能时，教师创设生活化的情境，给了孩子们一个模型进行观察，并提出问题："心脏到底是怎样工作的？"然后分解成一系列问题，引导学生突破重点（适时给予点拨）。四个心腔是彼此独立的吗？心脏左侧和右侧是否相通？你是如何进行推测的？心房和心室是否相通？你是如何进行推测的？心房和心室之间的通道是这样的吗？（教师在黑板"田"字格的心房和心室之间画一个开口）你认为血液是从心房流向心室还是心室流向心房？你是如何进行推测的？血液离开心腔的动力来自哪里？心房和心室之间的起到一定阻隔作用的结构应该朝向心房还是心室开呢？血液通过什么结构进出心脏？（带学生复习动脉、静脉、毛细血管特点的相关知识）。教师通过动画展示心脏收缩和舒张一次时心房和心室的变化，让学生根据已学知识推测心跳声是怎样产生的。

因此，在课堂教学中，对于那些难度大或抽象的知识，可以尽可能设计成一组有梯度、有层次的问题，或将知识点分解成一系列相互关联的相对容易解决的"问题串"，帮助学生更快、更好地理解内容与解决问题。通过"阶梯式"问题情境的创设，引导学生由浅入深、由易入难、前后连贯地思考问题，能有效培养学生独立的分析问题、辨别问题并对问题作出评价的能力。

五、问题情境创设的原则

选准问题的切入点，然后思考创设什么样的问题情境更能突出矛盾、激化思维，设置怎样的问题台阶才有利于不同层次的学生都能学有所思、学有所得。

（一）创设问题情境要调动学生已有的知识和生活经验

教师在预设问题时，不仅要联系学生已有的知识，调动学生解决问题的积极性，更要促进学生在解决问题的基础上进一步提出新的问题。例如，在讲授"动物在生物圈中的作用"时，教师让学生先回顾食物链和食物网的知识，以及生态系统、生态平衡、呼吸作用等概念，然后学生才能联系前后知识总结出动物能维持生态平衡、促进物质循环的作用。实践证明，利用"新旧知识的结合点"预设问题或者问题串都能引发学生积极、主动、有效地思索，有助于更加深入地掌握知识，理清知识脉络。

（二）要在学生的最近发展区内进行问题情境的创设

教师在创设问题情境时，应该考虑内容、方法、方式等方面是否符合学生的认知规律、知识和能力水平，能否让学生通过积极思考和主动探究解决问题，从而让学生体会到成功的喜悦并且提高学习兴趣。例如，在对生物的变异相关知识的学习中，如果直接提出问题："生物的变异对进化的意义是什么？"初中学生会感到很茫然，但是把这一问题设置成难度低一点的递进的问题串：什么是生物的变异？生物的变异有哪些类型？学生会回答"可遗传的变异和不可以遗传的变异"，再提问"生物的变异都是有害的吗？"学生马上想到生物的变异有些是有利、有些是有害的。那么生物的有利变异对于生物的进化有什么意义？此时学生就能答出生物的变异对生物进化的意义了。这样就是让学生经过思考和主动探究，明确问题的最终答案。

（三）要以强烈的情境对比来引发疑问

教师在课堂教学中不但要设计有挑战性的问题激发学生的求知欲，还可以创设对比强烈的情境，激发学生提出问题的积极性和主动性。例如，在讲授"生态系统的稳定性"时，教师可以创设如下情境：先展现一张草原辽阔、羊儿奔跑、牛肥马壮的图片，让学生眼前一亮，对秀美的风光充满欣赏、陶醉之情，然后展现一张草原沙漠化、羊儿稀少的图片，两张图片对比强烈，然后提问"为什么把狼全部杀掉反而使草原沙漠化了呢？"学生的求知欲自然就被调动起来了。

（四）要结合学生的日常生活来创设问题情境

把日常生活中的教学资源与课堂中的书本知识相结合，让学生利用书本知识探究解释生活现象或生物实例，这样能促进学生顺利地进入课堂学习状态，积极主动地进行探究。例如，农民伯伯收割的豆子为什么要晒干后才入库储藏？有些不良商家把西瓜一直浸在水中后为何能增加其重量？为什么有些看起来非常新鲜的瓜子，我们一泡水就知道是颜料染过的？为什么炎热的夏天躲到树荫下会感觉凉爽？为什么穿紧身衣会感觉呼吸困难？为什么发烧时吃什么都没胃口？创设有生活气息的问题情境，才能让学生享受到学以致用的乐趣。

总之，创设问题情境应在深入学习教学大纲、刻苦钻研教材、掌握学生知识水平的基础上，遵循提问、设疑的相关原则进行问题设计，才能达到激发学生的兴趣、提高学生的能力的目的。

六、问题情境创设的策略和方法

（一）利用学生的实际生活来创设问题情境

生物学科与实际生活的联系较为密切，教师把具有知识性的实际生活情境搬进课堂，给学生似曾相识的感觉，联系自己身边的现象并产生好奇，从而激发学生探究的原动力。

例如：在讲到"输送血液的泵——心脏"时，教师将提前准备的卤鸡心分享给学生，引导他们边品尝边思考问题：经过品尝，你认为鸡心主要是由什么组织构成的？是中空还是实心的？其间，教师带学生回顾肌肉组织特点：收缩、舒张，为后面对心脏的功能学习做铺垫。教师介绍说日常生活中表示心形用的手势或动作不无道理，从而将生活中的心形与心脏相联系，引导学生知晓生活与科学之间的关系；通过品尝活动引导学生将理论与实际进行结合。教师再展示课件动画，引导学生观察心脏的形状，再根据身体的比例推测心脏的大小。

教师在课堂教学中，灵活运用实际生活问题创设生活化情境，能调动学生学习的积极性，加深学生对生物学基础知识的理解，就会收到事半功倍的学习效果。

（二）利用学生好奇心来创设生活化的问题情境

中学生正处于青少年时期，他们对外界事物充满了好奇，具有强烈的求知欲，根据学生这一心理特点，创设新奇或熟悉的生活化情境，能有效激发学生的问题意识和学习兴趣。

例如，在学习孟德尔的遗传定律时，教师这样导入：一位长相丑陋的教授和一位胸无点墨的美女有这样的对话。教授对美女说："亲爱的，嫁给我吧！我们的孩子会具有我的智慧和你的美貌。"美女："噢。不。万一他有了我的愚蠢和你的长相怎么办呢？"这位教授和这位美女说得有没有道理呢？这个生活化的事例激起了学生的好奇心，让学生带着强烈的寻根探底的精神投入学习。

通过这样强烈而有趣的问题，能有效激发学生的思想冲突，并主动进行探究，让学生在与现实问题有关的生活化情境中进行有效的质疑与学习，极大地满足了学生的释疑解惑心理。

（三）利用多媒体网络资源来创设问题情境

情境性学习理论重视学校教育与现实世界之间的沟通或联系。学校与社会之间所存在的不只是空间上的距离，更重要的是教育内容、教育过程等与真实世界之间的割裂。现代多媒体技术能实现图文并茂，并且声像同步，让动画更鲜明、具体且生动，可以重塑生物的形态，模拟生物遗传变异、生态演化、生物进化的动态过程，为学生提供多种媒体集成的大容量数据信息，使学生更好、更全面地理解知识。因此，可利用计算机的视频功能和模拟功能创设问题情境，把复杂的、抽象的、已经消失的过去的事物和情景再现，从而实现学校教育与现实情境的沟通。

例如，讲到"生命起源与进化"时，生命的起源问题是生命科学中一个存在争议的问题，目前的认知结论是"在原始地球条件下，非生命物质经过极其漫长的时间，经历极其复杂的化学进化过程，逐步演变为原始生命。"然而 32 亿年前，生命起源的原始地球究竟什么样子？学生无法直接感知。在传统教学媒体中要创设这样一个教学情境是比较难的。而虚拟现实技术为学生探索新知创设出形象而逼真的情境，它可以把远古的地球图景模拟出来，展现在学生面前，远古地球火山爆发，熔岩横溢；大雨倾盆，电闪雷鸣，雨水聚集而成的原始海洋烟波浩渺，学生甚至可以通过数据衣和数据手套上的压力传感器，感受到海浪的搏击、海水的温度。这种技术是一种理想化的认知工具。然后教师提出问题：各种小分子物质怎样变成生命的？变化过程是怎样的？教师可利用多媒体模拟技术，展示非生命的无机小分子发生化学反应生成有机小分子，再经过有机大分子、多分子体系，最后形成原始生命的过程。因此，现代教育技术能为学生提供一种"替代经验"，弥补了直接经验的不足，让学生从科学与艺术相融的视觉信息中感知抽象、理解复杂，使探求知识的智力过程大为简化，学习效率更高。

（四）利用学生的实验活动来创设问题情境

生物是实验性很强的学科，生物学科素养提倡培养学生科学探究能力，教师应引导学生在有足够的时间和设备支持情况下，围绕某个专题展开实验活动，并创设相应的问题情境，让学生在实验活动情境中像科学家一样探究问题、验证假设，体验成功的喜悦，从而培育学生的创新精神和科学素质。

1. 利用趣味实验或家庭小实验创设问题情境

根据教学内容的需要，适当制作和购买一些实验材料，创设问题情境，设置或布置成容易操作的富有趣味性的生物小实验，可有效地调动和激发学生强烈的探索意识。例如，在讲到"怎样可以观察到鸡蛋表面的气孔"时，学生可以想出多种实验方法，如用放大镜进行观察；也可以把鸡蛋放在热水中，观察鸡蛋表面气泡的现象来判断；还可以利用注射器往鸡蛋内部注射空气，观察鸡蛋"出汗"的现象，等等。这些有趣的实验不但提升了学生的学习兴趣，而且能引导学生从对实物感知上升到理性思维，培养了学生运用知识分析问题、解决问题的能力。

2. 利用演示实验创设问题情境

教师通过演示实验，得出出乎学生意料的实验结果，把学生引入"愤悱"的情境，从而产生问题意识。例如，学习"呼吸作用"时，可演示如下实验：先找一个学生往一支装有澄清石灰水的试管中吹入气体，发现澄清石灰水变浑浊了，再用注射器往新的一支装有澄清石灰水的试管中注射空气，澄清石灰水几乎没有变化；然后请学生把燃烧的蜡烛伸进装有萌发种子的广口瓶中，蜡烛迅速熄灭，另外在同样的一个萌发种子的广口瓶中注清水，再将气体排入盛有澄清石灰水的试管中，石灰水会变浑浊。通过这一系列实验创设出问题情境：蜡烛为什么熄灭？瓶中又产生了什么气体？人吹入的气体和空气有什么差别？例如，在讲到"肺的通气"时，对于吸气和呼气时膈肌的运动状况，教师可通过模型演示，引导学生观察膈肌的运动方向与肺的扩张情况，让学生直观地感知膈肌的运动与肺的扩张关系，进而提出问题"到底是胸廓变化导致吸气，还是吸气导致胸廓变化"，教师通过自制的矿泉水瓶和气球模拟的胸腔模型，演示整个吸气过程，学生就能直观地理解问题并做出回答，其间教师应引导学生仔细观察实验现象，产生探求知识的动机。

3. 利用探索性实验创设问题情境

为了加深对相关知识的理解，增强运用知识的能力，教师可以设置一些探究性实验。例如，探究水果保鲜的条件时，因为这个问题涉及的因素比较多，可先由同学展开讨论，教师特别提醒学生设计实验要注意的原则，如控制变量原则、设置对照等，然后分组设计实验步骤，分别探究同样大小的新鲜橘子在三种不同情况下的保鲜效果：室温，低温；隔绝空气，不隔绝空气；干燥，湿润，并将实验过程与结果填入表格。通过比较各小组观察到的现象，最后引导学生得出水果保鲜的适宜条件：低温，低氧，适宜的湿度。在此过程中，教师可以设置一定的知识梯度，让学生根据上述实验方案，分组自主设计，大胆实施，加深对实验方案的内容、设计实验的一般程序和遵循的原则的理解，进一步掌握实验设计的方法和技巧，学会实验器材的选定、实验结果的预测、实验结果观察等基本技能，从而促使学生从简单知识理解向综合运用更高层次思维升华。

另外，还可以将教材中的知识或者结论变为探究性实验，重新设定认知情境，重构符合学生认知结构与思维发展的实验，帮助学生形成设计实验的思路。例如，"细胞膜控制物质的进出"这一知识点，在初中生物课本上只给出图示，让学生知道细胞膜能控制物质进出。教师可以提出问题：细胞膜怎样控制物质进出？学生通过设计实验、观察、讨论，从中发现问题、探究问题直到解决问题，这样有利于培养学生的探索能力，也有利于对学生进行科学思维训练。

 教学案例：

"探究细胞膜控制物质的进出"教学设计

广东省深圳市宝安中学（集团）初中部　刘雪姣

（1）教学背景

生物科学是一门非常重视观察与实验的科学，是一门实践性很强的科学。新课程标准更注重学生的发展和社会的需求，更多地反映生物科学技术的最新进展，更关注学生已有的生活经验，更强调学生的主动学习，在实践环节倡导探究性学习，引导学生主动参与，发展交流、合作的能力。因此，在本次实验教学中，注重以陶行知的"生活教育"理论为指导思想，让学生从生活常识出发，提出问题并引导学生根据生活中见到的现象展开思考，利用探究实验总结出细胞膜控制物质的进出方式，并能解决生活中的实际问题。

（二）教学目标

1. 教学目标

（1）知识性目标：观察植物细胞物质进出现象，阐明其控制物质进出的基本规律。

（2）技能性目标：自主设计探究实验，总结出控制变量的方法，得出合理的结论。

（3）情感态度价值观：体验探究的一般过程，能用探究性思维解决生活的实际问题。

2. 教学重点

探究"细胞的吸水和失水"，以及色素进出细胞的实验设计。

3. 教学难点

细胞膜控制物质进出的原理以及探究实验的设计。

（三）教学方法

本实验教学主要运用实验探究与问题讨论相结合的教学模式，让学生观察思考、自主探究，发展以学生为主体、教师为引导的课堂模式，使学生初步学会以问题为中心，自主探究，自主学习，可以多采用动手、动脑、动口相结合，以及讨论、总结、归纳等多种形式，培养学生从生活情境中发现问题，并能用所学知识解决问题的能力。

（四）教学过程

教学步骤	教师的组织和引导	学生活动	教学意图
承前启后 提问设疑	开场白并展示细胞膜控制物质进出的图片，再提问： （1）这张图展示的是细胞的什么生理过程？ （2）物质分成有机物和无机物，分子大小不同，那么细胞膜对这两类物质的控制有什么不同？怎样用实验的方式来了解细胞膜的控制作用？ （3）怎样选择合适的、能代表小分子无机物和大分子有机物的研究对象？	学生先回顾以前学习的知识，并对比书本和幻灯上的图片，然后回答：细胞膜控制物质进出。有用的物质能进入，其他物质不让进入。 学生回顾： （1）有机物和无机物的种类。 （2）讨论选择哪几种物质作为这次探究实验的对象。 （3）学生总结：小分子以水分，大分子以色素作为代表。	回顾旧知，加强前后联系，简单明了。
实验探究 开拓思维	一、探讨细胞膜对小分子（水分）进出细胞的控制 1. 展示现象 教师展示已放置一天的萝卜条并提问：怎样让萝卜条变得硬挺或更加萎蔫呢？ 2. 提出问题 这样设置是为了探究什么物质进出了细胞呢？ 3. 制定计划 如何设置可以使实验变得更加严谨，要控制哪些条件（控制变量法）？ 4. 实施计划 教师首先准备好清水、盐水（0.9%盐水，20%盐水），学生根据桌上的材料来完成实验。 5. 结果讨论，得出结论 从实验结果中可以得出什么结论？ 6. 生活应用 如果想让蔬菜看起来饱满新鲜，应该怎么做？或者想吃腌菜，应该怎么做？	（1）学生根据现象讨论：可以将萝卜条放入清水中使之变得硬挺，放入盐水中、放糖水或空气中风干、烤干等可以使之变得萎蔫。 （2）学生回答：水分。 （3）学生总结：水的多少要一样，烧杯大小、形状要一样，萝卜条的大小、形状一样，在同一个萝卜上切取，放置的时间要一样，等等。 （4）学生根据桌上已经有的萝卜条、盐水、清水、烧杯、小刀等材料，分工协作完成实验。 （5）学生展示结果并得出结论：水分可以进出细胞，与外界的溶液有关系。细胞膜可以控制水分的进出。 （6）学生答：洒水可以使蔬菜看起来饱满新鲜，用盐水泡制可以做腌菜。	联系生活，培养学生发现问题的能力。 让学生学习实验探究方法，体验科学探究过程，感受科学的严谨性，培养学生的实验设计能力以及严谨的科学态度。 通过合作讨论，学生之间互相学习，取长补短，达到共同提高的目的。

续表

教学步骤	教师的组织和引导	学生活动	教学意图
实验探究 开拓思维	二、探究细胞膜控制大分子（色素）进出的情况 1. 观察现象，提出疑问 教师展示用盐水泡过的苋菜和用清水泡过的苋菜，盐水泡过的苋菜，水分能流出来，但现在有什么方法能让色素流出细胞呢？ 2. 制定计划，实施计划 模拟上述水分进出细胞实验，需要用到哪些器材，请小组讨论后派同学上来选器材。 3. 展示结果 在学生做实验的过程中，教师在黑板上设计统计表格。	（1）学生思考并回答：学生根据平时吃苋菜联想到，可以使用加热、磨碎、加盐水等方法 （2）学生讨论后总结自己小组的方法及所需要的器材，然后选器材，开始实验。 ①磨碎法 所需要的材料：研钵、水等 ②加热 所需要的材料：石棉网、酒精灯、三脚架、烧杯、水等 ③用酸泡 所需要的材料：配置好的稀盐酸、水、烧杯等 ④用盐水泡 所需要的材料：盐水、清水、烧杯等 （3）分小组上台来展示实验结果，并得出结论。 每个小组展示完后，在黑板上的表格里写上结论。	引导学生探讨不同的方法，培养学生的发散性思维，同时通过让学生自己设计流程并选择材料，使学生对整个实验思路非常清晰，能自己发现问题，解决问题。
层层递进 探究本质	1. 提问 加热、加酸、磨碎都能使细胞中的色素流出来，而加盐水并不能使水变红，为什么？ 2. 提问 教师展现正常细胞、加盐水，以及加热三种状态下细胞的显微图并提问：在这三种状态下，细胞有什么不同？ 3. 提问 这说明了什么？ 4. 生活应用 有些不良商贩为了使某些食品看起来更新鲜而对食品进行染色，你怎样确定是否染色？	（1）学生猜想：可能是前面几种方法破坏了细胞膜的结构。 （2）学生答：三种状态细胞膜形态不同，正常状态下细胞膜紧贴细胞壁，几乎看不到，加盐水时细胞膜有皱缩，加热时细胞膜被破坏，而细胞壁在三种状态下几乎没有什么变化。 （3）大分子的色素进出细胞必须破坏细胞膜，而小分子的物质进出细胞是不用破坏细胞膜的，说明物质进出细胞是由细胞膜在控制。 （4）将食物泡在清水中看是否有颜色流出来。如果水发生了变化说明是染色的。	层层设疑问，逐步引导学生找寻根本原因，探究事物的本质，开发学生的探究思维。

教学步骤	教师的组织和引导	学生活动	教学意图
扩展新知 升华迁移	细胞膜为什么能够控制物质的进出？	(1)学生产生疑问,期待着高中课程的深入讲解。 (2)课后查阅资料,找寻更深入的答案。	循序渐进,达到升华扩展的目的,延伸问题,从而培养自主学习的能力。

　　首先，教师在教学活动中用探究实验的方式设置问题情境，引导学生自主解决问题，帮助学生突破知识难点，这是秉承新课标要求对课程改革重大尝试。其次，实验联系生活，选材简单，操作简便，实验结果明显，问题情境设置更具有形象性，有效提高了学生的学习兴趣和动手能力。另外，实验设计层层递进，问题设置也具有阶梯性，让学生逐步深入探究，不仅提高了学生设计实验的能力，而且对知识的掌握和概括能力大大增强，通过设疑、分析，让学生从知道、领会和应用等低阶思维逐步上升到发现、探索、构建知识、概括原理等高阶思维过程，教学模式从教师讲授式转变为学生自主探究式，显示了高阶思维指导下的教学相长的过程。

第二节　基于高阶思维培养的建模策略

一、物理模型

(一) 含义

1. 模型的含义

　　模型的含义是很广泛的，它起源于拉丁语 Modulus，意思是尺度、样本、标准。有人认为模型的定义包含了 3 个方面的内容：①它是与"原型"相对的，是研究对象的替代物；②为了表示系统或过程，用简化的方法根据原型的比例或其他特征制成的类似实物的物体；③如果一个数学结构能够使得系统中的每个公式的解释都成立，那么这个数学结构就是该理论的一个模型。

　　国外有学者认为科学模型是用于描述一个物体、现象、事件、过程、系统或某种观念，或者说，科学模型是所研究的目标事物的一种呈现方式。还有学者认为科学模型还可以是一种心智存在的形式，它是人们依据特定的科学理论所形成的心理图式，是人们根据有关世界的知识以及他们建构模型的能力建构出来的。我国学者认为在对科学模型的界定中，有两个最为突出的特征：一是它呈现了在人们建构知识和解决问题过程中的心智活动；二是它充分表现了在科学思考过程中理论与方法如何紧密地缠绕在一起、相互作用，进而共同影响科学知识建构特性的。

2. 物理模型的含义

物理模型是模型中比较常见的一种。通过查阅文献，我们会发现有关物理模型的描述不完全相同。有人认为，物理模型是以实体原型的功能和结构作为模型的组成元素，经放大或缩小制成的与实体原型具有物理相似性的物质模型，模型与原型之间的各对应量服从于同一物理定律。而有人认为，物理模型就是根据相似性原理，把真实事物按比例放大或缩小，以实物或图画形式直观地表达认识对象的特征，其状态变量和原事物基本相同，可以模拟客观事物的某些功能和性质。还有人认为，物理模型是为了简化系统或过程，忽略一些次要因素，抓住重要因素而将复杂的研究对象简化后的有关过程的结构和特点的表征。

可以看出，对于物理模型，并没有标准统一的定义，但是可以总结出以下几个关键点：①相似性不仅仅指的是大小比例，还可以是原型的某些物理特征；②物理模型是以原型的结构和功能或某些性质为研究对象的；③表现形式可以是实物也可以是图画，可以是立体的也可以是平面的，可以是静态的也可以是动态的；④简约性；⑤是发展变化的；⑥呈现了人们建构知识和解决问题过程中的心智活动。

3. 生物物理模型的含义

如同物理模型一样，目前国内外并没有确切的关于"生物物理模型"的定义，通过大量阅读文献，并且结合教学的属性，笔者认为所谓的生物物理模型是在教学过程中为了达成教学目标而使用的一种更具直观性、更有助于学生理解知识、更能提高教学效率的工具。同时，通过这种简化形式再现原型中各种复杂的结构和功能，可以起到联系理论和实际的作用，有利于帮助学生认识客观世界中的本质内容，也实现了由具象的模型感知到抽象的概念认知的迁移。

（二）物理模型教学实践研究

1. 初中生物课堂物理模型教学现状

从相关文献等资料中可以看出，我国对模型和物理模型相关理论的研究时间并不长。从初中生物教学角度来看，生物物理模型逐渐引起人们重视是从新课程标准实施开始的。笔者通过采访一线教师了解到，人们认为在教学中使用生物物理模型是一种重要的教学手段，但是在实际的课堂上应用并不是常事，主要是因为以下几点：

（1）生物物理模型对学校资源要求较高，有些学校不具备该种条件，相对来说，讲授式教学更具普遍性和可操作性。

（2）多媒体使用的普及，让很多的生物学知识有了多种展示的方式，这使得传统的挂图、教具等生物物理模型等逐步被代替。

（3）教学中使用生物物理模型存在不确定性，以及耗时长、难以维持课堂纪律等情况。

（4）生物物理模型建构是脑力、体力、空间感、审美等方面的结合，对于部分教师来说，这是一件耗费精力的事情，并且多数情况下部分教师没有思路着手制作。

（5）目前教材中出现的模型大多是经过简化的典型呈现，学生没有经历过探索和思维训练，这使得部分学生在遇到变式时缺乏迅速重新构建模型的思维。

可以看出，多数教师对生物物理模型的认识仅存在于表层，并没有深刻理解其中的内涵。但是随着对"课程标准"和"生物学科核心素养"的深层解读，教师也逐渐意识到提升学生的高阶思维和综合能力是培养全面发展的人的重要组成部分，而生物物理模型是一种较佳的工具。

2. 初中生物课堂物理模型的应用

现代教育思想指出，模型是对问题环境中的实体、符号的抽象表达的过程与结果。借助模型进行初中生物教学，可以帮助学生学会推理并发现，让他们可以透过模型来描述某些无法直接观察到的结构、体系或问题，完成从具象的模型认识向抽象的理论认识的转化。生物学物理模型作为帮助学生理解知识、分析问题的工具，作为提高科学探究能力和生物科学素养的手段，在初中生物教材及教学活动中被广泛应用。另外，从"课程标准"到"生物学科核心素养"，也提出要重视学生的探索能力与实际技能的训练。而模型制作的过程正是学生动手操作、展现创新成果的过程，是国家素质教育方针落实和执行的有效载体。初中生物作为一门综合性课程，在教育过程中通常采用把复杂的生物问题分解成若干个单一问题。通过这样的思维过程，能够指导学生通过建立模型，将问题逐个击破。

3. 构建生物物理模型的原则

（1）科学性原则

生物学作为一门注重科学和严谨性的学科，尽管学生所制作的模型不能与科学家研究的模型相比，但还是要以真实科学为基础，要符合客观事实，如结构完整、大小比例适当等。

（2）直观性原则

生物物理模型多用于表示其原型的某些特征，力求通过最简化的方法或形式来突出重点特征，进而达到预设的目标。

（3）环保性原则

以《国务院关于加快建立健全绿色低碳循环发展经济体系的指导意见》中提出的"确保实现碳达峰、碳中和目标，推动我国绿色发展迈上新台阶"为理念，在践行生物物理模型制作时，尽量能够做到成本低廉、废物利用，使学生养成节约的良好习惯，增强环保意识。

（4）美观性原则

可在观赏方面做提升，制作精美、工艺水平高、美观大方、设计直观易懂、富有创意的生物物理模型。

4. 构建生物物理模型的步骤

在科学研究中，构建模型是一个比较复杂的过程，一般包括以下几个步骤：模型选择、模型建构、模型验证、模型分析、模型展开以及模型应用与模型再发展或再建构。经查阅文献，对于物理模型构建过程的表述，大致可以归纳为以下四类观点。

第一种观点，物理模型构建包括四个步骤：①对原型进行初步设计；②准备模型构建的原材料；③模型构建的具体实施；④模型构建的修改完善。

第二种观点在第一种观点的具体实施上进行细化：①了解建构模型的基本构造；②制作模型建构的基本原件（单位）；③了解各基本原件之间的关系；④按照相互关系连接各基本原件；⑤检验与修补。

第三种观点在第二种观点的基础上，加入了其他人的评价：①确定原型；②准备材料；③构件模型；④展示模型；⑤评价模型；⑥完善模型。

第四种观点基于第三种观点，在"模型构建"之前增加了"模型假设"步骤，先设定方案再动手实施：①模型准备；②模型假设；③模型建构；④模型检测；⑤模型应用。其制作流程如图 5-1 所示。

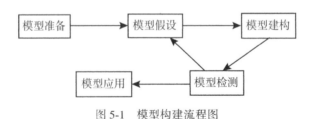

图 5-1　模型构建流程图

根据以上四种观点，我们可以抽象概括出物理模型构建的模式：观察现象→提出假设（模型的初步构建）→实践验证→得出结论（确立模型的程序），由此可见，模型构建的过程与科学探究极其相似，这也为广大师生在后期的实际操作提供了明确的方向和理论基础。

（三）利用物理模型梳理教学内容

表 5-1　　　　　　　　**人教版初中生物教材中可利用的物理模型课程**

	教　材　模　块			构建模型内容
七上	第一单元 生物与生物圈	第二章 了解生物圈	第一节 生物与环境的关系	1. 非生物因素对某种动物的影响实验装置
	第二单元 生物体的结构层次	第一章 细胞是生命活动的基本单位	第二节 植物细胞	1. 植物细胞结构
			第三节 动物细胞	1. 动物细胞结构
		第二章 细胞怎样构成生物体	第三节 植物体的结构层次	1. 植物的几种主要组织
			第四节 单细胞生物	1. 草履虫的结构
	第三单元 生物圈中的绿色植物	第一章 生物圈中有哪些绿色植物	第二节 种子植物	1. 菜豆种子基本结构 2. 玉米种子基本结构
		第二章 被子植物的一生	第二节 植株的生长	1. 根尖的结构 2. 叶芽的结构
			第三节 开花和结果	1. 桃花的基本结构 2. 被子植物受精过程
		第三章 绿色植物与生物圈的水循环		1. 叶片的基本结构
		第四章 绿色植物是生物圈中有机物的制造者		1. 筛管的基本结构
七下	第四单元 生物圈中的人	第一章 人的由来	第二节 人的生殖	1. 男性生殖系统 2. 女性生殖系统 3. 排卵、受精和胚泡发育过程 4. 子宫内胎儿、脐带和胎盘关系

续表

教 材 模 块			构建模型内容
七下	第四单元 生物圈中的人	第二章 人体的营养	第二节 消化和吸收	1. 消化系统组成 2. 小肠皱襞、绒毛和毛细血管关系
		第三章 人体的呼吸	第一节 呼吸道对空气的处理	1. 呼吸系统组成
			第二节 发生在肺内的气体交换	1. 膈肌的运动 2. 肺泡与血液之间的气体交换
		第四章 人体内物质的运输	第二节 血流的管道——血管	1. 动脉、毛细血管和静脉关系
			第三节 输送血液的泵——心脏	1. 心脏解剖结构 2. 血液循环
		第五章 人体内废物的排出		1. 泌尿系统的组成 2. 尿液形成过程 3. 血液透析工作原理模拟
		第六章 人体生命活动的调节	第一节 人体对外界环境的感知	1. 眼球的基本结构 2. 外界物体在视网膜上成像原理 3. 耳的基本结构
			第二节 神经系统的组成	1. 神经元的结构
			第三节 神经系统的基本方式	1. 反射弧的结构
			第四节 激素调节	1. 人体主要内分泌腺的组成
八上	第五单元 生物圈中的其他生物	第一章 动物的主要类群	第一节 腔肠动物和扁形动物	1. 水螅结构 2. 涡虫结构
			第三节 软体动物和节肢动物	1. 蝗蜓的结构
			第六节 鸟	1. 鸟的双重呼吸

续表

教 材 模 块			构建模型内容
八上	第五单元 生物圈中的其他 生物	第二章 动物的运动和行为	第一节 动物的运动	1. 关节的结构 2. 肌肉牵动骨运动
		第四章 细菌和真菌	第二节 细菌	1. 细菌的结构
		第五章 病毒		1. 病毒的结构
八下	第七单元 生物圈中生命的 延续和发展	第一章 生物的生殖和发育	第四节 鸟的生殖和发育	1. 鸡卵的结构
		第二章 生物的遗传与变异	第二节 基因在亲子间的传递	1. DNA 分子片段

（四）初中生物自制物理模型教学案例

 教学案例：

人教版七年级上册《开花和结果》教学设计

广东省深圳市宝安中学（集团）初中部　刘雪姣

（一）教材分析

《开花和结果》是人教版初中生物的七年级（上册）第三单元第二章第三节的教学内容。在此之前，学生已经掌握了植物具有六个营养器官——根、茎、叶、花、果实和种子，知道花、果实和种子是植物的生殖器官。而且前两节又学习了"种子的萌发"和"植株的生长"。《开花和结果》一节的学习顺理成章并承前启后。《开花和结果》对本章来说是个重点也是难点，学生在前面两节课的学习中，因为有探究实验、调查等活动，并且亲身体验了绿色植物从萌发到生长的过程，生动有趣。但是本节课并没有安排探究实验，在日常生活中学生也很少有机会看到从开花到结果的全过程，理论知识较抽象，要调动学生的积极性，教师必须想方设法把抽象的知识形象化地展现在学生面前，而且要精心设计问题情境，让学生自己发现问题、提出问题，一步步猜想并探究出结论，从而解决问题，获得知识。通过本节的学习，学生在掌握知识目标的基础上，可以充分理解生物结构和功能是如何相适应的，从而培养学生的辩证思维。同时，引导学生观赏花卉，进行审美教育和爱护植物的情感教育。

（二）教学对象分析

本节课的对象是初一的学生，他们对身边的事物充满好奇，生物又是初中新开的学科，所以对于生物的相关问题，学生有很强的探索欲望。开花和结果在日常生活中是较常见的现象，但是学生平时未必认认真真地观察过花和果实，特别是花的结构本身多种多样，子房内部的结构也比较微小，很难看清楚，更别说深入思考两者内在的联系了。教师应该逐步设问，激发学生的求知欲，从而逐步引导学生进行探究，让学生自主地解决问题，掌握知识。

（三）教学目标

1. 知识与技能

（1）识别花卉的基本结构；

（2）描述传粉和受精的过程；

（3）说明花与果实、种子的关系。

2. 过程与方法

（1）充分运用子房的结构模型，培养学生的观察、分断能力；

（2）通过模型模拟传粉和受精的过程，培养学生的归纳能力。

3. 情感态度与价值观

（1）欣赏花卉的美丽；

（2）形成结构与功能相适应的辩证唯物主义观点。

（四）重点难点

教学重点：花卉的基本结构及其最重要部分。

教学难点：雌蕊、雄蕊的主要功能，子房的结构及发育。

（五）教学策略

主要采用模型探究的方法，同时应用问题引导、模型演示法、合作探究法、讲述法、谈话法、合作学习等方法，激发学生的求知欲，通过问题引发学生的分析、思考、讨论，最后师生一起归纳总结。这样不仅可以促使学生独立思考，使他们积极主动参与教学活动，充分发挥学生的主体作用，而且让学生在获取知识的同时，培养了分析问题的能力与团结协作精神。

（六）教学过程

1. 图片导入课堂

展示各种花的图片后，教师设问：大家知道深圳市的市花是什么？那么映入眼帘的火红的一大片是簕杜鹃的花瓣吗？

学生活动：先欣赏各种花的图片，思考"花的结构"具体有哪些？并观察勒杜鹃花的结构，思考它与其他花的区别。

2. 花的结构

（1）小组活动，解剖花并分析花的结构

教师设问：提出问题："同学们，你们知道花有哪些结构吗？"。教师组织学生观察花的结构，再思考：一朵花由哪些部分组成？最主要的是什么结构？为什么？花的哪一部分将来会发育成果实？

学生活动：带着问题，学生4人一组，展开小组活动——解剖校园里的紫荆花和百合花（见图5-2），并对照课本总结花的结构。小组代表发言，积极交流观察记录的结果，并对提出的问题进行讨论，巩固所掌握的知识。

图5-2　百合花的结构解剖

（2）模型展示子房的结构

首先，根据子房示意图认识各结构；然后，展示子房模型，学生根据示意图将名称标签黏贴在子房模型上各结构上（见图5-3），从而进一步推动从抽象思维向形象思维的转化。

图5-3　子房的自制模型及各结构黏贴标签

3. 模型模拟传粉和受精

教师提出问题："从花到果经历什么重要的过程?",指导学生自学"传粉受精的过程",提出三个问题:"什么是传粉?""花有什么特点适应于传粉?""什么是受精?"小组展示模拟受精过程并讲解,如图5-4所示。然后通过自评和互评来培养学生语言组织能力、口头表达能力,并让学生学会倾听、分析与思考。

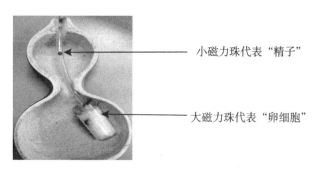

小磁力珠代表"精子"

大磁力珠代表"卵细胞"

图 5-4　子房模型模拟受精过程

4. 果实和种子的形成

(1) 以模型加深对子房各部位发育情况的理解

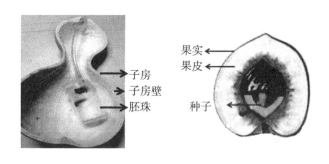

子房
子房壁
胚珠

果实
果皮
种子

图 5-5　子房模型及桃子结构

教师提出问题:"到底是花的哪个部位发育成了果实?"(视频模拟)请学生猜想子房的各个部位分别发育成了果实哪个部位?然后,学生把桃子的每个部位发育成模型的对应部位指出来并连线,如图5-5所示。这样有助于学生掌握花与果的关系,培养学生的形象思维和空间思维,提高逻辑思维能力。

(2) 多种子的模型构建

如果一个果实有多颗种子,那么这个模型应该怎样构建?学生根据讨论,在原来的模型基础上多加入一些"胚珠"，如图 5-6 所示。

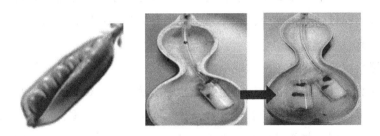

图 5-6　多种子果实及模型改进方式

（3）实物逆推，知识升华

教师提问："如果给你一个实物，如花生，怎样判断花生的每一部分是由花的哪个部位发育过来？"学生分组解剖，分出果皮、种子、种皮，对应模型从而判断出来，如图 5-7 所示。

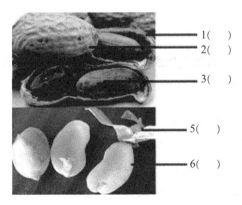

图 5-7　花生的解剖

从实物逆推子房发育的相应的结构，培养了学生的逆向思维能力，更加深了学生对知识的融会贯通和认知升华。

5. 课堂小结

教师总结本课的知识点，如果实的形成过程、花的结构、子房各部位的发育情况等，再回到问题："那火红的一片片是籰杜鹃的花瓣吗？"学生总结这节课的重点知识，并画出思维导图，再回答教师的问题。

（七）教学反思

新的课程标准倡导探究性学习，以全面提高学生的科学素养为宗旨，以培养学生的创新精神和实践能力为重点，促进学生变被动接受式学习为主动探究式学习。在这个前提下，本节课注重对学生进行观察能力、合作探究能力的训练，充分调动学生学习的积极性、主动性，大部分学生能与同伴合作探究、畅所欲言，充分发表自己的观点。

本课的理论知识较多，理解难度较大，教师运用多种媒体及模型模拟受精、猜想子房发育情况、构建多种结构模型等教学活动形式，由浅入深，层层递进，突破重难点，形式多样，对提高教学效果，活跃课堂气氛非常重要。通过观看图片、视频以及动手解剖，拓展了学生的思维和技能，培养其爱护花、热爱大自然的情感，增强了辩证唯物主义思想，为学生形成正确的世界观、人生观和价值观打下良好的基础。

这节课还有一些值得改进的地方，如本课容量大、活动多，要控制好每个环节的时间，才能做到收放自如；在学生讨论时，要注意观察学生的讨论情况，加强引导，等等。

 教学案例：

人教版七年级下册《肺的通气》教学设计

广东省深圳市宝安中学（集团）初中部　池思思

（一）教材分析及设计思路

"肺的通气"是人教版七年级下册第四单元第三章"人体的呼吸"第二节的内容，包括两部分：肺与外界的气体交换（肺的通气）和肺泡与血液的气体交换，因此本节课具有承上启下的作用。就初一学生现有的知识水平来说，他们只知道在呼吸过程中肺作为主要的器官以及呼吸过程中气体的进出，但由于尚未接触物理学科，难以理解气压与肺的容积变化的关系等知识，对于此部分的学习往往处于机械记忆的状态。同时，人体的结构对学生来说是抽象而模糊的，要求学生把教材模型和呼吸运动时各结构的变化联系起来具有一定的难度。因此，在教学过程中，教师利用生活化情景展开教学，创设日常生活吹气球比拼的情境，引出肺活量的概念，以此为主线探究肺活量的大小与什么结构有关以及是如何实现的？趣味化、生活化的教学过程才能充分调动学生的学习热情，在轻松愉悦的氛围中达成教学目标。同时，使得学生摆脱死记硬背，积极把生活现象和生物知识结合起来，做到真正的学以致用。另外，为了具象化抽象的呼吸运动原理，利用三部分模型：针筒气压差模型、肋间肌与胸廓模型、膈肌与胸廓模型，来建构和总结出原理。在探究过程中，教师通过分解知识点为多个小问题来引导学生自主分析，相互补充，最终得出结论，整体形成"观察"→"推测"→"探索"→"实践"→"应用"的教学思路，以此培养学生的学科思维和实验探究能力。

（二）教学目标

依据课程标准并围绕培养学生核心素养的要求，制定如下教学目标：

1. 概述肺与外界的气体交换的过程。

2. 通过探究呼吸运动的原理，培养动手操作、分析推理和实事求是的科学探究精神。

3. 学会关注运动与健康，认同呼吸与健康的关系。

（三）教学准备

1. 教师模型制作

（1）胸廓气压差模型

工具：500ml 针筒、普通红色气球、透明软管、橡皮绳

制作：气球模拟肺，透明软管模拟气管。把气球和透明软管利用橡皮绳连接起来固定在针筒内部，与外界连通。

（2）胸廓模型

工具：铁线、多个衣架、透明软管、两根白色塑料棍、粗绳（有弹性）

制作：将两根白色塑料棍（一长一短）分别模拟脊柱和胸骨，然后把衣架穿过白色塑料棍并拧成圈状来模拟肋骨（注意：在衣架外包围透明软管是为了使模型不易变形），把粗绳缠绕在肋骨上，模拟肋间外肌。

2. 准备模型材料：裁剪过的气球钝端（模拟膈肌）、矿泉水瓶、小气球、塑料支管、瓶塞、胶布。

（四）教学过程

1. 创设情境，游戏导入

教师邀请两位学生上台进行吹气球比拼，要求只能一口气吹大气球。请台下学生猜测：谁的气球会吹得更大？学生观察猜测后，进一步提出：气球气体总量近似于肺活量，那肺活量的大小与什么结构有关呢？

设计意图：创设生活情境，从学生的实际生活中引入生物学问题，把生物学知识和问题还原到生活原型、活动情境和矛盾冲突中，启发学生主动思考。在感知生活实例的基础上，学生进入生活情境，对与生物学知识相关的生活问题产生探究的兴趣，自主质疑并思考，对问题的可能性进行猜想。

2. 初探胸廓容积与呼吸运动的关系

展示胸廓图片（见图5-8），引导学生观察并识记胸廓是由脊柱、胸骨和肋骨

围成。

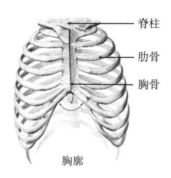

图 5-8　胸廓模式图

【活动一】教师提出：呼吸时，胸廓是否发生变化？指导学生双手放于两侧肋骨处并深呼吸。学生亲身感受呼吸运动胸廓的变化，说出吸气时肋骨运动方向向上、向外，胸廓容积增大。进一步设疑："在平静呼吸时，是吸气引起胸廓增大还是胸廓增大引起吸气呢？"引导学生发表自己的看法。此时，教师不直接解答问题，先指导学生认真观察模型，如图5-9所示。

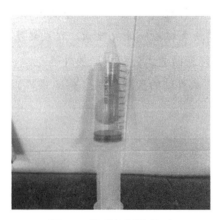

图 5-9　胸廓气压差模型

教师设疑：①针筒是密闭还是开放的空间？②针筒可模拟我们做呼吸运动时身体的哪个结构？③气球模拟哪个结构？引导学生总结出针筒是密闭空间且可模拟胸廓，气球可模拟肺。

针对此模型，教师提出：如果我们要让气体进去，模拟肺吸气，可以怎么做呢？学生各抒己见，提出往针筒里面吹气、推拉针筒等方法。教师根据学生提供的方法进行实验操作，以直观的现象表明当手拉针筒的时候，气球变大了。教师提问：你是否认真观察过针筒容积发生变化了吗？气压与气体方向有哪些变化？进而引导学生观察实验过程并得出结论：当手拉针筒时，针筒容积变大，气压变小，气体进入导致气球变大。此时，共同总结：胸廓增大会引起吸气。

设计意图：调动学生主动参与，亲身体验胸廓变化，直观的感受能够让学生更好地理解知识。同时设置疑问，鼓励学生大胆猜测，有助于发散思维的培养。七年级学生无物理基础，教师借助建构模型与类比推理，能够让学生轻松推知并理解，突破气压这一知识难点，并且明白科学知识要通过实验探究去验证，不能仅凭个人猜测。

3. 再探究肋间外肌和膈肌如何引起胸廓的变化

（1）探究肋间外肌与胸廓变化的关系

教师设疑：人体的哪些结构能够引起胸廓发生变化呢？教师引出：肋间外肌和膈肌。此时，教师展示模型，让学生根据日常经验来回答问题：①自然状态下，这个模型可以自己动吗？②如果想让金属条位置发生改变，我们可以怎么做？同时请同学上台展示。师生共同总结：牵拉绳子，金属条位置向上、向外运动，里面的容积变大。

【活动二】教师提示：模型的运动形似胸廓的改变，并展示教材中胸廓与肋间外肌和胸廓模型图片，再请各学习小组由模型（见图5-10）的运动规律，类比胸廓结构，进而结合教材中的图片，类推出肋间外肌与肋骨、胸廓容积变化的关系。

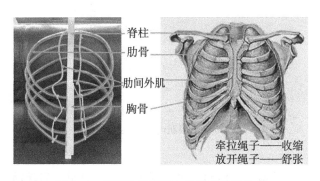

图 5-10　模拟肋间外肌与胸廓变化的关系

设计意图：苏联心理学家维果斯基在文化历史发展论的基础上，创造性地提出了"最近发展区理论"，即儿童独立解决问题的实际发展水平与在成人指导下或在有能力的同伴合作中解决问题的潜在发展水平之间的差距。学生在原有的生活基础上，总结模型建构的原理；教师则在此基础上，鼓励学生结合生物知识并通过类比模型，合作探究讨论出胸廓变化的原理。在此过程中，教师起引导作用，并且适时点拨和指导，学生在活动中丰富了自己的感性认识和生活体验。

（2）探究膈肌与胸廓变化的关系

教师进一步说明，肋间外肌引起胸廓前后、左右径的变化。上下径的变化是由膈肌引起的。

【活动三】在课本演示实验的基础上，改进了该实验装置，利用气球钝端模拟膈顶部初始舒张向上的状态，有助于学生理解。通过小组探究模型，思考问题：①矿泉水瓶、塑料管、橡皮膜、气球分别模拟哪些结构？②详细说明当膈肌变化时，胸廓容积如何变化？（提示：膈肌的变化形式？当膈肌变化时，膈顶部的位置变化？胸廓容积的变化以及肺的大小变化？以文字形式梳理膈肌引起胸廓变化的过程）③认真观察膈肌引起胸廓容积变化后，气体的进出情况（提示：气压）。

学生通过合作探究，自主演示模型（见图 5-11），共同总结：膈肌收缩，膈顶部下降，肺扩张，气压减小，气体进入；膈肌舒张，膈顶部上升，肺缩小，气压增大。

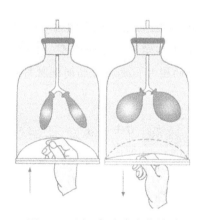

图 5-11　膈肌与胸廓变化关系

设计意图：从活动一、活动二中教师示范建构模型，到活动三中学生自主合作探究模型构建，充分体现了活动设置的难度层次，着重培养学生动手操作能力，引导学生明白模型是对实物的简化和模拟，并非等同原物本身，可进一步完善模型的制作。教师在最近发展区理论的基础上，采取问题导学法，将大问题分解成一个个小问题，使得学生通过思考能够得出答案，提高思维能力的同时也增强学生的学习自信心。

4. 融会贯通，学以致用

教师补充说明人体做呼吸运动时肋间外肌和膈肌会共同起作用的，并利用前面三个活动和模型带领学生共同总结：人体通过呼吸运动，胸廓有节律的扩大和缩小，从而完成外界气体与肺内气体的交换。教师结合情境导入肺活量问题，提问：如何提高肺活量？学生通过本节课的学习，明白通过适当锻炼，如跑步、游泳等，能锻炼肋间外肌等结构，从而提高肺活量。

设计意图：归纳小结，知识升华，使各个层次的学生在原有水平上得到提高。生物是一门与生活息息相关的科目，通过联系实际，能锻炼学生分析、解决问题的能力，也符合核心素养中的生命观念，让学生学会关爱自己，关爱他人。

5. 思维拓展，关注热点

教师展示呼吸机图片（见图5-12），让学生结合呼吸运动，尝试说出呼吸机的原理。

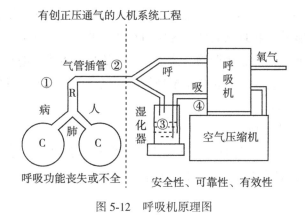

图 5-12　呼吸机原理图

设计意图：通过分析呼吸机的运行原理，培养学生的知识迁移能力，学以致用。同时，渗透爱国主义教育和生命观念、社会责任的培养。科学技术的发展日新月异，让学生了解生物学领域的成果，以及对国民经济发展的巨大促进作用，能开阔学生的眼界，提高其学习兴趣，从小树立为振兴中华而奋斗的理想，为祖国腾飞而进行创新实践的观念。

（五）教学反思

义务教育阶段的生物学课程是自然科学领域的学科课程，学科的核心素养是科学育人价值观的体现，旨在培养生命观念、理性思维、科学探究和社会责任。本节课整体遵循"观察"→"推测"→"探索"→"实践"→"应用"的思路开展教学，帮助学生利用模型建构知识体系，让学生在没有学习相关物理知识的情况下，也能突破呼吸运动的原理这一难点。通过激发学生的求知欲望，让学生以小组的形式去主动探究和合作，培养理性思维。同时，以问题为主线，学生为主体，利用层层设问的方法开展教学，帮助学生顺利到达"最近发展区"。生物是一门与日常生活息息相关的学科，以日常生活中"吹气球"环节，引出肺活量的相关知识。在结课时，利用呼吸运动的原理让学生思考如何提高肺活量，包括呼吸机的应用，都能够充分调动学生参与课堂的积极性，培养理论联系实际的能力，帮助学生拓宽视野，养成"学以致用"的良好习惯，从而达到最佳的教学效果。

（五）初中生物课堂物理模型应用的效果

合理运用课本，直观展示模型，能够极大地提高学生学习生物的兴趣，丰富学生的感性知识，减少实际学习环境带来的认知困难，帮助学生形成较明确完整的基本概念。而自制物理模型教具更是有很多优点，除了取材简单、成本低、具有经济性以外，与其他商品教具相比，科学性方面也并不逊色，且具有较强的实用性、创新性和艺术性。结合日常课程教学与操作，物理教具的合理应用有助于进一步启发学生正确地理解所学的抽象的理论知识，形成相对较为明确、清楚、具体的知识体系，进而通过全面思维发展来培养学生的综合观察能力、分析概括推理能力和创新思维能力。具体来说，其效果主要体现在以下几个方面：

1. 提高了学生的学习成绩

设置实验班和对照班进行对比，实验班的学生在多数课程中使用物理模型进行教学，对照班按照常规课程进行。经过一个学期的学习，学生的检测情况如表 5-2 所示。

表 5-2　　　　　　　　　　　　学生检测对比表

教学班级	考试人数	及格以上	及格率	80分以上	优良率	最低分	最高分	平均分
实验 1 班	53	40	75.5%	25	47.2%	39	100	85.5
对照 1 班	53	37	69.8%	21	39.6%	26	94	76.9
实验 2 班	54	41	75.9%	23	42.5%	34	100	83.6
对照 2 班	54	33	61.1%	17	31.4%	34	96	80.5
实验 3 班	51	35	68.6%	22	41.5%	35	98	84.1
对照 3 班	51	30	58.8%	20	39.2%	29	95	79.0

从以上数据可以大致看出，利用物理模型进行教学实践的实验班，其及格率、优良率、平均分均高于常规教学的班级，这说明将物理模型引入教学活动有效地提高了学生的学习成绩，其实质是让学生的学习兴趣得到提高，注意力更加集中，进而提高了课堂效率。

2. 增强了师生的主观能动性

一方面，借助物理模型进行教学或者自主构建模型，均需按照一定流程进行，在此过程中师生均得到了锻炼。首先，通过自主探究，预习教材内容；然后，通过共同探究如何借助物理模型来突破重难点，对各环节进行充分探讨和设计；最后，基于小组合理的分工，构建物理模型以便课堂上应用。这样的流程给予了每位学生具体的工作任务，不仅能够挖掘学生潜在的设计思维和创造潜力，而且增强了个体的学习热情与团体责任感，锻炼了小组团队合作实践的合作交流能力。同时，形式新颖、灵活变化多样的自制物理模型能够充分激发学生的探究精神。例如，对于自制模型的材料选择，每次活动需要的材料不同，学生可以通过不断地变换材料进而构建出不同的模型，锻炼了应变思维，激发了不断挑战自我的意识。另一方面，教师在辅导学生设计、构建、应用模型时，能够有针对性地培养学生主动发展获取信息能力、逻辑思维能力、书面知识表达能力等，学生在教学评价过程中能够获得成就感，从而真正促使和帮助学生逐渐变被动学习为主动学习，从"要我学"变成"我要学"，提高其主观能动性，最终实现真正以学生为主体、教师为引导的教学模式的应用，不仅使师生的主观能动性都得到提升，而且有效增强了教学效果。

3. 强化了学生的高阶思维能力

教师在应用生物物理模型来开展课堂教学活动时，应尽量通过引导式提问等多种方式创设情境，帮助学生在模型演示的过程中逐步建立相应的思维模式，强化其生物模型思维能力。为此，教师更应该针对模型演示和讲解过程等环节进行预先的认知分析，并结合所学内容，以递进思维逻辑搭建起相应的学习思维框架。在构建物理模型时，教师可让学生自主查找相关的资料或给学生提供一些素材，这些材料应具有学科融合的交叉内容，这样不仅可以提升学生的资料分析能力、信息整合能力，更是能够提升学生综合运用知识的能力，为培养素质教育人才奠定基础。此外，教师要引导学生在构建模型前进行全面、系统的思考，进行合理、大胆的猜想，从而在创新思维方面有所提升，进而培养学生的高阶思维能力。

二、数学模型

随着科技的迅速发展，当今世界也加速了知识、技术的更新迭代，对现代教育模式也提出了更高的要求。"生物新课标"中特别强调：生物学课程的根本任务主要是培养学生深度思考、拓展思维、持续稳定发展的科学素养，从而在多角度观察、深度思考、批判纠错、答疑解惑、创造拓展等综合能力方面得到稳步提升，特别是一个普通公民终身发展所需的生物科学素养。初中阶段是学生由具体形象思维向抽象思维转变的重要阶段，教师在教学过程中要关注每一个学生的发展。然而，在传统教学中，学生对知识的掌握主要以认知、理解和硬性记忆为主。从思维的角度来看，主要是因为学生缺乏对新知独立探究、分析以及全方位思考和创新意识。而基于高阶思维的教学，是指在教学过程中引导学生在较高认知水平层次上进行的一种心智活动或发展认知能力的活动。因此，培养并发展学生的高阶思维能力也是初中教学的根本目标之一，必须将其作为一项艰巨任务常抓不懈。

初中生物作为一门综合性学科，其研究的主要内容是自然界中生物最基本、最普遍的生命运动及其规律。教学过程中若遇到比较复杂的知识点，最有效的办法就是把该知识点分解成若干个相对比较简单的问题，再引导学生一起各个击破。基于这样一种思维方式，教师可以在初中生物的教学过程中，引导学生通过自主建构模型的方式来更好地解决相关问题。自主构建模型的种类有很多，而数学模型应用的效果较好。数学模型是联系数学知识与实际问题的桥梁，是数学知识在各个领域广泛应用的媒介，是数学科学技术转化的主要途径。在教学过程中采用数学模型建构的方法，能使相对较复杂的生物学问题在很大程度上变得更加简单直观、一目了然。此外，建构数学模型，还可以适度辅助生物学问题的解决，并很好地促进学生综合运用能力和综合分析能力的提高。下面，笔者就基于高阶思维培养的数学建模策略进行探究。

（一）构建数学模型，促进生物课堂教学的高效运行

数学模型孕育于人类开始使用数字之时，为了解决生活中各种各样的实际问题，人类在使用数字的时候就开始不断地建立各种数学模型。建构"数学模型"进行教学的最大的特点就是：可以将日常生活、工作和学习中的复杂问题通过数学模型的建构，最终转化成综合、简洁明了的数学问题。例如，学校每学期对教师的工作业绩的评定、教职工考勤、学生的综合素质测评、采购等，这些常规的工作都可以通过建立数学模型来确立一个最佳的方案。可见，数学模型的建立是针对摆在面前的实际问题与数学工具之间联系的一座必不可少的沟通桥梁。

生物学科教学的"数学模型建构"是指为了某种达到某种教学目的，利用公式、符号、图像等数学语言以及数学工具进行定量地描述生命系统发展状况的一种教学结构或教学程式。我国教育部于2011年颁布的初中生物新课程标准（以下简称"新课标"）中强调：教师应培养学生以实事求是的科学态度，通过示意图、文字描述、曲线

图、数字表格等方式完成报告，组织交流探究过程和结果，并对结果进行适当的评价。

作为"新课标"中需要践行的新教学方略，"模型与建模"对于学生在落实生命规律的理解、现实生活的灵活应用与学科核心素养的提升均具有很大的作用。一方面，数学模型建构的教学方式有利于学生解决生活中的实际问题，同时也为科学、技术、工程学和数学（STEM）的综合运用奠定基础；另一方面，也锻炼了学生的综合运用能力。因为他们需要用曲线图、数字表格、示意图等完成报告。聚焦基于"数学模型建构"的生物学教学，可发现其意义如下：

第一，数学模型的建构可以更好地帮助学生进一步提炼概念背后的生命科学规律，并延展科学思维核心素养。例如，在生物学科教学研究中，教师将生物学的概念等知识予以具体剖析后，引导学生进行直观的数学模型建构，这样既帮助学生在数理逻辑递推与现象归纳分析的科学思维方面得到很大的提升，又有助于学生更好地提炼概念知识背后的生命科学规律，深化对知识的理解。

第二，数学模型的建构可以更好地帮助学生在生物学概念或知识中获得多元化的知识表征。例如，在表述、展示不同的生物学知识时，可以利用集合、函数、几何与多边形等简约化与客观化的数学知识进行优化，进而寻求出适切于某一生物学知识点的教学方案，让学生对生物学知识形成更全面且高效的理解。

第三，"新课标"着重强调要加强学科与学科之间的联系和渗透。数学模型建构通过将生物学与数学的课程内容有机整合在一起，方便学生进一步将课堂知识灵活运用，更好地解决现实中的生产生活问题，对学生跨学科能力的提升具有非常大的作用。例如，教师在生物学课堂教学中通过对图示、数学符号以及思维等学科元素的整合应用，契合"新课标"的要求。

（二）生物课堂教学中数学模型构建策略

数学模型在生物学科中没有统一的分类标准，因此根据不同的分类标准，其分类也各不相同。

1. 图像模型

图像模型就是将各种图形与数进行有机的联合，以此实现相互之间的数量关系。通过图像模型建构进行生物教学，能使众多概念彼此间的区别和联系、抽象概念的内涵与外延更加直观形象、脉络清晰地呈现出来，这既有助于提高学生归纳总结的能力，强化对科学性思维解题能力的训练，又有利于课堂探究性教学的实施、学生创造性思维的培育。数、图结合的教学模式在生物学教学中如能经常实施，会使课堂显得别开生面，知识点清晰，教学中遇到的重难点知识也更加直观易懂。

在初中生物学课堂中，最难的环节无外乎就是多个知识点之间的区别与联系。多个知识点的区别与它们之间错综复杂的联系，常常让学生在知识接纳、解题的过程中迷失方向。而图像模型的利用，可以很好地解决上述问题。

以"镰刀型细胞贫血的显性和隐性遗传"（见图5-13）为例，其图像模型概述：白色正方形代表正常男性，白色圆形代表正常女性，黑色正方形代表患病男性。镰刀型细胞贫血病是致病的隐性基因位于常染色体上的一种人类遗传病。通过该图像模型可以看出：一对相对性状的显隐性可以通过遗传过程中的性状进行判断，若在子代个体中出现了亲代所不具有的性状，那么该出现的新性状一定是隐性性状，而亲代的基因组成一定是杂合体。因此，当课堂教学中涉及多个错综复杂的知识点时，为避免学生找不到学习或解题的头绪，可以通过创设数、图相结合的图像模型，以此让复杂的多个知识点之间的相互关系和联系变得更加脉络分明。

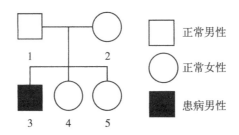

图5-13　镰刀型细胞贫血的显性和隐性遗传

结合上述分析，在课堂中实施图像模型建构辅助教学的优点主要包括：第一，相较传统的教学，在教学过程中创设合理的图像模型，因其具有简单直观、深入浅出的优势，能使抽象的问题直观化、使较为复杂的问题简单化。在生物学教学过程中，多个知识点可以通过建构有序的图像模型进行有效展现，同时依托彼此之间延伸、联系的概念进一步分类识别。这种模式使一些关键概念的内涵得以重点呈现，并很好地避免了单一地用语言做描述的空洞性。第二，建构图像模型是一种思维创造，其具备思维创造和能力培养的特点。在教学过程中，为帮助学生更好地培养和提高分析问题、解决问题和处理问题能力，教师引导学生通过形象、直观的数学元素创设合理的图像模型，可以有效提高学生对生物知识的认知与理解。

2. 柱形图模型

柱形图又称条形图、直方图，是以宽度相等的条形的长度或高度差异来展示所统计项目的数值多少或大小的一种图形，主要用于数据的统计与分析，以显示某个时间、空间范围内的数据变化或显示各项之间的比较情况。柱形图是一种常用的统计图形，简明而又醒目。

以"某食物链中生物在一定时间内的数量变化"（见图5-14）为例，柱形图的高低代表生物在某时间段的数量。食物链反映的是生产者与消费者之间吃与被吃的关系。在生态系统中，物质能量是沿着食物链、食物网流动并逐级减少的，每一个营养级大约减少80%，能量的传递效率约为20%。营养级别越低，得到的能量越多，生物数量越多；营养级别越高，得到的能量越少，生物数量越少。通过该柱形图模型可以得出：该食物链中丙为生产者，该食物链为丙—丁—乙—甲。

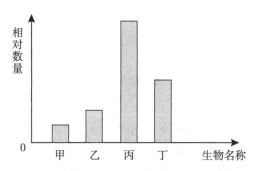

图5-14　某食物链中生物在一定时间内的数量变化

以"豌豆杂交后代统计结果"（见图5-15）为例，豌豆子叶的颜色黄色（B）对绿色（b）为显性，用黄色和绿色豌豆进行杂交，发现后代出现两种性状类型。生物体的性状是由一对基因控制的，当控制某种性状的一对基因都是显性或一个是显性、另一个是隐性时，生物体表现出显性基因控制的性状；当控制某种性状的基因都是隐性时，隐性基因控制的性状才会表现出来。通过该柱形图模型可以得出：黄色和绿色出现的概率是50%左右，亲代遗传给子代绿色的基因一定是b，因此亲代黄色的基因组成是Bb。由此分析，亲代的基因组成是Bb和bb。

柱形图充分利用了人类肉眼对不同物体高度差异的敏感性，具有直观易懂、简便易画、辨识效果好等特点，将生物教学过程中涉及的同类数据直观明了地汇总在一起，便于学生迅速捕捉生物某特性的数据变化规律。

3. 曲线模型

教师在教学活动中应用整体曲线模型时，首先应将相关知识点向学生讲授清楚；其次是帮助学生分析数学曲线中横轴和纵轴所表示的意义及其曲线的变化趋势；最后从最基础的知识点入手，通过曲线的数量变化分析，引导学生将分析结果对应到特指的生物知识点所代表的含义，从而促使学生逐渐将生物知识和数学曲线相融合，提高学生的分析能力。

以"肺内气压与呼吸运动之间的关系"（见图5-16）为例，在呼气时，肋间外肌和

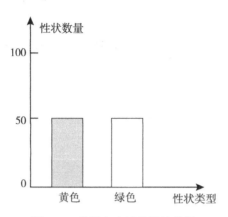

图 5-15　豌豆杂交后代统计结果

膈肌舒张，胸骨与肋骨因本身重力向下、向内回位，胸廓缩小，胸腔容积变小，肺也随之缩小，使得肺内气压大于外界气压，肺内的气体排出。而在吸气时，肋间肌与膈肌收缩，引起胸腔的前后、左右及上下径均增大，胸腔容积变大，肺随之扩大，使得肺内气压比外界大气压小，外界气体进入肺内。该过程属于主动的吸气运动。

在图 5-16 中，AB 段是吸气过程，依据是肺内气压与外界大气压的气压差是负值，说明肺内气压低于外界大气压；而 BC 段是呼气过程，依据是肺内气压与外界大气压的气压差是正值，表示肺内气压高于外界大气压。

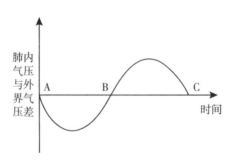

图 5-16　肺内气压与呼吸的关系

生物圈中的每一种生物，在其所处的生活环境中都会受到同一或周边环境中其他很多生物的影响。生物与生物之间存在的关系主要是捕食、竞争、寄生和共生等。生物与生物之间的关系大多表现在生物数量的变化。图 5-17 表示生物 A 和生物 B 在竞争关系时的数量变化。两种生物的生活环境相同，在大多数情况下，如果食物充足时，两种生物能够和平相处。如果两种类型的生物在竞争能力上受到了环境和气候变化的影响，在食物短缺、生活空间狭窄或缩小等情况时，就可能会出现"争夺"的现象，如果两种类型的生物之间竞争能力基本相同，在数量上就会表现为一强一弱，会使其出现一种类型的生物在数量上有所增加，另一种在数量上有所减少，甚至是在数量上为零。

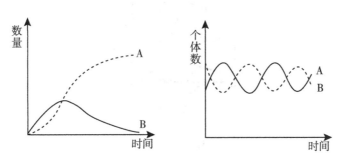

图 5-17　生态系统中某两种生物数量关系

通过建构曲线图模型实施教学，利用曲线升、降的变化可以非常直观地将数据信息等呈现在学生面前，让学生很容易理解被研究现象的发展变化趋势。

4. 几何模型

几何图在板书教学中具有直观、省时、易画等诸多优点，可以很好地达到直接或间接的解决问题的效果，常常受到一线教师们的青睐。在生物课堂教学中，教师通过相应的几何图形建构，并且根据其代表的相关知识（如公理、定理等），探寻和发现该模型与生物学相关知识之间的共性。

在讲解"胸廓的扩大和缩小是怎样产生的"环节时，在实物演示不可能进行的情况下，如果教师单纯依靠视频和口头讲解，学生很难理解，此时可通过简单的几何图形来代替各种复杂的实物图，如图 5-18 所示为膈肌运动模拟图，此模型由于无法展示胸廓前后径的变化，因此无法完全演示整个呼吸的运动过程，但却可以直观地模拟呼气和吸气时膈肌和膈顶部的运动状态。此时模拟的状态是呼气，图中 A 表示气管，图中 B 表示的是支气管，图中 C 表示的是肺，图中 D 表示的是胸廓，图中 E 表示的是膈肌。用手下拉 E，小气球变大，表示吸气过程，说明肺内气压小于大气压；用手上推 E，小气球变小，表示呼气过程。

通过几何模型建构辅助教学的实施，其优点主要体现在：首先，几何模型辅助教学主要依托真实存在的生物为载体，培养学生善于从实践的层面探讨或尝试解决现实问题，因此，几何模型建构具有引导认知和觅求真知的特点。其次，以几何模型辅助教学，可通过真实情境的体验，帮助和引导学生自主建构熟悉的几何模型，引导学生利用已具备的相关知识，尝试着去分析并解决生物学问题，因此，几何模型建构又具备情境

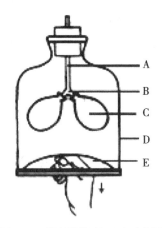

图 5-18 模拟膈肌的运动示意图

体验和探寻发现的特点，有助于培养学生的创新思维和创新学习的能力。

5. 集合模型

在数学中，集合是刻画一类事物的语言和工具，有多种描述方式。利用集合的类型（子集、交集、补集等）、属性及相关运算定律对两个或多个事物进行比较，即为集合模型建构。在生物学教学中，集合模型建构是一种让学生更方便、更顺畅地区分不同事物之间性质的学习工具。该种模式可以向学生呈现更直观的生物学关联概念之间的共性和异性，如生物进化、遗传学概率计算、细胞器分工等生物学问题。通常情况下，集合模型一般由正方形（或长方形）和圆形（或椭圆形）组成（见图 5-19）。圆圈 A、B 代表在某一集合范围内，具有自我独特属性的同一类事物的集合；而具有同一相对广泛属性的所有事物的集合则用最外层的正方形表示；不同的生物群体之间除了具有独特自我属性外，还有很多内在属性是比较相似的，此为圆圈 A、B 彼此之间交叉的部分。

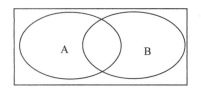

图 5-19 通用集合模型简图

在讲授"达尔文的自然选择学说和现代进化理论"这一节新课时，教师可以引导学生一起初步建构"自然选择学说与现代进化理论"的集合模型（见图 5-20），再比较两者之间的异同点。该集合模型图很充分地展现了达尔文自然选择学说的重点内容及缺陷、现代生物进化论的主要内容及进步性、两种进化学说的共同点，在视觉上给予学生很直观的冲击。

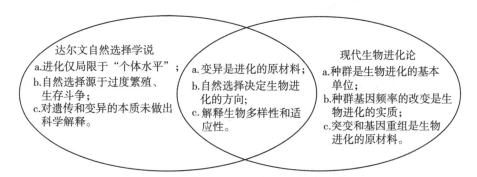

图 5-20　自然选择学说和现代生物进化理论的比较

在"生物进化"课程教学中，关于"适应是自然选择的结果"知识点，学生已初步树立进化适应观，并理解现代生物进化理论的基本原理，但部分学生在学完之后依然分不清达尔文自然选择学说和现代生物进化理论的区别，适时利用集合模型图可以进一步帮助学生加以区分。

再比如，在讲授"基因、DNA、染色体及其关系"这一节新课时，在传统的教学课堂中，教师一般会先对相关理论知识进行详细的讲解：细胞核是生物体的遗传信息库，是总控制中心；细胞核中的染色体遗传物质是由 DNA 和蛋白质两部分组成，能被碱性染料染成深色。每条染色体上包含了一个 DNA 分子，一个 DNA 分子上包含了多个基因，基因控制生物的性状，是具有遗传效应的 DNA 片段，因此，DNA 也成为细胞中遗传信息的主要载体。这些遗传信息可以指导和控制细胞中物质和能量的所有生命活动变化，也是建造生物体生命大厦的蓝图。在新课讲授过程中，学生对这每一个定义的理解最初较顺利，但要学生仅仅通过定义上的理解就能独立形成整体性的结构观，还是存在很大的困难。所以，教师可利用集合模型图引导学生进行一步步的推论，从而在很大程度上帮助学生加深对染色体、DNA、基因三者之间关系的理解（见图 5-21）。

在初中生物学教学过程中，通过集合模型建构辅助教学实施，一方面能杜绝学生囫囵吞枣式的僵化学习和记忆；另一方面也能帮助学生在更深的层次上把握生物学中彼此相关联的知识本质与内涵。其主要优点体现在两个方面：第一，集合模型建构辅助教学，利用集合模型分明的框、圆、线等区域组合形式，同时以整合性的过程推理将学生在数学课上所学的集合知识转换成生物科学模型，进而产生有意义的学习，因此其具备

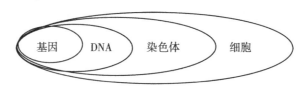

图 5-21　染色体、DNA、基因及其关系

直观透视、层次分明的特点。第二，学生通过对两个或多个知识点之间的比较进行合理的知识整合，提高了自主归纳、分析能力，弄清了知识点的联系和区别，因此其具备聚散为合、由点及面的特点。

6. 表格模型

生物课堂教学中的表格教学模型主要是将生物教材中的表格作为突破教学重点、难点的工具，促进学生形成科学的学习方法。表格教学模型可以很好地培养学生的自主学习能力、促进学生学会观察、比拟、分析，从而更准确地理解和把握生物学相关概念、原理和规律的本质内容。

例如，在"腔肠动物和扁形动物"的教学过程中，学生在单位时间内所记的对象数量有一定的限度，要求学生在一节课中把所讲过的材料都记住是不现实的，也没有这个必要。为了提高记忆效果，教师应在讲述的基础上提供精简而概括的表格（见表5-3），可以极大地提升学生对材料的理解与记忆效率。在生物教学中，通过表格进行比较、归纳相关知识点，可以为学生提供概括而精简的记忆材料。

表 5-3　　　　　　　　　　　　　　腔肠动物与扁形动物比较表

	比较项目	腔肠动物	扁形动物
不同点	身体对称性	辐射对称	两侧对称
	体壁胚层数	2 层	3 层
	运动能力	弱	强
	生活方式	自由生活	自由/寄生生活
	代表动物	水螅	涡虫
相同点		有口无肛门	

表格模型最显著的特点，就是将多个知识点进行对比，可以清楚地展示知识点间的异同，有助于学生将相似的、易混淆的知识点进行区分，让学生对新知识的理解变得更轻松，掌握得牢固，而不再局限于死记硬背的方式。此外，表格模型可以让知识体现出

很强的系统性，而且显得更清晰且有条理。当然，这也间接要求教师将对比思想渗透在教学活动中。因此，表格模型作为一种整理数据的手段、一种直观的可视化交流模式，对学生建立生物学相关概念以及形成知识体系有着无法替代的作用。在日常的教学工作中，教师要加强学生进行知识点对比、善于总结的能力培养。一开始教师可以将自己提前总结好的表格进行展示，之后再带领学生一起对表格进行完善，以此培养学生独立完成相关知识点的总结归纳能力，让学生更加清晰地掌握和理解某些相似的知识点，既锻炼了学生的分析能力，又有利于培养学生的综合素养。

（三）初中生物教学中的数学模型建构过程

在生物教学过程中，教师用好模型构建，对提高初中生的核心素养有着很大的帮助。数学模型主要是通过对数据进行分析，解决生活或学习中的实际问题，在实际应用过程中，教师可引导学生通过生物学的基本概念和原理，采用数学符号和教学语言表述对生物学中的现象、生物本质特征及其量变关系的理解。融入数学模型构建的教学活动重视学习过程中学生主观能动性的发挥，以学生为主体，以数学模型构建为主线，强调以学生个体的学习经验为基础，形成对新概念的理解，同时获得解决问题的方法与技能，并能让学生在模型构建的探究过程中互相交流和学习。

生物学数学模型构建一般包括 4 个环节：模型准备、合理预设数学模型、明晰逻辑关系构建良性数学模型、强化巩固数学模型。为阐述数学模型构建在初中生物教学的实践与思考，以期为初中生物教学中的数学模型构建提供更好的借鉴。下面笔者将以"生物与环境组成生态系统"为例，对初中生物学教学中构建数学模型来辅助课堂教学的流程进行阐述。

1. 模型准备

构建数学模型时，首要任务就是要了解问题的背景，明确建立模型构建的目的，并收集必要的信息和资料，弄清对象的特征。"生物与环境组成生态系统"这节课来自人教版七年级上册第二章第二节，主要分为生态系统的定义、组成、食物链和食物网、生态系统的自动调节能力这四部分的内容。其中，生态系统中的食物链和食物网为的本章节中的重点，同时也是难点。为便于学生后续对第四部分的新课内容"生态系统的自动调节能力是有限的"知识点的理解和掌握，可以通过数学模型构建的方法，把生物与生物之间形成的数量变化关系更直观且有效地展示出来。

2. 合理预设数学模型

数学模型的构建，其前提条件是提出合理的预设。在"生物与环境组成生态系统"的教学过程中，教师可以优先引导学生对食物链与食物网中的具有捕食关系的不同生物数量变化进行合理假设，尝试建立生态系统中生产者和各级消费者所形成的数量变化关系曲线图模型。

3. 明晰逻辑关系构建良性数学模型

根据上一环节中学生所作的假设，教师引导学生一起进行分析，并结合学生的学情创设问题情境，指导学生逐步完成数学模型的构建。七年级的学生还没开始学习怎么绘制曲线统计图，但还是可以利用曲线图进行初步的统计、描述和分析数据。因此，教师在生物学教学过程中，为更好地引导学生自主提出问题、分析问题及解决问题，最佳的途径就是先创设合理情境，由易到难，层层深入。

在"生物与环境组成生态系统"的教学过程中，讲解食物链与食物网中生产者与各级消费者数量关系变化时，教师可先利用课前准备好的导学案，让学生分析草原牧草（生产者）与羊（消费者）的数量变化，并引导学生认真思考：如果放养的羊数量太多，草场会发生哪些变化呢？放养的羊是不是越多越好？生态系统处于无论什么情况，都可以自动调节吗？然后，教师引导学生进一步分析：草原放养的羊（消费者）数量若继续上升，草原的牧草（生产者）数量会发生什么样的变化？学生思考并回答后，教师继续提问：引起这种变化的主要原因是什么？教师带领学生共同分析后得出结论：生物与生物之间通过吃与被吃的关系（食物链）相互影响、相互制约。就这样，学生得出生态系统维持稳定的原因，逐步在思维上形成了数学模型的雏形。接下来，教师引导学生以小组为单位，分析生态系统中其他生物之间的数量关系，进一步验证上述结论是否科学合理。再通过课堂上师生之间的相互交流与评价，激发学生的数学思维并构建数量变化曲线图。最后，请小组学生代表上台展示小组合作构建出的数学模型，并进行合作交流。

4. 强化巩固数学模型

为巩固学生的数学模型构建能力，利用构建的数学模型来分析、解决生活中的生物学问题，即学会运用模型，就很有必要。教师在"生物与环境组成生态系统"的教学过程中可充分利用教材中已有的例子："为了防止鸟儿吃草籽儿，有人把人工种草的试验区用网罩起来。过了一段时间发现，草几乎被虫吃光了，而未加罩网的天然草原，牧草却生长良好"，启发学生思考：为什么加了罩网和未加罩网的天然草原会出现差别这么大的情况？这个事例说明了什么道理？

此外，教师还可以举出更加贴近生活的实例，如大鱼吃小鱼、小鱼吃虾米、食鱼动物吃大鱼、人吃食鱼动物和鱼，其中就存在鱼群之间的食物链、食物网问题，要从数量上说明这种生物间相生相克的关系，仅用以往的实验手段是难以完成的，若通过食物链、食物网与数学模型相结合的方式，则对此问题的解答就变得游刃有余。通过数学模型，师生共同得出结论：人类在捕捞过程中应当适度控制捕获量，以更好地控制各类鱼的增长速度，同时在鱼类繁殖期应给予一段时间的禁渔期，才能实现鱼类资源的可持续发展。

通过上述问题，教师引导学生继续思考，并加强对生态系统中食物链和食物网定义、生产者和消费者数量关系的理解，学生则通过数学模型的自主构建，进一步分析和解决教师提出的实际问题，由此感悟数学模型构建方法在生物学研究中的重要作用。

（四）培养与评价

根据"生物新课标"中关于初中生物课程核心素养的要求：让学生形成基本的生命观念和生物学的基本观点，加强学生科学素养的培养，是新时期义务教育阶段主要的教学目标。教师在初中生物学教学过程中引导学生积极构建数学模型，有利于提高学生的生物学核心素养，激发学生对生物学科的学习兴趣，从而更好地培养学生对生命观念的理解，激发学生的科学思维和科学探究精神。

此外，在初中生物学教学过程中构建数学模型还有助于学生更好地解释生物学的原理，学会更合理地预测生物的整体进化规律。因此，构建数学模型作为培养演绎推理能力的极其有效的方式之一，极大地提升了学生的逻辑思维核心素养，也是培养科学思维能力的重要途径。

虽然数学模型建构在辅助教学方面有着极其独特的优势，但教师在生物学教学中实施"数学模型自主建构"时仍然有几点需要注意的地方。

第一，"生物新课标"中特别强调跨学科教学，这也对教师提出了特别的要求，即教师自身应当具备较为良好的跨学科素养。在教学过程中，教师不仅要思考所授新课内容利用跨数学学科整合的方式进行教学是否合适，是否有助于进行知识提炼，是否有助于学生掌握重难点内容，是否能提升教师自身的跨数学学科素养以及将数学学科相关知识应用到生物学学科教学的能力，因此，教师在此提炼或评价展示的过程中要时刻保持自主学习和反思。

第二，生物学知识及其本质规律、概念等相对比较零散、庞杂而又抽象，在不同的层面上差异较大，如表述、探究与应用等。一方面，在教学过程中教师要依据不同的生物学知识选择合适的数学模型进行建构。另一方面，为了便于学生对所学的生物学知识予以理解、记忆，教师应不断进行自我反思，并在反思中探求最适合生物学知识教学的数学模型建构方案。

第三，在生物学科教学中，教师要基于学生的最近发展区来引导学生进行数学模型建构，调动学生的思维，使数学模型内化于学生的头脑，进而成为他们分析生物学问题、利用所学知识解决相关问题的有力工具。因此，教师在教学过程中要多从学生的角度来思考，从学生的行为及认知角度出发，基于学生的生物学知识和数学知识，不断探究和构建易为学生所接受的数学模型。

三、概念模型

（一）定义

1. 概念模型的含义

概念模型是指用文字和符号突出表达对象的主要特征和联系的模型。它通过分析大量的具体形象来揭示概念的共同本质，并将其本质提炼到概念中，用概念与概念之间的关系来表述各类对象之间的关系。

模型建构是我们认知和科学探究的基础，有助于研究和理解难以直接观察或过于庞杂的事物，有助于我们形成和修正对概念的理解。《义务教育生物学课程标准》中提出要凸显重要概念的教学。

2. 生物概念模型的含义

生物概念模型是由抽象思维方法创建的模型，多用于抽象地概括生物原型的某些基本属性和特征，包含大概念下的重要概念及次位概念的内涵和外延等。重要概念既是对大概念的支撑，又是对次位概念和科学事实的统领。作为生物学科的骨架，它是学生能长时间保留记忆的部分。在教学中，要帮助学生将碎片化的概念构建成体系、指向深层次的概念理解，教师应聚焦重要概念教学，厘清重要概念下的相关要点间的逻辑关系，并围绕相应的概念设计教学活动、设置逻辑连贯的核心问题，搭建"脚手架"帮助学生在学习过程中自主地、逐级地由小概念建构成重要概念。

概念模型与概念的教学是分不开的。生物概念模型的建构可以在教学过程中渗透，也可在课后让学生自己建构。建构概念模型的过程能够将学生的思维过程具体化，是对外部模型的建构和检验。通过概念图、流程图、列表等方式建构概念模型，教师可帮助学生理解大概念、重要概念和次位概念之间的关系。同时，通过学生建构的概念模型，教师可了解学生对知识掌握的程度，发现学生学习中存在的问题，进而及时帮助学生修正和完善对概念与概念之间关系的理解，帮助学生完成对知识的结构化和逻辑化的整理，从而促进对概念的深层次掌握。建构概念模型是对学生思维更高要求的一种体现，不是一节课就能完成的，需要长期坚持对每一节、每一章、每一个单元的知识进行建模，以此促进新旧知识之间联系的建立，从而形成对生物学知识的系统化认识，促进学生高阶思维能力的提升。

（二）基于高阶思维培养的概念模型建模策略

1. 在概念模型建构中发展学生的整体性思维

整体性思维是指以全方位的视角思考问题的整体及局部的内在结构。在初中生物学教学中，应用思维导图、流程图、列表等概念模型指导学生建构概念体系，促进学生全方位地思考生物学概念之间的内在联系，使得生物学知识系统化及结构化，从而培养学生的整体性思维。例如，在学习初中生物中"细胞核、染色体、DNA、基因"四个概念时，如果只是通过教师的描述，学生很难理解它们之间的内在关系。但如果运用概念模型（见图5-22），学生对于这个概念的理解就变得容易许多。

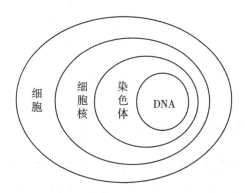

图5-22 "细胞核、染色体、DNA、基因"概念关系模型图

2. 在概念模型建构中发展学生的批判性思维

在初中生物学教学中，教师应以学生的前科学概念为突破口，创设真实的问题情境，引导学生通过模型制作观察及资料分析等学习活动，进行比较及反思，在修正前科学概念、建构正确的生物学概念过程中，体验生物学概念的形成并发展批判性思维能力。例如，在进行"人体的呼吸"教学时，通过学情调查，教师发现学生普遍存在下列前科学概念：①人体呼吸时，吸入的气体是氧气、呼出的气体是二氧化碳。②人体呼出的气体中二氧化碳的含量比氧气高。③胸廓运动是由吸气与呼气动作引起的。为了帮助学生修正上述前科学概念，建立正确的生物学概念与认识。教师要充分利用日常生活情境中的相关事实和证据创设问题情境，引导学生逐步深入地进行模型建构、观察及比较推理，在建构"呼吸运动"和"肺通气"等生物学概念中发展学生的批判性思维能力。

3. 在概念模型建构中发展学生的问题解决能力

例如，"相对性状有显性性状和隐性性状之分""控制相对性状的基因有显性基因和隐性基因""基因组成决定了生物的性状表现"是重要概念"性状由基因决定"下的次位概念,三者之间相互关联,并为大概念的达成提供支撑。教师可在教学中聚焦重要概念,以各次位概念统摄下的知识结构为起点,逆向进行教学设计:首先,基于豌豆亲代杂交、子代自交实验图解来创设有意义的学习活动,以"问题探索"教学模式驱动学生借助事实性材料探究"子一代、子二代的性状表现共同点",推测"子一代中控制隐性性状的基因是否消失",构建"显性性状和隐性性状、显性基因和隐性基因"概念;接着,利用有色卡片、透明卡片分别模拟显性基因与隐性基因,将透明卡片与有色卡片重叠,只呈现有色卡片,类比控制隐性性状的隐性基因被隐藏。这种化抽象为具体的方式有利于学生进一步进行"显性基因和隐性基因"概念的辨析;最后,学生在小组合作中利用卡片模拟探究基因传递过程,结合基因图解分析现象、演绎推理,构建概念:"基因组成决定了生物的性状表现"。就这样,教师借助问题探索、假说演绎、模拟探究的科学方法统领整个教学过程,促进学生自主构建相关次位概念,形成具有逻辑思维的知识框架,最终达成"遗传的性状由基因组成决定"的概念建构,培养了学生分析问题、解决问题的能力。

(三) 概念模型在初中生物教学中的应用

2022年义务教育生物课程标准指出,教师要深入理解"内容聚焦大概念"的内涵和意义。反映学科本质的大概念具有高度概括性和抽象性,可以解释较大范围的生物学现象。教师要注重发挥大概念对解决相关生物学问题的广泛指导作用、对学习的引领作用,体现"少而精"原则,注重引导学生主动建构概念,深入理解概念间的联系。

第一,教师要围绕大概念组织教学内容,使知识结构化,即以大概念的核心内涵为纲,将相关的重要概念、次位概念按照其内在逻辑关系编织成网络化的概念体系。大概念的建立难以一蹴而就,需要由小到大逐步推进。例如,"植物的生活"学习主题的大概念"植物有自己的生命周期,可以制造有机物,直接或间接地为其他生物提供食物,参与生物圈中的水循环,并维持碳氧平衡",其核心是"可以制造有机物",教师可围绕有机物的制造、运输、转化、利用,以及植物在生态系统中的地位和作用等线索将相关概念组织起来,建立概念间的内在联系,促进学生对概念的建构和理解。

第二,教师要重视概念的主动建构,为概念的进一步运用奠定基础。对概念的主动建构应做到以下三点:一是应以学生亲身体验的、丰富而具有代表性的事实为基础,为概念的形成提供有力的支撑。这些事实可以来自生活经验和社会实践,可以来自学生的观察、调查、实验,也可来自教师提供的资料等。二是应组织引导学生围绕事实的共同属性和本质特征,开展抽象和概括活动,并正确表述生物学概念。三是应注意学生头脑中已有的前概念,特别是那些似是而非的日常概念、那些明显与科学事实矛盾的错误概念，基于真实的问题情境，帮助学生辨析真伪，由表及里地抓住本质，建立科学概念。

第三，基于初中生物教材，教师在教学设计和教学活动组织过程中，应围绕生物学的核心概念，精心选择合适的教学活动，采取多样教学方式，帮助学生更好地利用概念模型，建构完善的知识体系。这就要求教师要在学生已有概念的基础上，给学生提供参与体验的机会，促进学生对已有概念实施归纳、总结等抽象思维过程后，再进行概念建构、概念理解、概念应用，在此过程中，可通过运用思维导图、流程图、列表等，强化生物学重要概念之间的联系。

思维导图是思维工具，是知识管理工具，也是建构概念模型的有效工具（见图5-23）。教师可以利用思维导图让学生梳理本节课的知识体系，建构概念模型。例如，在学生学完"人体的八大系统"后，可以让学生回顾相关知识后写出其中的关键概念，进而建构概念模型。学生建构的概念模型的方式是多样的，教师可以组织学生在完成概念模型之后进行评比展示和交流，然后进一步完善概念模型，从而加深对知识的理解；也可以通过列表的方式进行概念模型建构，有助于学生深刻理解概念。列表的方式能呈现概念之间的异同，帮助学生解决易错点。

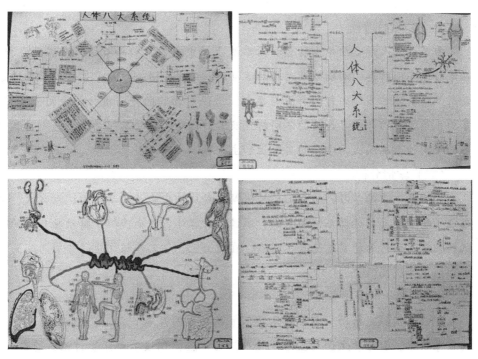

图 5-23　学生绘制的思维导图

（四）概念模型在初中生物教学中的实践案例

概念模型的有效构建具有十分重要的意义，它让学生们充分认识到概念本身是抽象而枯燥的，但对概念的解释和理解可以是生动有趣的。教学实践过程充分表明，概念模型的构建为学生提供了一个供师生、生生交流的学习活动平台，让学生在学习过程中深入探索和有效表达，帮助他们学习如何解决问题。它是一个科学探究的过程，体现出生物学的探究性、趣味性，让学生学习到解决问题的方法，并体验科学探究的过程。总之，创建概念模型在初中生物教学中是提高生物学课堂教学效率的有效途径之一。

教学案例：

人教版八年级上册《先天性行为和学习行为》教学设计
广东省深圳市宝安中学（集团）初中部　沈雪贤

（一）教材解读

本节课是人教版初中生物教材八年级上册中第二章的一节课，本课的目标为：在学习了不同种类的动物以及动物的运动的基础上，进一步让学生认识动物通过运动所呈现的多种多样的行为特点与类型，进而对动物的行为进行初步的探究活动，掌握先天性行为和学习行为的不同特点及其对动物生存的不同意义，进一步认识学习的重要性，从而提高学习的自觉性和主动性。

（二）学情分析

经过第一章的学习，学生们已经了解各种环境中生活的动物的运动方式，并且已经了解哺乳动物运动系统的组成，通过各种媒体资源也能够了解动物行为的多样性，但是对于行为的实质还是不明确。在能力上，初二年级学生的分析与实践能力都已经有所提高。

（三）教学策略和手段

主要采用探究活动、多种媒体演示（视频、图片等）、启发互动、自主学习相结合等策略，引导学生调动生活经验、活动体验，积极参与课堂讨论，通过观察、资料分析、课后合作学习等活动来达成学习目标。

（四）学科核心素养

1. 生命观念：区分先天性行为和学习行为的实例，知道这些行为对生物生存的意义。

2. 科学思维：通过自主学习、深化实验的基本原则，提高学生的分析能力和观察实验能力，初步发展科学思维能力。

3. 科学探究：通过观察实验过程和课后的实验探究，提高学习兴趣，初步发展科学探究能力。

4. 社会责任：通过分析先天性行为和学习行为对动物生存的意义，学生进一步认识到学习的重要性，从而提高学习的自觉性和主动性。

（五）学习目标

1. 通过阅读资料以及观看视频、图片等，锻炼学生的观察能力，以及短时间内获取有效信息的能力和资料分析的能力。

2. 通过课后制定并实施探究实验，锻炼实践能力及与人沟通合作的能力，提高学习兴趣，建构动物的先天性行为和学习行为等重要概念。

3. 通过分析先天性行为和学习行为对动物生存的意义，学生进一步认识到学习的重要性，从而提高学习的自觉性和主动性。

4. 学会运用观察和实验的方法探究动物的行为。

（六）教学重点与难点

1. 会区分动物的先天性行为和学习行为，能说明这些行为对动物生存的意义。

2. 运用观察和实验的方法，探究动物的行为。

（七）教学过程

教学内容	教师活动	学生活动	教学意图
新课导入	通过 ppt 课件呈现以下内容：古诗中精彩纷呈的动物行为	学生读古诗并指出其中的动物行为	联系古诗吸引学生注意力，激发学习兴趣。
1. 认识动物的行为多种多样	1. 播放视频短片《动物的行为》。2. 小结：动物的行为是多种多样的。	1. 仔细观看并记录视频短片中出现的动物及其行为。2. 小结：动物的行为是多种多样的，如取食行为、防御行为、繁殖行为、迁徙行为等。	以强烈的视觉冲击，激发学习欲望，并为下一环节的学习提供分析的实例。

教学内容	教师活动	学生活动	教学意图
2. 建构概念：先天性行为和学习行为两个核心概念。 2.1 分析实例，认识概念	1. 选取短片中出现的动物的行为作为分析的素材。 2. 引出先天性行为和学习行为两个核心词，并呈现不完整的概念： (1) 先天性行为：动物生来就有的，由动物体内的遗传物质决定的行为。 (2) 学习行为：在体内的遗传因素的基础上，也有通过环境因素的作用，由生活经验和学习而获得的行为。	1. 利用经验，将各种动物行为分为两类： (1) 生来就会； (2) 学习获得； 2. 初识两个核心词并思考概念中空缺的部分应填上什么内容。	1. 调动生活经验进行分析，提高学习的积极性。 2. 根据学生的认知水平和学习能力，聚焦概念中的关键词，降低学习难度。
2.2 分析资料，应用概念辨析实例。	1. 提供分析的实例，引导学生提炼关键词，把概念补充完整。 婴儿的吮吸行为 小鸟的繁殖行为 动物的摄食行为 鸟类的迁徙行为 鱼儿的洄游行为 小鼠走迷宫 学生听课记笔记 幼狮学习捕食 鹦鹉登台表演 小狗定点排便 黑猩猩玩游戏 2. 引导学生运用概念区分实例。	分析实例，尝试提炼关键词，把概念补充完整，初步认识概念：①生来就有，②遗传物质决定、③学习、④生活经验、⑤在遗传因素的基础上，也有环境因素的作用 1. 先天性行为： 婴儿的吮吸行为 小鸟的繁殖行为 动物的摄食行为 鸟类的迁徙行为 鱼儿的洄游行为 2. 学习行为： 小鼠走迷宫 学生听课记笔记 幼狮学习捕食 鹦鹉登台表演 小狗定点排便 黑猩猩玩游戏	3. 利用学生熟悉的实例，引导学生提炼概念中的关键词，从直观的图片到抽象的文字，简单且易于理解，突破难点。 4. 及时反馈，检测学习效果，提升学习成果。 5. 引发进一步思考，认识先天性行为和学习行为的本质和意义。 6. 教师适时点拨，训练思维能力，提高学习效率。

续表

教学内容	教师活动	学生活动	教学意图
2.3　分析资料，从本质上理解行为对动物生存的意义。	引导学生对三组图片资料进行分析。 A. 假如幼袋鼠不具备先天性行为，后果是什么？死亡或物种灭绝？ B. 假如蚯蚓不具备学习能力，后果是什么？死亡？ 提问：这两种行为的意义有何不同？ C. 美国红雀喂养金鱼的行为对本物种的繁衍有利吗？ D. 大山雀学会打开奶瓶盖，有什么好处？ 提问：先天性行为有何局限性？ 不断适应多变的环境，是得以更好地生存和繁衍的重要保证。 提问： E. 黑猩猩模仿成年黑猩猩用树枝钓蚂蚁。 F. 黑猩猩利用工具取香蕉。 模仿是一种比较简单的学习方式，越是高等动物，其学习方式越复杂。	1. 引导学生理解先天性行为和学习行为的区别及两种行为的意义。 2. 表达和交流讨论结果。 ①先天性行为：简单的，必不可少的，生存的基本保证；②学习行为：不断适应多变的环境，是得以更好地生存和繁衍的重要保证。③先天性行为有一定的局限性；学习行为是比先天性行为更高级的一种行为。 列表总结两种概念的区别：	采用任务驱动法能在很大程度上提高课堂学习效率。

比较项目	先天性行为	学习行为
形成时间	先天具有的	后天获得的
获得途径	由身体里的遗传物质控制	通过生活经验和"学习"建立起来的
适应性	适应简单稳定的环境	适应复杂多变的环境
举例	蜜蜂采蜜	鹦鹉学舌

续表

教学内容	教师活动	学生活动	教学意图
2.4 "狼孩"案例分析，情感升华	讲述"狼孩"的故事，提出问题：从这个故事中，你对人类的学习行为有什么新的认识？这对你树立良好的学习态度有什么启示？ 1. 人是社会的人，要学会多与其他人沟通，才能得到更健全的发展。 2. "少壮不努力，老大徒伤悲"，应当珍惜学生时代的大好时光，努力学习，增长才干。	总结：学习是有关键时期的，"少壮不努力，老大徒伤悲"，应该珍惜学生时代的大好时光，努力学习，增长才干。 人类的生存质量更多地依赖学习行为，应具有终身学习的愿望和能力。	将话题延伸到自身的学习上，适时进行情感激励，效果良好。
3. 研究动物行为的方法	1. 研究动物行为的方法：观察法和实验法。 2. 讲解实验探究的过程。 3. 播放视频"菜青虫取食的探究实验"。	1. 进一步思考。兴趣小组同学在课前开展探究。 2. 积极参与实验。 3. 分析得出结论：菜青虫取食十字花科植物的行为是先天性行为。	1. 课内外结合开展探究，提高效率；大胆创新，改进实验设计。 2. 组织理论探究，提高探究能力。 3. 透过现象看本质，尝试归纳分析法。
4. 课堂小结	通过板书总结本课内容： ①先天性行为和学习行为的概念。 ②动物行为对生存的意义。 ③运用观察、探究等方法研究动物的行为。	做好笔记，在教材中画出重点。	回归教学目标。

第六章
基于高阶思维的多元评价

第一节 多元评价

一、多元评价概述

（一）多元评价的背景要求

1. 多元评价是社会人才观转变的要求

我国自 2010 年以来，陆续颁布了《国家中长期人才发展规划纲要（2010—2020年）》《国家中长期教育改革和发展规划纲要（2010—2020 年）》《国家教育事业发展"十三五"规划》等文件，多次强调要重视创新人才的培养。但是长久以来，作为人才培养指挥棒的传统中高考主要还是基于学业知识的考试。这种单一的考试评价方式不仅不利于培养创新人才，还会带来诸多不良后果。国际 21 世纪教育委员会在给联合国教科文组织的报告《教育——财富蕴藏其中》中指出："扩大了的教育新概念应该使每一个人都能发现、发挥自己的创造潜力，也应该有助于挖掘出隐藏在每一个人身上的智慧财富。"知识经济时代下的人是全面的人、具体的人、自主的人，教育应该建立一套以促进人的全面发展和价值实现为目的，以尊重人的主体性、差异性、多样性为特征的人才培养模式和评价体系。因此，我们要改变传统的结果性价值取向，坚持多元评价理念，通过主体、方式、过程等方面多元化地全面客观评价学生的核心素养，营造良好的评价场域，发掘学生的潜在能力，探索新时代背景下有效开展创新人才培养的新途径。

2. 多元评价是素质教育推行的产物

实施素质教育以促进全体学生的全面发展为目的，是我国深化教育改革的核心问题。随着教育改革的蓬勃进行，素质教育的提法常说常新，但培养目标的基本理念并未改变，即素质教育是一种旨在创造适合学生发展的情境的教育。为了使教育评价能够在实施素质教育中发挥应有的导向作用，应改革传统精英教育下以选拔、甄别为旨归的评价体系，在发展性评价理念的指导下，建立以促进学生全面发展为宗旨的多元、开放评价系统。首先要转变评价活动的主体以学校管理人员或教育行政部门为主的传统，这种单一性的外部评价是为了更好地实现评价的管理功能，强调评价的统一性、行政性、效率优先，而学生是否通过评价取得预期的发展则处于次要的地位。这显然与素质教育的理念背道而驰，素质教育的深入推行必然需要与之切实相关者的积极参与，应从各个方面收集评价信息以实现促进学生全面发展的多元评价。

3. 多元评价是基础课程改革的诉求

课程是实现教育目的的重要途径，是集中体现和反映教育思想和教育观念的主要载体，居于教育的核心地位。因此，课程能否很好地适应社会和人的发展需要，直接决定着教育能否促进社会和人的和谐发展。《基础教育课程改革纲要（试行）》从促进学生全面发展的理念出发，分别对课程目的、课程内容、课程结构、课程实施、课程评价、课程管理提出了新的要求。课程评价作为推动整个课程体系不断向前发展的核心要素，要求改变课程评价过分强调甄别与选拔的功能的现象，发挥评价促进学生发展、教师提高和改进教学实践的功能。《深化新时代教育评价改革总体方案》提出要坚持科学评价，改进结果评价，强化过程评价，探索增值评价，健全综合评价，充分利用信息技术，提高教育评价的科学性、专业性、客观性。顺应时代发展和教育改革的要求，多元评价的思想已渗透到教育评价的各个领域，其中以对学生个体学习进展和变化的评价为主的学业评价也不例外。在新颁布的《义务教育阶段生物学课程标准》的课程理念中提出要重视以评价促进学生的学习与发展，重视评价的诊断、激励和促进作用，将评价重点放在学习活动上，创建主体多元、方法多样的学业评价体系，促进学生核心素养的形成。因此，基础教育要切实扭转不科学的教育评价导向，坚决克服唯分数、唯升学的现象，开展关注过程性、增值性的多元评价，实现教学评价的一致性，充分发挥教育评价的作用。

（二）多元评价的概念界定

多元评价是以多元智能理论为基础，强调评价主体多元、目标多元、标准多元和方法多元的一种创新教育评价机制。学习者的能力是多维的，每个学习者都有各自的优势。学生在学习活动中，表现出来的能力不是单一维度的数值反映，而是多维度的综合能力的体现，因此，对学生学习的评价应该是多方面的。多元评价理论体现了主体多元化、内容多维化、方法多样化，能有效促进学生全面发展。

（三）多元评价的特征

1. 评价目标多元化

对学生的生物学学习的评价，既要关注学生对知识、技能的理解和掌握，也要重视对学生发现问题和解决问题能力的评价，更要关注他们的情感与态度的形成和发展，体现对学生培养目标的多元化。在必备知识方面，包括对生物体的结构层次、生物与环境、生物的多样性、植物的生理作用、遗传与变异等多个主题内容学习的评价。在关键能力方面，关注学生运用所学知识，在真实情境中分析和解决问题能力的评价，在包括对提出问题的意识和能力、解决问题的策略、创新和实践能力以及合作与交流方法等评价。在情感与态度方面，包括学生参与学习活动情况、学习的习惯与态度以及学习兴趣与自信心等方面的评价。

2. 评价主体多元化

评价主体是指参与教育评价活动，并按照一定的标准对评价客体进行价值判断的个人或团体。评价主体是学业评价中最为关键、最为灵动、最为核心的构成要素，它对评价目的的提出、评价客体的选择、评价任务的设计、评价工具的使用、评价结果的处理乃至整个评价方案的提出和修正都有着举足轻重的作用。评价主体多元化主要体现在除了传统评价中的教师评价外，还可以包括教育决策机构、专职的评价机构、学校管理人员、学生家长、学生群体和个体以及学校以外的其他相关人员的评价，其中特别强调将学生作为评价的主体，注重自我反思、自我调控和自我改进。这种多元主体评价可以充分发挥评价主体的作用，确保评价的客观公正，激发学生的学习积极性，不仅保障了学生在学习过程中的主体地位，而且有利于评价主体间的相互交流合作，促进学生的综合发展。

3. 评价标准多元化

多元智力理论认为学生的智能是多元的，每一个学生都有自己的优势智力领域，每一个学生都可以通过发展优势智力领域而使自己成为人才。受多元智力理论的启示，教育工作者应树立一种全面的评价观，即评价不仅要关注学生的学业成绩，而且要发现和发展学生多方面的潜能；要从德智体美等方面去全面评价学生，注重对学生综合素质的考察，不仅关注学生的学业成绩，而且关注学生创新精神和实践能力的发展以及良好的心理素质、健康的体魄、浓厚的学习兴趣、积极的情感体验、较强的审美能力等多方面的发展情况。

4. 评价内容多元化

多元智能理论认为人至少有八种智能：语言智能、人际关系智能、音乐智能、自我认识智能、身体运动智能、空间智能、逻辑数学智能、自然智能。每个人的智能特点各不相同，不能仅从某个智能方面去评价学生，而应综合各方面内容对学生进行评价。评价内容的多元化还体现在不仅关注学生的智能发展，而且要关注学生的学习过程和方法、学生学习的情感态度和价值观等方面，更全面地评价学生的综合素养，才有利于学生的全面发展。

5. 评价方法多元化

在多元评价中，依据评价主体不同，可采用自我评价和他人评价。自我评价是学习者按照一定的评价目的与标准，对自身的工作、学习、品德等方面的表现进行价值判断；他人评价是指学习者以外的人所进行的评价。自我评价能充分调动学生的学习积极性，而他人评价的可信度较高，具有一定权威性。就评价方法而言，除了使用传统的纸笔测验方法外，还可以使用其他的评价方法，如开放式问题、活动报告、课堂观察、课后访谈、课内外作业、成长记录等。在具体的评价过程中，评价者应根据评价的目标和内容等因素选择合适的评价方法。

第二节 指向科学思维发展的评价内容

评价是检验教学效果的重要方式，是教学的重要环节，但评价又可以引导课堂教学改革的方向，对课堂教学发挥"指挥棒"的作用。生物学的评价要指向科学思维的发展，体现了国家对人才培养的方向，也体现了课程标准的要求。生物学作为一门自然科学学科课程，最重要的学习方式就是开展科学探究，基于事实和证据，通过逻辑思维来学习概念，并将其应用于生产生活实践。在《义务教育生物学课程标准（2022年版）》中，科学思维作为生物学科核心素养内涵的重要组成部分之一被明确提出。科学思维作为生物学科核心素养的主要内容，是形成生命观念的重要推动力，也是科学探究活动的有力支撑。因此，发展学生科学思维的能力和品质是生物学的重要目标之一，开展生物学的学习效果评价应该以发展科学思维为重要方向。学生的发展是一个持续的、"进阶"的过程，教学的全过程（包括目标设计、教学活动、效果评价）都应该指向学生发展的"升阶"，因此，明确思维"进阶点"至关重要。

（一）科学思维的内涵

科学思维是建立在客观证据和逻辑推理基础上的高级思维形式，是对科学内容的思考，又是贯穿科学领域的一系列推理过程，如归纳演绎、推理论证、假设检验等。义务教育生物学课程标准中关于科学思维的表述为：科学思维是指在认识事物、解决实际问题的过程中，尊重事实证据、崇尚严谨求实，基于证据和逻辑，通过比较、分类、归纳、演绎、分析、综合、建模等方法，进行独立思考和判断，多角度、辩证地分析问题，对既有观点和结论进行批判审视、质疑包容，乃至提出创造性见解的能力与品格。该定义认为科学思维是一种态度、习惯和能力，是为获取知识而进行的有目的思维动态过程。科学思维能够支持学生获取新知识，学会如何使用知识，建构并评价假设和观点。

（二）科学思维的评价维度

1. 比较与分类

比较是人们根据一定的认识和实践目的，把某一种事物与其他事物的属性和特征加以比较，以确定事物之间的共同点和差异点的思维方式。比较法是生物学中常用的方法，既可以在同中求异，也可以在异中求同，人们常常从比较相似的事物中找不同点，从不同的事物中找出相同点。例如，比较大肠杆菌和酵母菌的结构特点，可以在看似相似的单细胞微生物中找到真核生物与原核生物的不同点，这是比较法中的求异思维；比较蝗虫、蜘蛛、虾蟹等生物的形态结构特点，可以总结出看似不同的无脊椎动物中的共同点，进而建构节肢动物的概念，这是比较法中的求同思维。对比多细胞动物和植物的结构层次，可以总结出相同点，也有不同点，这是比较法中既求同也求异的思维。

比较是一种重要的学习思维，在学习过程中，可以根据事物特征及学习目的等对事物进行典型比较、重点比较、系统比较，帮助我们更好地认识事物的本质。典型比较就是从一系列待比对象、待比特征中找出具有典型意义的、有代表性的对象或特征进行比较，从而指导一般性的研究。例如，在学习动物的主要类群时，常常选用某一种代表动物，如蚯蚓、蝗虫、青蛙、蜥蜴等，进行研究。重点比较就是抓住关键的特征、关键的对象进行比较。这正如判定植物类别时，我们不需要对植物的根、茎、叶、花、果实、种子等方面的特征——认识，实际上常常抓住关键特征，如种子外有果皮包被、种子有两片子叶等就判定其属于双子叶植物。系统比较是指对待比对象从时间、空间、物质成分上进行全面、详细的比较，进而得出课题所要求的结论。系统比较一般在典型比较和重点比较的基础上进行，进而得出一般性的结论。例如，学习完动物类群后，从形态结构、生理功能、生活环境等多方面进行系统比较，从而总结出进化的一般规律，从水生到陆生、从简单到复杂、从低等到高等。

分类是按事物属性或显著特征，把事物分为不同种类的思维方法。"类"就是一个概念，代表着在性质或特征上相同或相似的事物。分类是以比较为基础的。人们通过比较，揭示事物之间的共同点和差异点，然后根据事物之间的共同点，把事物集合成一个较大的类，又根据事物之间的差异点，将较大的一类划分为几个较小的类，把众多事物区分为具有一定从属关系的类别，从而形成概念体系和合理的知识结构。科学分类要求对对象的现象差异的把握深入到本质差异的理解，根据对象的不同本质进行分类。

科学地进行分类应当遵守一定的规则。一是分类要求按照统一的标准，必须依据事物的性质确定分类标准，使分类在统一尺度下进行。例如，动物根据体温是否恒定分为变温动物和恒温动物，按照体内有无脊柱分为脊椎动物和无脊椎动物。二是分类所得到的小类之和必须和分类前的大类相等，不能有遗留，也不能超过大类。例如，微生物的种类繁多，但归纳起来主要就是细菌、真菌和病毒几大类。三是分类必须按照一定层次逐级进行，分类所得的小类应该归于同一层次、同一级别，这样才能分类条理化、系统化，便于人们认识事物。例如，生物分类按照生物的结构特征、生理功能等划分为界、门、纲、目、科、属、种等不同分类单位，系统且条理清晰。四是分类后各小类必须是相互排斥、互不相容。例如，根据病毒寄主的生物种类不同，可分为动物病毒、植物病毒、真菌病毒，这三者在同一分类标准下互不交叉。

比较和分类是学习生物学的重要的科学思维方式。生物的分类学就是以比较、分类思维为基础，系统地认识繁杂的生物，从而更好地认识生命现象、理解生命的本质。

2. 分析与综合

分析是指把研究对象由统一整体分解为各个组成部分、各个方面或独立特征的要素并进行研究以揭示其属性和本质。综合是指通过科学的概括或总结，把研究对象的各个组成部分或各种要素再组合成有机整体。分析必须在思维中抽出组成整体的要素进行分析，抓住本质，最后从整体上把握各个要素。综合是抓住各部分研究成果之间的内在联系，从中把握事物整体的本质和规律并得出整体性认识。分析是综合的基础，综合是分析的发展，分析之后要进行综合，综合之后要进行分析，分析和综合两者相互依存、相互渗透、相互转化。

在自然科学中，人们对客观事物的认识，就是一个不断分析和不断综合的辩证发展过程，可以概括为：分析—综合—再分析—再综合……的不断深化的发展程式。生物学中的一些重要概念就是分析、综合的结果。例如，在观察洋葱内表皮细胞、番茄果肉细胞、黑藻叶片细胞等几种植物细胞的结构后，从中发现植物细胞所共有的基本特点，进而总结出植物细胞的一般结构——具有细胞壁、细胞膜、细胞质、细胞核和叶绿体等，这个过程体现了人们认识事物的一般规律，从对特殊个例的分析，进而综合得出一般规律或结论，体现了分析与综合的思维方法在认识事物过程中的积极作用。再如，在学习"生物与环境组成生态系统"时，学生在分析森林中的植物、树上的昆虫和啄木鸟、腐烂树木上的蘑菇等各种生物的特点、作用及相互关系的基础上，进一步认知生物各成分在生态系统中的角色与地位，综合得出生态系统中生物成分的类型及作用，为生态系统的概念建构提供支撑。

分析与综合是对立统一关系，是相辅相成的两种思维和研究方法，只有基于对立统一关系去认识分析方法，才能形成深刻理解，并将两者结合起来，更全面地认识生命世界的重要意义。

3. 归纳与演绎

归纳与演绎是科学思维的两种方式。人们对事物的认识，总是先接触到个别事物，而后推及一般，又从一般推及个别，如此循环往复，使认识不断深化。归纳就是从个别到一般的推理方法，目的是要从许多个别事实中概括出普遍性的结论或原理；演绎则是从一般到个别的推理方法，目的是要从普遍性的原理中引申出关于个别事物的结论。归纳和演绎这两种方法既互相区别、互相对立，又互相联系、互相补充，归纳是演绎的基础，演绎是归纳的前导，一切科学的真理都是归纳和演绎辩证统一的产物。

按照被归纳的对象是否是全部对象，可以将归纳法分为不完全归纳法和完全归纳法。如果根据部分动物细胞都有细胞膜而得出动物细胞都有细胞核这一结论，事实上就是运用了不完全归纳法；如果观察了所有类型的动物细胞，发现它们都有细胞核，得出动物细胞都有细胞核的结论，这就是完全归纳法。一般来说，对于有限个体通常采取不完全归纳法，不完全归纳法又分为简单枚举法和科学归纳法。简单枚举法是以经验认识为基础，根据对某类事物中的部分对象进行考察，发现它们具有某种属性，而又未遇到相矛盾的事例，从而得出该类事物都具有某种属性的推理方法。例如，观察到一只鼠妇喜暗怕光、两只鼠妇喜暗怕光……多数鼠妇喜暗怕光，进而归纳出所有的鼠妇都喜暗怕光。科学归纳法是根据对某一门类的一部分对象的本质属性和因果关系的研究，也就是从事物的因果关系中揭示事物的必然联系，做出关于这一门类的全部对象的一般结论的推理方法。例如，在对青蛙、蟾蜍、娃娃鱼等动物的结构特征、生理功能等进行科学分析基础上，归纳出两栖动物的主要特征：幼体生活在水中，用鳃呼吸；成体水陆两栖，用肺呼吸，用皮肤辅助呼吸。然后利用两栖动物的特征去判断既生活在水中又生活在陆地上的动物，如乌龟是不是两栖动物，从而形成了对两栖动物这一概念的科学认识。

在通过归纳法认识生命现象、原理和规律的过程中，不可能穷尽所有的个体，因此存在归纳结论不一定正确的情况，还需要演绎推理进行论证。例如，兔的体表被毛、马的体表被毛、大熊猫的体表被毛，兔、马、大熊猫都是哺乳动物，所以哺乳动物体表都被毛。这样归纳的结论显然是不全面的，也是不正确的，这是归纳的局限性。在这个结论的基础上进行演绎，得出的判断也是不正确的。如果按照上述的结论推理，会因鲸的体表不被毛而得出错误结论：鲸不属于哺乳动物。因此，用演绎推理来补充或论证归纳结论的正确性是有必要的。

4. 抽象与概括

抽象是在观念上抽取出同类事物的共同属性、本质特征，舍弃非本质特征的思维方法。它是在分析、比较的基础上紧接着进行的，但又与分析有区别："分析"是对事物的各种属性都加以考察，"抽象"只考察某些共同的属性。例如，对一尾鱼，若将其生活习性、外部形态、内部结构等都一一加以描述，这是分析。若对各种鱼进行分析后，抓住"身体大多数被鳞或无鳞""用鳃呼吸""用鳍游泳""心脏有一心房和一心室"等共同属性，并把这些属性和鱼的其他属性区分开来，这就是抽象。

概括是在观念上把同类事物的共同属性、本质特征加以综合并推广到同类其他事物的思维方法。例如，把前面说的各种鱼的"身体大多数被鳞或无鳞""用鳃呼吸"……等共同属性结合起来，从而得出鱼纲的主要特征及"凡是具有这样特征的动物，都属于鱼纲"的结论，这就是概括。概括是在观念中把抽象了的东西推广到其他同类事物中去，并用同一名称来标志它们。

抽象与概括是两种方向不同的思维方法，抽象侧重于分析和提炼，概括侧重于归纳和综合。抽象是概括的基础，概括是抽象的发展，两者联系紧密。生物学概念的形成一般都是抽象与概括的结果。例如，被子植物的叶片从形态上看，有针形、线形、椭圆形、菱形、心形、肾形等；从质地上看，有革质、草质、肉质、膜质等；从大小上看，有大、中、小等；从叶脉上看，有网状叶脉、平行叶脉等；这些都是叶片的特征，可以通过观察、归纳、概括而得出。但从叶片的这些众多特征中，找到最本质的特征，就应用了抽象的思维。抽象就是把叶片的形态、大小等不同的非本质特征去掉，找到本质的特征，即种子的叶脉是平行脉还是网状脉，并根据这个特征将被子植物分为单子叶植物和双子叶植物，这个过程就是抽象。根据叶片的叶脉特征推广应用到判断其他被子植物的种类上，这个过程就是概括。一般来说，形成相对简单的概念是归纳和综合的结果，而比较复杂的概念形成多是抽象和概括的结果。

5. 批判与创新

批判性思维是指在思维过程中，通过反思、分析问题来作出决定并解决问题，是一种基于逻辑和事实证据的评价方式。科学思维具有批判性与质疑性、强调实证、注重逻辑等特点，而批判性思维是科学思维中非常重要的思维技能。生物学学习中的批判性思维应基于生物学知识、科学方法等认识基础，做出对生物学现象、规律的判断。例如，孟德尔对分离现象的解释在逻辑上环环相扣，十分严谨——运用假说设计测交过程，然后通过推理得出结论，再通过具体实验验证演绎推理的正确性。教师可引导学生对具体的逻辑思维方法做出评判，提出质疑：如果没有对实验结果进行统计学分析，能否做出对分离现象的解释？

批判性思维不仅具有日益完善、精益求精、共同进步的外在表征，更是一种自我反思、自我超越、自我提升的内在能力。我们所处的是信息大爆炸的现代社会，比以往任何一个时代都更容易获取信息，利用所获取的科学知识来评判、鉴别，明辨生物学信息，这就是批判性思维的过程。例如，当在生活中看到"隔夜西瓜滋生大量病菌，食用导致住院""糖尿病人的福音——无糖饼干"等信息时，能够利用已学的"细菌真菌的培养方法""免疫与计划免疫""细胞生活需要的营养物质"等知识，开展科学探究、基于实证推理进而得出科学结论，指导我们科学地辨析众多信息的真假。

创新性思维是以开拓创新为导向，发展出对问题的新看法、新方法、新视角以及新理解的思维方法。创新性思维展示了思维的流畅性和灵活性，通过运用类比和形象化的方法建立事物的联系，从不同的视角探索问题。例如，在学习了验证植物呼吸作用的小实验基础上，学生能利用批判性思维分析三个实验存在的不足，如缺乏对照、操作繁琐、仪器易碎等，进而创造性地优化改进实验，利用矿泉水瓶、注射器、二氧化碳检测仪、温度计等开发出三合一的综合性仪器，解决问题的同时提高探究实验效能，这就是一种创新。

创新性思维不仅仅是对学习内容的再创造，更体现在参与社会决策、解决现实问题中的创造性。我们所处的社会是一个开放的现代社会，不难接触到一些科学性、社会性议题，其中参与解决社会性议题，就体现了创新性思维的过程，促进态度责任素养目标的达成。例如，在探究两种小球藻能去除污水中含有的氮、磷等物质后，进一步结合当地生态系统水质污染问题，选用恰当的小球藻开展污水净化，解决环境污染方面的社会问题，就体现了参与社会决策过程中的创新性。

批判性思维和创新性思维是互相补充、相辅相成的。批判是创新的基础，创新是批判的发展。充分运用批判性思维和创新性思维，能够进一步发展对科学知识的深度学习，培养科学思维，更好应对不断变化发展的现实社会。

（三）科学思维的进阶层次

1. 思维认知水平层级

《普通高中生物学课程标准（2017 版）》中将生物学科学思维划分为四级水平，每一级水平都有相应的具体描述，为教师评价学生的科学思维水平提供了一定的指导。《义务教育阶段生物学课程标准（2022 版）》中基于真实情景的问题情境下，对学生科学思维的培养发展做了相关描述。科学思维不同水平之间是逐层递进，高一级水平建立在低一级水平之上的，存在阶段性和递进性（见图 6-1）。"水平一"的具体要求是能够认识到生物学概念都是基于科学事实并经过论证形成的，能用这些概念解释简单的生命现象；"水平二"则要求学生能够以特定的生物学事实为基础形成简单的生物学概念，并用文字或图示的方式正确表达，进而用其解释相应的生命现象；"水平三"则要求学生能够从不同的生命现象中，基于事实和证据，运用归纳的方法概括出生物学规律，并在某一给定情景中，运用生物学规律和原理，对可能的结果或发展趋势做出预测或解释，能够选择文字、图示或模型等方法进行表达并阐明其内涵；"水平四"要求学生能够在新的问题情境中，基于事实和证据，采用恰当的科学思维方法揭示生物学规律或机制，并选用恰当的方法表达、阐明其内涵。在面对生活中与生物学相关的问题并做出决策时，可利用多个相关的生物学大概念或原理，通过逻辑推理阐明个人立场。

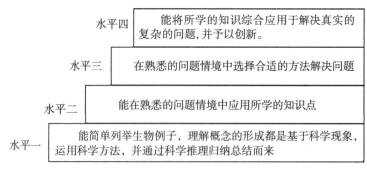

图 6-1 生物科学思维进阶水平结构图

2. 思维发展水平层级

随着科学思维水平层级的增加，其对应的认知思维等级也越来越高、越来越全面。结合布鲁姆认知思维模型和生物学科核心素养理念，构建出科学思维发展的层次模型，可发现该模型包含低阶、中阶、高阶等三个思维阶层（见表6-1）。

表 6-1 科学思维水平发展层级

思维层级	认知思维维度	目标达成描述	科学思维水平
低阶思维	识记、理解、比较、分类	认识、回忆、解释、阐明	水平一
中阶思维	分析、综合、归纳、演绎、抽象、概括	区分、归纳、总结、实施	水平二、水平三
高阶思维	评价、批判、创新、迁移	生成、设计、创作、评判	水平四

低阶思维是指低层次的思维认知水平，主要用于既定知识的获取、输入，以及完成简单的任务，不要求较复杂的情境和问题，不涉及复杂综合模型的使用。低阶思维包含识记、理解、比较、分类等，指向科学思维"水平一"层级。中阶思维是指超越单纯的知识获取、输入的思维认知水平，主要用于对已经学习知识的内化升华，以及完成有一定难度的任务，此时涉及的情境也较为复杂，用到的模型也更具综合性。中阶思维包含分析、综合、归纳、演绎、抽象、概括等方面，指向科学思维"水平二"和"水平三"层级。高阶思维是指高层次认知能力的思维认知水平，是学习者在利用已有认知解决实际复杂问题过程中，所需要的各种能力。高阶思维包括评价、批判、创新、迁移等，指向科学思维"水平四"层级。以生物学科核心素养培养为导向进行水平层级建构，是对科学思维这一学科核心素养的结构化、层级化、进阶化，以便在教学中更加有效地对生物学习进行持续评价，更好促进学生科学思维的发展。

（四）基于思维进阶的评价要求

基于核心素养的课程改革，需要构建一个平衡、综合的评价体系，不仅评价学生的必备知识、关键能力，还能评价学生的科学思维发展水平，较好体现核心素养所描绘的学习结果，尤其是那些高阶思维、复杂的认知能力以及在新情境中解决问题的能力等关键学习结果。因此，以科学思维发展为导向进行学习评价是非常有必要的。由于科学思维始终贯穿学生的整个学习过程，因此，科学思维导向下的学习评价不能仅仅通过选拔性命题来进行，也需要关注学习的过程和学习的诊断。

1. 关注评价的过程性

形成性评价是在真实或模拟真实的情境中评价学生应用知识解决问题的能力，它需要以"任务"引发学生相对应的表现，并且这样的任务是没有唯一、标准答案的，需要基于评分规则对学生的表现做出判断。形成性评价不仅能适用复杂的、高阶的、指向核心素养目标的活动，而且具备促进课程、教学和学生学习的教育性功能。从学习活动上看，设计良好的形成性评价能吸引学生深度参与任务，同时，清晰描述的评分规则能帮助学生将客观数据和主观判断相结合，更好地了解完成任务的最佳标准、明确目前自己达到的水平，进而确定缩短两者之间距离的路径并为之努力和实践，从而实现能力提升、思维发展、素养提高。总之，形成性评价不仅是一种评价方式，更是一种教育理念，强调聚焦学生的学习过程和难点内容，以清晰的标准设计评价，以评导学。从课程与教学的实施上看，嵌入课程的形成性评价能更好地促进课程教学评价的一体化。生物学学习都是以一系列的活动环节开展的，而活动表现评价是生物学习中常见的形成性评价方式之一。在生物学的学习评价中，它主要用于对学生在生物学实践探究中的表现进行评价，并在对学生持续的评价中，扩大评价范围，拓展评价深度，打破"一考定终身"的终结性评价方式。

2. 关注评价的诊断性

中学的生物学学习，可以分为概念建构、问题解决和迁移应用等部分，每一部分内容的学习都需要借助科学思维来完成。科学思维在处理每一部分的学习时，又包含模型建构、推理论证、质疑创新等环节。科学思维发展导向下的学习评价，需要能够明确诊断学生在哪一个思维阶段环节出现了问题，从而在后续的教学中有针对性地解决。诊断性评价也称为"教学前评价"，一般是在学年、学期开学前或某项教学活动开始前施行，对学生的知识、技能以及情感等状况进行预测，进而了解学生是否具有达到新的教学目标所必需的基础知识和技能，以便确定教学内容的起点和进度。诊断性评价不是要给学生贴上"好"或"不好"的标签，而是根据诊断结果，设计一些能发挥学生的长处并补救或克服其短处的活动，基于对学生学情的了解，帮助学生在原有的基础上和可能的范围内取得最大的进步。一般来说，教师对学生进行诊断性评价借助的手段主要有摸底测验、态度和情感调查、观察、访谈、前概念调查问卷等。通过诊断性评价，教师能够对教育对象做到心中有数，对学生已有的知识、情感、性格、认知等特点有所了解，为实施针对性、个性化的教学提供依据。

3. 关注学习评价的选拔性

中学生物学的学习，最终都需要面对中高考这类选拔性考试，因此，教学中自然也不能够回避学习的终结性评价。教师在教学中应该有意识地以科学思维发展为导向，命制选拔性试题开展终结性评价，从而对学生在面临选拔性试题时的应对策略加以培养和训练，帮助学生真正实现"既学得好又考得好"的目的。终结性评价一般是在学期或学年结束时进行，其目的主要是了解学生经过一学期或一学年的学习，是否达到教学目标，并据此做出终结性评价。终结性评价除了给学生评定学习成绩外，对后阶段学习还具有预测、评估的作用，能确定学生在后继课程中的学习起点。纸笔测验是一种传统的终结性评价方式，也是教师最熟悉的一种传统评价方式，主要是指以书面形式的测验工具，参加测评考生的环境基本一致，而且有统一的评分标准，相较其他评价方式，它更为公正公平。但终结性评价是面向"昨天"的，只是从学生已经掌握知识和技能的多少方面去寻找差异、分等排序，所强调的是评价的鉴定、分等作用。因此，终结性评价的标准单一固化，难以科学全面地检测学生的综合素养。

第三节 指向科学思维发展的评价技术

科学思维培养是核心素养落地的关键，意味着指向科学思维发展的评价，要通过素养目标、设计实施、学习评价等一连串环环相扣的步骤来开展。评价以新课标中的学业质量为依据，以促进学生全面发展为目标，真实反映学生科学思维的形成、发展、深化的过程。学业质量评价需要依据问题情境的复杂程度、相关知识和技能的结构化程度、思维方式、探究模式或价值观念的综合程度等方面的不同而划分为不同表现水平。指向科学素养水平进阶的评价主要包括课堂表现评价、单元作业评价、跨学科实践评价、考试命题评价等。

（一）课堂表现评价

课堂评价是教学评价的有机组成部分，有效的课堂评价以促进学生发展为本，贯穿课堂教学活动的全过程，能促进学生认知结构的重构和优化，推动学生的科学思维的深度发展。学生在学习过程中需要有效调动各个层次的科学思维，但科学思维作为学生内在的思维过程难以量化，只有以任务表现或成果为载体，教师才有可能对思维进行评估，因此必须将科学思维转化为具象化的学习任务或学习活动。

课堂表现评价要加强对学生深度学习、思维含量、思维品质等方面进行评价。根据深度学习理论，教师在教学过程中，应以真实情景为载体，以解决实际问题为学习任务，以课程核心知识与科学思维为工具，在互动、启发、探究、体验等学习活动中，完成对概念的理解与建构。因此，基于课程标准、学习目标确定素养发展的评价目标，对评价目标进行解读、重构、细化并形成活动评价量表，才能更好促进学生的深度学习。

 案 例：

人教版七年级上册《练习使用显微镜》

（一）基于"目标导向"的评价设计

1. 确定教学目标

《练习使用显微镜》是生物学七年级上册第二单元第一章第一节的内容。显微镜是生物学实验中的基本仪器，是学生探知微观世界的重要助手，"使用显微镜"是课程标准的具体内容要求，也是会考实验操作考核中的常考项目，因此，本节课显得相当重要。在内容安排上，先认识显微镜的结构及作用，再通过观察活动掌握显微镜的使用方法。这样的编排符合学生的认知规律，能引导学生正确认识显微镜的结构，科学规范使用探究工具，理解科学、技术与社会的相互关系。本节课习得的操作技术是学生学习生物学，研究生命活动、生命现象的基础，形成的技术素养是发展学生科学素养的重要组成部分。

本节课的主要任务是让学生能了解显微镜的基本构造和功能，能正确使用显微镜。教学重难点是学生能简述显微镜的基本原理，能独立操作显微镜并看到清晰物象，尝试解决观察过程中出现的问题。限于对实验教学认识不到位、课时紧、内容多、生物实验投入少等因素，教学实践中本节课多以"讲授（结构）—演示（操作）—实操（模仿）"的形式基本完成教学任务，但难以突破重难点。

基于以上分析，本节课达成的学习目标是：根据显微镜的功能设计并制作简易显微镜，通过对几种制作方案的讨论交流、两种显微镜（自制与实验仪器）的对照关联，认知显微镜各部分结构及功能，明确显微镜的设计原理，实现对显微镜技术设计过程的理解。以评价量表为载体，通过自学、对学、组学三段式多频次操作训练，学生能独立正确使用显微镜，形成规范使用和爱护实验仪器的习惯与态度。

2. 制定评价标准

（1）确定评价目标

培养学科核心素养是生物课程的出发点和落脚点，是学科育人的价值体现。显微镜是完成科学观察等探究工作的基本物质工具，合理使用显微镜真实观察生物体细微结构，能为证明生命观念中结构观与功能相适应的观点提供真实依据，为基于微观观察的科学探究提供丰富素材，极大地推动生物科学的发展。结合课程标准、生物学科核心素养及本节课的内容特点，制定如表6-2所示的评价目标：

表 6-2　　　　　　　　　　　　以素养发展为本的评价目标

生物学科核心素养	评 价 目 标	学习任务
生命观念	能在显微镜下观察到各种各样生物体结构，诊断并发展学生的结构观与功能观	技能训练
科学探究	能通过分析、推理、建模、验证等流程来设计并制作显微镜，诊断并发展学生对科学技术发明过程的理解	设计活动
科学思维	能根据显微镜的结构与操作要求，采用恰当的方法与措施解决观察过程中出现的问题，诊断并发展学生用科学思维解决问题的能力	技能训练
社会责任	深入理解显微镜的结构与功能，诊断并发展学生崇尚科学、规范使用和爱护实验仪器的态度与习惯	设计活动技能训练

（2）制定评价标准

教学评价是教学活动中不可或缺的环节，良好的评价标准是有效实施教学评价的关键。良好的评价标准不仅能解决学生"学什么""如何学""学到什么程度"的问题，同时能衡量学生"学到什么""学得如何"，持续指引学生调整学习节奏，实现个性化的自我完善。依据本节课的学习目标、评价目标，制定活动评价标准如表6-3、表6-4所示。

表 6-3　　　　　　　　　　　　显微镜设计活动评价标准

评价维度	表现水平（指标）
理论可行	能利用凸透镜放大物象的原理迁移，制作显微镜
操作规范	操作过程中不碰触凸透镜镜面，轻拿轻放仪器

续表

评价维度	表现水平（指标）
设计合理	材料选择恰当，能实现显微镜放大物象、调节光线等功能
表述严谨	能说出设计步骤，简述实验设计的原理

表 6-4　　　　　　　　　　　　**显微镜技能训练评价标准**

评价维度	表现水平（指标）
程序性	（1）总流程：能按照取镜、安放、对光、观察、收镜的顺序来操作。 （2）对光：能按照选（物）镜、定（光）圈、转（反光）镜的顺序来操作。 （3）观察：能按照放（玻）片、先降后升（镜筒）、先粗后细（准焦螺旋）的顺序来操作。 （4）收镜：能按照取（玻）片、偏（物）镜、降（镜）筒、竖（反光）镜、回（镜）箱的顺序来操作。
规范性	（1）取镜：左手托镜座、右手握镜臂，取出显微镜。 （2）安放：镜臂向后，镜筒向前；安装目镜、物镜，不触碰镜头。 （3）对光：左眼注视目镜、右眼睁开。 （4）观察：标本正对通光孔，眼睛从侧面看着镜筒下降。 （5）收镜：取下玻片，物镜偏离通光孔，镜筒下降至最低处，反光镜竖直，送回镜箱。
科学性	（1）对光：根据光线强弱选择光圈、反光镜。 （2）观察：根据物象位置调整玻片标本；能处理视野中的污点；知道物象与实物的关系，能计算物象的放大倍数。
严谨性	（1）安放：显微镜放在实验台距边缘大约 7cm 处，略偏左。 （2）对光：低倍物镜对准通光孔，与载物台保持 2cm 左右的距离。 （3）观察：先将镜筒下降到最低，再缓缓上升。
准确性	（1）对光：看到明亮的圆形视野。 （2）观察：看到清晰的物像，物像居视野中央。

（二）基于"评价驱动"的教学实施

本节课的教学实施过程，以活动单为载体，以评价量表驱动学习活动，基于学生已有的知识，通过显微镜设计制作、技能训练（两任务、五阶段、八频次）层层深入探知显微镜的结构与功能，从而达成基于课标的学业要求和素养发展目标。为达成本节课的学习目标，设计了"评价驱动"教学设计流程图（见图 6-2）。

1. 探知基础，明确动向

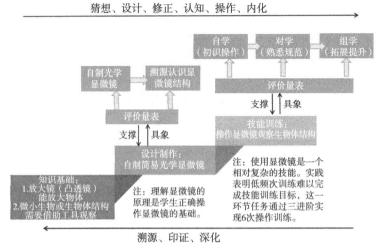

图 6-2　"评价驱动"教学设计流程图

"练习使用显微镜"这一节的内容虽然是学生刚刚接触生物学的第一个操作型实验，但通过前置性的调查访谈，了解到学生在小学科学阶段已经探究了放大镜的功能，初步了解并接触过显微镜，知道放大镜（凸透镜）能放大物体、微小生物或生物体结构需要借助工具观察。探知学生原有的知识基础，激活学生原有认知，明确学生的学习起点，可以作为教学定向的重要参考。

2. 设计制作，奠基原理

第一步，猜想设计。学生根据已有的凸透镜、显微镜功能的知识基础，利用结构性材料自制简易显微镜；第二步，修正观点。学生展示各自的设计方案，通过讨论交流与互动评价，深入理解显微镜的设计原理，不断修正完善自己的观点；第三步，溯源认知。学生通过对比自制的显微镜和实验仪器显微镜，深入认识显微镜的各部分结构及功能（见图 6-3）。

方案①、②、③使用单个凸透镜成像，能实现放大物象的功能，但无法根据观察材料的特点及观察需求调节放大倍数，观察更加微观的结构，因此不是最优方案（评价维度三：能实现显微镜放大物象等功能）。

方案①、④观察材料不透光，方案②、⑤没有采用黑色卡纸遮光，这些方案都依靠环境光线提供光源，无法根据观察材料的特点及环境光线情况调节光线强弱（评价维度三：能实现显微镜调节光线等功能）。

方案⑥最佳，原理成立，设计合理，能实现显微镜的预期功能。

3. 技能训练，内化认知

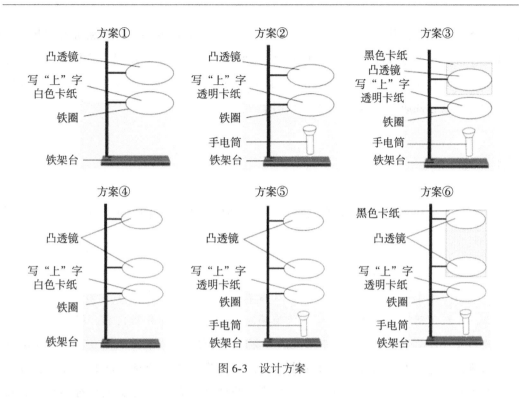

图 6-3　设计方案

练习使用显微镜这一节课对学生操作技能的要求及操作显微镜的复杂性，决定了本课必须通过学生自主反复实践才能较好地达成目标。因此，基于前一阶段对显微镜结构功能及设计原理的认知，教师设计了自学、对学、组学三段式实践学习，以多角度探知问题、多形式实践操练的螺旋递进式学习活动来引导学生熟练掌握显微镜的操作，并形成规范操作、爱护实验仪器的态度和习惯。

（二）单元作业评价

作业既是巩固课堂教学知识与技能的手段，又是诊断学情和有效实施因材施教的重要途径，在教学过程中要发挥作业对评价和诊断学生核心素养发展水平的重要作用。在单元教学中，"单元学习目标"即为单元教学的总目标，课堂教学目标和作业目标应与单元学习目标保持一致，课堂活动和作业不是简单的从属关系，更应该强调它们的相互促进和补充作用，因此，作业目标也需要与课堂教学目标互为补充。同时，基于学习进阶的理论，教师应围绕素养导向、育人目标来设计单元作业任务，体现学习的进阶和思维的升阶，才能使教学活动更为高效。

单元作业评价要体现全面性、多样性和全面性，明确单元目标在课程中的实施路径，明确单元任务设置与课程整体结构的关系。评价任务要还原学生在真实情境中解决问题的条件和过程，并及时进行反馈，促进学生对单元内涵的整体理解和价值判断。单元作业评价要注重过程性、发展性评价，针对单元内的课程基本知识、核心概念、素养发展等维度即时评价学生的学习情况，检验学生单元学习任务的完成情况，发挥单元作业评价对大概念视域下课堂教学的指导作用。

　案　例：

探秘巧克力中的沙门氏菌——微生物及传染病重构单元作业设计

广东省深圳市宝安区海韵学校　王佩玉

（一）单元内容分析

本单元学习属于重构单元，涉及人教版八年级上册第五单元第四章《细菌》及八年级下册第八单元第一章《传染病及其预防》两部分的内容。引导每一位学生树立健康意识，掌握健康基础知识，实现身心健康成长，是初中生物课程重要育人价值之一。本单元课时作业设计尝试将《细菌》与《传染病及其免疫》部分进行重构整合，利用当下热点时事"巧克力中的沙门氏菌"为主线进行单元作业设计，相互呼应与补充，帮助学生形成相对系统、结构完整、逻辑清晰的知识链条，引导学生在运用必备知识解决问题的过程中，加深对传染病预防相关知识的理解和掌握，进而形成健康生活的观念。

（二）单元素养目标

（1）生命观念：通过对细菌基本结构的认识，体会结构与功能观；通过横向对比细菌和动植物细胞，认识细胞的多样性与统一性。

（2）科学思维：通过对细菌外部形态的观察，归纳和概括细菌的类别。

（3）科学探究：通过亲自动手完成探究实验，了解科学探究实验的相关方法。

（4）社会责任：通过对沙门氏菌疫情的学习以及完成"洗手"探究实验，使学生崇尚健康文明的生活方式。

（三）单元作业结构

表 6-5　　　　　　　　　　　单元作业设计纵向结构

课时	内容要求	作业类型	完成时间	评价形式	课时目标
第一课时	细菌的形态结构特点	书面类	10 分钟	诊断性评价	运用必备知识解决简单问题
	细菌的营养方式	实践类	20 分钟		

续表

课时	内容要求	作业类型	完成时间	评价形式	课时目标
第二课时	细菌、真菌的培养	书面类和实践类	30分钟	过程性评价	通过动手实践，分析并解决真实问题
第三课时	传染病及其特点 传染病的传播途径 传染病的预防措施			诊断性评价及过程性评价	能综合运用所学知识解决复杂问题

（四）课时作业设计及评价

1. 第一课时——细菌

（1）作业设计

表 6-6　　　　　　　　《细菌》一节作业设计方案

内容要求	学习活动	作 业 设 计
细菌是单细胞生物，无成形的细胞核	观察不同的细菌真菌，认识其主要特征	据了解，巧克力中的沙门氏菌是一种细菌，图6-4是细菌的模式图，请据图回答问题。 图 6-4　细菌的模式 （1）填写结构名称：②_____，③_____，⑤_____。 （2）沙门氏菌与动植物细胞的主要区别是沙门氏菌虽有［①］_____集中的区域，却没有成形的细胞核，这样的生物称为_____。 （3）沙门氏菌通过_____进行生殖的。沙门氏菌有荚膜，能够起到_____作用。 参考答案：（1）细胞膜、细胞壁、细胞质，（2）DNA、原核生物，（3）分裂、保护。

续表

内容要求	学习活动	作业设计
培养学生分析图表、解决问题的能力	尝试解决日常生活中的问题	鸡蛋是日常生活中常见的食材，但鸡蛋中的沙门氏菌可能会引起食物中毒。沙门氏菌最适宜繁殖的温度为37℃，在70℃条件下只能存活5分钟。 （1）常温条件下，鸡蛋内的沙门氏菌数量随时间变化的曲线如6-5图所示，下列说法正确的是＿＿＿＿＿＿（填字母）； 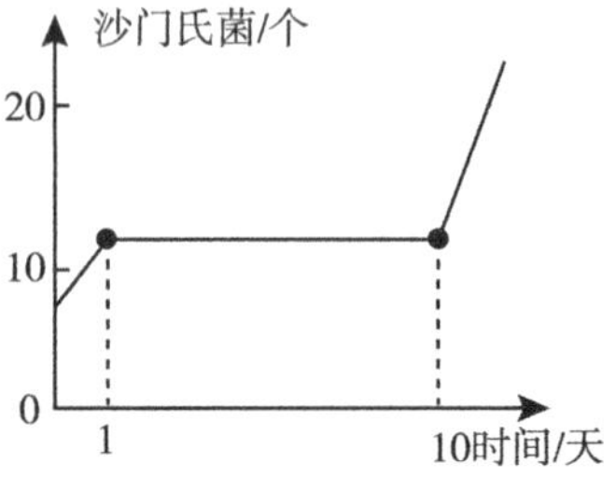 图 6-5　变化曲线 A. 刚产出的鸡蛋含有沙门氏菌 B. 鸡蛋内的沙门氏菌数量是不变的 C. 在常温下放置的鸡蛋宜在10天内食用 （2）为防止沙门氏菌感染，鸡蛋在食用前可以用＿＿＿＿＿＿＿＿＿＿＿的方法杀菌。 参考答案：（1）A、C，（2）高温煮熟。

（2）作业评价

通过师评方式，精准分析学生存在的问题，如对曲线的解读、分析与综合能力不足等，在此基础上展开针对性讲评，通过师生互动剖析问题、生生互动内化结果等方式完成对第一课时内容的学习与巩固。

2. 第 2 课时　细菌、真菌的培养

（1）作业设计

表 6-7　　　　　　　　　《细菌、真菌的培养》一节作业设计方案

内容要求	学习活动	作业设计
培养学生动手实践能力，认识到洗手等日常卫生习惯在传染病预防方面的重要性。	培养并观察细菌、真菌的菌落，借助放大镜和显微镜等仪器观察。	家庭实验：洗手对手上细菌或者真菌的分布的影响 勤洗手是一个好习惯，为了探究洗手对手上细菌或者真菌分布的影响，请同学们用随手可得的材料——面包，完成如下的探究实验： 步骤一：取 4 片面包，分别进行如下处理： ①新鲜未被接触过的面包 ②没洗过的小脏手摸过的面包 ③用洗手液洗过的手摸过的面包 ④掉在地上擦过地板的面包 步骤二：将这 4 片面包分别置于 4 个封口袋中，做好标记，放置在室温下 2 周，每天观察并做好记录。

（2）作业评价

表 6-8　　　　　　　　《细菌、真菌的培养》一节实践作业评价量表

项目	评价维度	A	B	C
视频	内容	正确开展实验，过程完整，内容完善	开展实验，但内容不完善	未开展实验或内容不匹配
	版面	视频制作精美	视频制作清晰	视频制作不清晰
	价值	能对探究内容给出全面正向评价	能对探究内容进行一定的评价	未能对探究内容进行评价
实验	设计	独立设计出切实可行、步骤完整的探究性实验方案	经教师的参与指导，后设计出可行的探究性实验方案	设计出的实验方案不完整、不科学，仍然需要完善
	实验	成员之间各司其职，对实验中的操作能独立规范完成，完全完成实验操作	实验中的操作较为规范，偶尔需要他人帮助，基本完成实验操作	实验中的关键操作存在错误，导致实验失败
	记录	详细并如实记录实验数据或实验现象，所有数据清晰明了	比较详细地记录了实验数据或实验现象，但不够清晰	数据记录有遗漏、错误、存在虚假数据的现象或实验现象不够详细
	结论	能基于实验数据或实验现象得出精确的实验结论	能基于实验数据或实验现象得出结论，但结论不够精确	没有得出任何结论

3. 第三课时传染病及其预防

（1）作业设计

表 6-9　　　　　　　　　　《传染病及其预防》一节作业设计

内容要求	学习活动	作业设计
传染病可通过空气、食物、血液等多种途径传播。控制传染源、切断传播途径和保护易感人群等措施可以控制传染病的流行。	培养学生学会运用知识解决实际生活中的问题。	近期，多地爆发巧克力中相关沙门氏菌感染病例，而这些被沙门氏菌感染的巧克力至少已经销往 113 个国家和地区，其中包括中国。人感染沙门氏菌后可能出现发热、腹泻、呕吐、腹痛等症状，通常持续 2 至 7 天。大部分感染者无需特殊治疗即可自愈，但对儿童和老年人等特殊群体来说，可能出现重症甚至死亡。 图 6-6　沙门氏菌感染 （1）导致患病的沙门氏菌必须寄生在_____内才能进行生命活动，从传染病角度分析，图 6-6 中甲、乙分别属于_____、_____。 （2）对患者甲进行隔离、治疗，该措施属于预防传染病中的_____，将已经销往各国的巧克力进行销毁，属于预防传染病中的_____。 （3）某科学兴趣小组的同学初步探究"沙门氏菌的成活率与温度之间有什么关系"，实验结果如下表所示： 表见下方 ①通过实验，你得出了什么结论？_____；根据此结论我们应该怎么做？_____。 ②沙门氏菌区别于其他生物和病毒的特点是_____，控制沙门氏菌性状的物质是_____。 参考答案：（1）活细胞、传染源、易感人群；（2）控制传染源、切断传播途径；（3）温度越高，沙门氏菌的成活率越低，水要煮熟了再喝；（4）无成形的细胞核、基因。

温度/摄氏度	0	10	20	30	40
细菌数量/个	100	100	95	90	80
温度/摄氏度	50	60	70	80	90
细菌数量/个	65	50	30	5	0

续表

内容要求	学习活动	作业设计
利用传染病相关知识解决现实问题。	调查当地是否存在食品安全问题，针对当地某种传染病，制作海报，宣传传染病预防科普知识。	你知道深圳有因食用巧克力而感染疾病的人吗？请尝试展开调查，并制作海报以宣传传染病预防科普知识。

（2）评价设计

表 6-10　　《传染病及其预防》一节实践作业评价量表

项目	评价维度	A	B	C
海报	科学性	主题表达完整，内容科学严谨	主题表达完整，内容出现科学性错误	主题表达不完整，内容出现科学性错误
	实用性	内容实用，能起到较好的宣传效果	内容较实用，能起到一定的宣传效果	内容不实用，不能起到宣传效果
	技术性	合理运用了信息、图层蒙版等相关技术	运用了信息、图层蒙版等相关技术	没有运用信息、图层蒙版等相关技术
	美观性	色彩搭配合理，版面设计美观	色彩搭配较合理，版面设计较美观	色彩搭配混乱，版面设计不合理
	创新性	作品设计新颖，有创意	作品设计有一定创新	作品设计无创新

（三）考试命题评价

考试的主要目的是检验学生在义务教育阶段结束时的学业成就，为评价区域和学校教学质量提供参考，为改进教学提供指导。优质的生物学试题能客观公正地评价学生的学业水平，对教学具有明显地导向和推动作用，是实施学业质量评价的必然要求。近几年各地的生物中考试题，都转向侧重对学科综合素养的测评。基于能力维度，侧重科学思维能力、科学探究能力、创新思维能力等方面的试题，要依据"重思维、重应用、重创新"的原则，强化与社会生活、生产实践、科学技术的联系，采用灵活多变的方法，从"解答问题"走向"解决问题",激发学生的潜能,提高学生分析问题、解决问题的能力,充分发挥考试对教学的指导和评价的育人功能。

王钊在《以"素养立意"的高中生物学业水平考试命题研究》一文中,采用了7个指标来评判生物核心素养达成情况,从4个水平层级,用以评价一次测验中指向学业质量水平目标达成情况。参照该评价方式,结合《义务教育阶段生物学课程标准(2022年)》对学业质量评价的相关要求,确定了基于科学思维水平达成的评价指标(见表6-11)。

表 6-11 科学思维达成水平评价指标

	水平 1	水平 2	水平 3	水平 4
情景素材	简单、熟悉	简单、陌生	复杂、熟悉	复杂、陌生
问题设计	逻辑简单 结构单一	逻辑简单 结构适中	逻辑简单 结构复杂	逻辑复杂 结构复杂
知识维度	事实性知识	概念性知识	方法性知识	元认知知识
思维能力	初步掌握生物学一般原理与方法,能鉴别相关信息并做出正确的选择。	能对已有原理与结论进行观察和思考,通过比较和分析,准确做出判断,果断进行抉择。	能恰当选择生物学科知识和内容,进行合理性和可行性的深度思考,清晰表达和阐述。	能创造性综合运用生物学科知识,通过思考描述、论证解释、评价创造等,参与真实复杂问题的解决。
观念品格	热爱生命,体验生物科学在实际生产和生活中的运用,讨论人与自然、环境和谐相处的必要性。	关注科学的本质,认同人与自然的相互关系,选择健康生活方式,做出判断,表达积极态度。	理解生物科学、技术与社会之间的关系,确立正确的世界观,有合理的价值判断和行为规范。	关注生物科学的发展趋势,养成个性化的价值观,树立"可持续发展"观念,崇尚科学精神。

基于科学思维发展的水平,该评价指标对情景素材、知识维度、思维能力、观念品格等方面进行了明确的等级界定。指向思维进阶、素养发展的优质试题命制,应从以下三个方面来更好地把握试题的信度与效度。

1. 立足素养发展:试题的立意和设问

试题的立意应体现考查的目的,设问要结合课程内容,指向性要明确,联系生产、生活与社会,充分发挥试题的育人功能和评价导向作用。设问要紧密结合试题情景,通过嵌入情景的逻辑关联、层层递进的问题设计,综合考查学生思维的全面性、深刻性、系统性，深入开展核心素养立意下的学业质量评价。

案例：

（一）试题

秋分日，网络上兴起"秋天的第一杯奶茶"。奶茶含有高糖分、高脂肪、高咖啡因，长期饮用可能会引发肥胖等健康问题。图 6-7 为人体部分器官示意图，请分析作答。

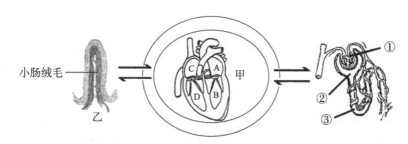

图 6-7　人体部分器官示意图

（1）奶茶中含有大量的糖类，在人体内消化分解成葡萄糖等物质，最终主要在图_____所示结构处被吸收，该结构适于吸收功能的特点是_____（写出一点即可）。

（2）吸收后的葡萄糖经血液循环最先到达甲中的_____（填字母），最终进入组织细胞被氧化分解成水和_____，并释放能量供人体生命活动。

（3）如果长期摄入过多的奶茶，多余的糖类会被人体转化成_____从而引发肥胖。适度运动是科学减肥的方法之一，人体运动一般需要通过骨、_____、肌肉三者协调配合。

（4）健康人血液中葡萄糖含量约为 0.8～1.2g/L，而尿液中不含葡萄糖，主要与图丙中的 [　　]_____结构相关。该结构病变或者人体_____分泌异常会引发糖尿病。

参考答案：（1）乙、小肠的皱襞和绒毛大大增加了小肠的吸收面积、小肠绒毛有丰富的毛细血管；小肠绒毛壁很薄，仅由一层细胞构成（写出一点即可）；（2）C、二氧化碳；（3）脂肪、关节；（4）[③]、肾小管、胰岛素。

（二）命题立意

"健康意识"是指在掌握人体生理和卫生保健知识基础上，关注体内外各种因素对健康的影响，在饮食作息、体育锻炼、疾病预防等方面养成健康的态度、行为习惯和生活方式。生物学与健康生活的融合的知识点有合理膳食、食品安全、免疫和传染病、现代疾病预防等社会性议题。本题以"秋天的第一杯奶茶"作为情景主线，围绕奶茶中糖类含量高、摄入过多则不利于健康这一焦点问题，综合考察了糖类的消化与吸收、小肠的功能及结构特点、血液的循环、营养物质之间的转化、动物的运动、糖尿病的致病机理等知识。本题将健康理念融入中考试题的立意和设问，寓教于考，引导学生建立文明健康的生活观念、形成科学良好的生活习惯、树立热爱生命生活的观念，为将来的个人发展和社会贡献提供良好的身体保障条件。

2. 聚焦能力培养：试题的素材选择和加工

情境是试题的重要考查载体。教育部在《关于加强初中学业水平考试命题工作的意见》明确要求"充分考虑城乡学生学习和生活实际，增强情境创设的真实性、典型性和适切性，提高试题情境设计水平"。情境可以源于学生真实的生活体验，也可以通过挖掘社会热点事件中的生物学知识来创设，教材中的经典科学史同样是不可多得的命题素材。试题素材的选择应与内容、问题、探究和思维等要求一致，体现学生亲历问题、质疑探究和思维发展的过程，考查学生对具体问题的分析、归纳、综合、运用和创新等能力。

　案　例：

（一）试题

为指导人们科学使用消毒液，某生物兴趣小组开展了"探究不同浓度的某消毒液对教室消毒效果的影响"实验。配制不同浓度的消毒液分别对八年级课室进行消毒，每个班级的消毒方式保持一致。每个班级在不同位置放置三套培养皿，打开皿盖，10分钟后盖上皿盖封好，置于28℃的恒温箱中培养48小时。利用菌落计数法统计各培养皿内的菌落数。

表6-12　　　　不同浓度的某消毒液对教室消毒效果的影响

班级	1班	2班	3班	4班	5班	6班
喷洒消毒液的浓度	1/100	1/150	1/200	1/300	1/600	①

续表

班级		1班	2班	3班	4班	5班	6班
菌落数	A	2	4	6	10	19	53
	B	3	5	4	11	18	50
	C	3	4	5	12	19	48
平均值		2.67	4.33	②	11	18.67	50.33

(1) 该探究实验的变量是_____，若将6班课室作为对照组，①处应填写_____。

(2) ②处的数值是_____，实验中求A、B、C三组的平均值，目的是_____。

(3) 该小组的同学将处理后的数据绘制成柱状图（见图6-8），请据此图回答问题。

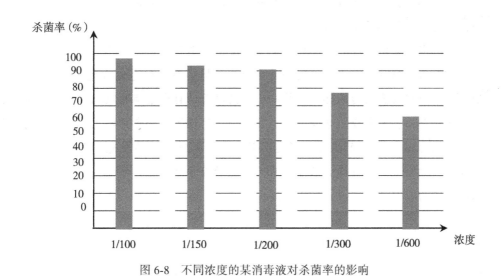

图6-8 不同浓度的某消毒液对杀菌率的影响

消毒液浓度越_____，杀菌率越高。但消毒液浓度过高会危害人体健康，通常认为90%以上的杀菌率能达到较好的杀菌效果，据此建议消毒液的合适浓度为_____。

(4) 某同学在进行菌落计数时，观察到某菌落表面光滑、黏稠，推测其为_____菌落。使用消毒液进行消毒，难以实现100%的灭菌，可能因为细菌能形成_____抵御不良环境。

（5）对于课室消毒，除了使用消毒液以外，你还有什么其他建议＿＿＿＿＿＿＿＿＿（答出一点即可）。

参考答案：（1）消毒液的浓度、清水；（2）5、减少实验误差；（3）大、1：200；（4）细菌、芽孢；（5）开窗通风、使用紫外线灯等（2分）。

（二）素材处理

一是简化信息呈现。对不同浓度的84消毒液水溶液的杀菌率的数据处理，与实验组的设置与现象以图表形式一同呈现，表格内容维度多、数据多，学生获取信息难度大，因此，试题编制时采用图文转化的方式，将杀菌率单独以柱状图的形式呈现，保证数据科学性、严谨性的同时，简化了数据。

二是科学处理数据。按照体积比为1/50、1/100、1/150、1/200、1/300、1/600、1/1000配制不同浓度的84消毒液水溶液，设置了七个实验组和一个对照组。在试题改编时从试题简洁性角度出发减少实验的组数，考虑到体积比为1/100的实验组与前后两个对照组的浓度梯度不大、体积比为1/1000杀菌率与1/600实验组差距不大，在确保数据处理不影响学生依据实验数据做出正确分析推进的基础上，试题删减了这两组实验。

三是布局设问梯度。为了提高学生收集、鉴别和利用课内外的图文资料及其他信息的能力，以柱状图形式呈现杀菌率数据，提高获取信息的难度。在第（3）题的设问中合理设置问题的梯度，第一小问简单总结自变量消毒液浓度和因变量杀菌率之间的关系，大部分同学能得分。第二小问的设置充分考虑学生的迷思概念，很多学生认为84消毒液的浓度越高越有效，殊不知浓度过高会危害人体健康、损害呼吸道，且会造成消毒液的浪费。此问题有助于学生构建科学概念，培养学生的辩证思维能力。

3. 指向思维进阶：试题的开放性和灵活性

试题的设计要凸显真实性和情景性，体现试题的教育性、思维性、综合性、应用性和创新性，连接真实世界，引导学生从生活走向生物、从生物走向生活，在解决复杂生物学问题的同时，更好理解生物学概念，发展生物学学科核心素养。为了达成这一目标，试题设计应突出生物学科的自然学科属性，增强学生"学以致用"的社会责任感，通过设计融入情景的层层递进、逻辑严谨的问题，考查生物学思想及方法的掌握、创新及实践能力等，从而更好促进学生在生命观念、科学思维、探究实践和态度责任方面的协同发展。

📚 案 例：

（一）试题

未经处理富含氮的污水大量排放进入水体会引发水污染。某科研团队利用微藻（指在显微镜下才能辨别其形态的低等植物）处理含氮污水，探究两种藻类对污水的除氮效果。实验设计及结果如题图 6-9 与图 6-10 所示，请分析作答。

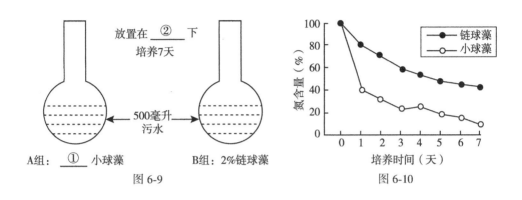

图 6-9   图 6-10

（1）补充题。图 6-9 实验：①_____小球藻；②放置在_____下（填"光照"或者"黑暗"）；该实验的变量是_____。

（2）小球藻和链球藻能利用叶绿体通过_____作用，合成自身所需的_____进行快速生长繁殖。

（3）科研团队对污水中的氮含量进行检测，图 6-10 表明，培养至第_____天，两种微藻对氮的去除效果达到最_____。

（4）实验结果表明，可优先选用_____藻处理本地氮含量超标的污水，该方法处理污水的优点是_____。

参考答案：（1）2%、光照、微藻的种类/不同种类的微藻；（2）光合、有机物；（3）7、好；（4）小球、效率高、成本低、"绿色"生态（合理即可）。

（二）问题设计

本题聚焦课程标准，突出主干内容，考查的是一级主题科学探究和生物圈中的绿色植物。试题的素材来自科研文献《3 种微藻对人工污水中氮磷去除效果的研究》，通过简化题干、图表处理、优化数据等，为学生提供科学严谨、适切简洁的问题情境，引导学生关注微藻对环境污染治理的社会议题。本题以"探究两种藻类对污水的除氮效果"的实验为情景，以人与生物圈的关系为立意，设计层层递进、逻辑关联的四个小问题，综合考查学生的科学思维。第（1）（2）（3）小题分别通过实验方案设计、实验原理分析、实验结果分析等方面，考查了藻类植物参与光合作用的基础知识、科学实验探究的关键能力。第（4）小题要求学生在分析实验结果的基础上去观察、分析和决策社会议题，学生权衡利弊、理性分析后提出科学合理的方案，承担社会责任，建构人与自然、人与社会的协调发展的生态观。

第七章
基于高阶思维的融合拓展

第一节　多学科融合促进高阶思维培养

一、概述

新课改背景下多学科更多地融会贯通，呈现广泛兼容性的特点，包含文学、哲学、美学、法学、音乐、绘画社会科学及自然科学等多学科知识，能够促进学生从多个角度、层次、方面进行融合。对于课程资源开发与利用，新课标就要求充分开发利用乡土教材和社区课程资源。新课程改革的一个显著变化是拓展和整合课程资源，要求学校积极开发并合理利用校内外各种课程资源。古埃及有句谚语："一个人独立行走可以走得快，但结伴而行可以走得更远。"在教学中也有这样的情况：学科知识不是独立存在的，在其边缘处存在着与多方面其他学科知识的交叉，教学中将多学科融合运用得当，必会使教学活动事半功倍。

随着新课程改革的大力推行，提高生物课堂教学效率也就成为时下生物教学的焦点问题。生物世界是绚丽多彩的，但是当前的生物课堂教学还往往局限于一位教师、一支粉笔和一块黑板的枯燥教学模式。新课程改革的核心理念就是"以生为本"，所以，现在提倡把握好每一堂课的全局、提倡以提出问题为中心进行教学设计，以此来提高生物课堂教学的有效性。

有效的课堂教学就是让学生获得进步的课堂教学，这是教育主线，抓住了它也就抓住了教育的根本，因此，在初中生物课堂教学过程中，教师应该帮助每一个学生进行有效学习，使他们都得到充分发展。课堂的教学时间有限，教师要争取用最少的时间使学生获取最大的进步与发展的空间。

（一）调动学生课堂学习积极性和创造性的策略

在初中紧张的学习中，学生更喜欢游戏式教学模式。教师应抓住学生的这个特点，在教学与学习活动中让学生在做中学、在玩中学，这样可以充分调动他们的积极性，使学生的情感和智力需求都得到和谐发展。在课堂上，教师可以通过设计多种动手制作活动等来锻炼学生的动手动脑能力，同时也能够挖掘学生的创新思维能力和创造力，尤其是在生物实验教学中，教师只要给学生介绍清楚实验内容、目的、实验器材，其他的活动可以让学生最大限度地自由发挥，让学生根据材料自行设计方案，分小组展开实验。最后，小组形成实验报告，教师评选出优秀小组。

（二）提升课堂效率的策略

一是有效备课。认真分析教材，确立促进学生全面发展的三维教学方法，备课时要准确把握学生的学情。当前的社会是一个信息化社会，学生获取知识的途径有很多，并且他们都有一定的生物知识基础，所以，教师在备课的时候要考虑到每个学生的实际水平和接受能力。总的来说，教师在备课时，在充分利用教材的基础上，可以适度补充一些课外的内容。二是创设教学情境。可以通过创设教学情境来提高生物课堂教学效果，并且通过设问和创设等方式来激发学生认识、分析、解决问题的欲望，激发学生的好奇心，这些问题可以是反面的观点，故意设疑、有意出错，也可以把学生中常见的错误认知提出来，或者是把一些错误的方法写出来让学生纠错。教师可以多给学生提出问题的机会，让其他同学做出回答，这样有利于发挥学生的潜能。此外，通过多媒体创设情境等教学手段突破了传统教学的局限性，不仅能够节约时间，而且全面调动学生的多种感官参与学习活动。三是引导学生独立思考、互相讨论，激发学生的创造思维，提高他们发现问题、解决问题的能力。通过探讨创设情境，并在课堂上展开多种形式的讨论，能够有效地激发学生的思维。讨论可以围绕一个明确的问题展开，也可以围绕教材重难点进行自由讨论。教师可以让学生进行分组辩论，还可以根据具体内容组织学生参与社会调查。在讨论中，主题应明确，学生占讨论的主要地位。当然，教师在讨论过程中要掌握大局，有效控制讨论内容和方向，合理调节学生的心理状态，做到松弛有度、松而不散。

（三）课堂中有效提问的策略

一是提问要有针对性，能够引起大多数同学思维的共鸣。在上课时，应以教师为主导，以学生为主体，把课堂上的大部分时间留给学生，让学生唱主角。教师提问后，帮助学生突破难点，运用流畅的语言表达出来。二是有效倾听。教师应平等对待每一个学生，倾听每个学生的发言，关注他们的发展，并在课后将这节课的经验和需改进的地方记录在教案本上，持之以恒地做好课后小结，在此基础上才能不断提高自己的教学水平。

（四）激发学生学习生物的兴趣的策略

一是通过建立兴趣小组，培养学生的能力。教师可建立生物课外兴趣小组，每周集中活动一次，活动分三个阶段进行。第一阶段，教师给他们演示趣味性和娱乐性较强的实验，如演示淀粉遇到碘变蓝色，向澄清的石灰水里吹气会变浑浊等。这样能增强实验的趣味性，引起学生的兴趣。第二阶段，教师给学生提供相关器材和原料，让学生进行模仿实验。第三阶段就是开放实验室。此外，教师还可以带领学生到野外采集与课堂有关的动植物标本，有助于开阔了学生的视野，提高学生的学习兴趣，培养对大自然的热爱之情。二是制定学习计划，进行针对性辅导。"亲其师，信其道"。教师要把握时机主动亲近学生，帮助他们制订个性化的学习计划，利用课余时间进行针对性辅导，鼓励学生提出问题，培养他们克服困难的勇气。在充分了解和尊重学生的基础上，做好基础知识和基本技能的辅导。

（五）指导学生做好生物课堂笔记的策略

做课堂笔记是培养学生自学能力的有效途径。但是，有些学生不会做笔记，笔记主次不清，详略不明，像流水账；有的学生的笔记则简单地抄答案、抄结论，而没有记录教师解答问题的方法。针对这些现象，教师指导学生做好笔记是非常重要的。

在初中生物教学中，通过多种教学策略，不仅有助于引导学生调动多种感官获取直接经验，并学会在实践和体验中独立思考，提高学生独立面对问题和解决问题的能力，而且能充分调动课堂气氛，激发学生的学习兴趣。

二、多学科融合下教师怎样提高学生的高阶思维

在生物教学中，教师往往有这样的体会：当讲授需要背诵的内容以及需要思考的内容时，学生都不愿听，觉得听不懂。多数教师也不进行深入讲解，只是简单地让学生记忆或背诵。这将导致此部分教材内容，学生学起来很艰难，教师教起来很困难。所以，一方面，教师应从理科类的数学、物理、化学中寻找突破口，以学科融合的理念，优化生物概念，方便学生掌握，提升课堂教学效率，另一方面，做好有较强的创新性的教学设计，教师将学习内容与学生生活经验相链接，引入社会热点，学生参与热情高涨，学习进入良性轨道才是最优解。

初中生正好处于成长的转折期，人生观和价值观都有待完善，这个时期的学生模仿

力极强，很容易受到多元情感的干扰。生物课堂肩负着引导学生对于世界的探索和激发学生好奇心的重任，教师不仅要给学生传授知识，更应该为学生正确认识世界做好引领。在学生学习生物的过程中，教师可以从学生接触过的事例中选材，让学生感受到生物世界的多姿多彩。苏霍姆林斯基说："将学生的知识联系起来后，他的掌握才是最牢固的。"学科融合是构成多学科教学互动的一座桥梁，生物课堂上要用好多学科融合，但也要正确分清主次关系，一定要在保持好本学科特点的同时，适当精选其他学科知识来更好地为课堂教学服务，为学生将来能运用好生物知识创造条件。随着时代发展，教师要开展终身学习，提高跨学科融合的思维和能力，在教学过程中不断加强尝试和探索学科融合，这是新时代的呼唤，也是未来教育发展的需求。

初中生物课程在七年级开设，学科内容具有一定的综合性，与化学、物理、数学等学科有知识的联系，与语文、地理、历史等学科也有关联。《义务教育化学课程标准（2011年版）》明确要求教师在关注学生获得基础知识和基本技能的同时，应该更加关注学生的发展，关注学生的情感、态度和价值观。新时期的生物教师应努力突破传统教学观念和教学模式的定式，更新教学观念，让生物教学与其他学科有机融合，真正达成培养学生的综合素质、实现学生的全面发展的目标。

例如，生物与物理在知识点上有交叉，在生物教学中涉及的物理知识有分子和原子，有许多物理与化学通用的仪器，如托盘天平的使用、氧气和二氧化碳的气体制取等。生物知识和化学知识同样具有联系，初中化学教材中与生物学科直接有关联的知识点很多。氧气和二氧化碳的性质和制取是初中化学的重点知识，而在生物学习中，植物的光合作用是"绿色植物通过叶绿体利用光能将水和二氧化碳转化为储存能量的有机物，并且释放出氧气的过程"。可见，生物学中氧气的产生也涉及以上两种物质。所以，教师在教授新课时可以从光合作用的概念导入，让学生把熟悉的知识迁移到新课中，这不仅有利于学生接受，而且能让学生明白知识与知识之间、学科与学科之间的关联性。生物学科的基础内容也涉及很多数学计算，如根据生物膳食的简单计算，等等。近年来，有些数学题还将数学解题思想应用到生物实验中，这要求学生既具备生物知识，又能看得懂数学图像，这类图像题需要教师引导学生观察横坐标和纵坐标并了解其含义，再结合文字内容进行分析。对于语文学科来说，语文乃百科之母，主要体现在对文字的阅读理解、书面表达、逻辑思维等方面。生物原理、定律表述严谨，逻辑性强，学生要想真正意义上理解和掌握生物知识，必须具备较强的文字理解和表述能力。所以，生物教师在引导学生解题时应从读通、读懂题目出发，先找出题干中的重要信息，要从毫无关联的信息中梳理出有效的信息，学生需要具备一定的文字理解能力。生物学科的发展离不开历史的积淀，从1955年陕西半坡遗址出土的新石器时代的人面鱼纹彩陶盆、东汉"酿酒"画像砖到春秋时期的越王勾践青铜剑等，都表明人类历史文明的进程与生物息息相关，生物在加快人类文明进程中起着重要作用。中华人民共和国成立后，生物科学得到了飞速发展，生机勃勃、欣欣向荣的中国再次令世界瞩目，这无不体现了生物在社会发展进程中扮演着重要角色。因此，生物教师可以根据历史脉络讲解生物的发展历程，激发学生学习生物的兴趣和积极性。生物知识与地理知识融合的例子比比皆是，"西气东输""南水北调"就是鲜活、生动的例子，但教师也要让学生明白温室效应、空气污染、水污染等环境问题，让学生从学习生物知识开始就具有绿色环保的理念。心理学家认为，学生只有深入理解所学知识，且能在不同条件下灵活运用，才算真正掌握知识。因此，教师在教学过程中要关注学科之间的融合，促进学生综合素质的全面培养。

多学科融合的教学实施途径有很多，每学期和其他学科教师在校内外合作开展教学实践活动是高效实现多学科融合的方法之一。例如，在校园文化活动中，组织开展"学校美食节"活动。教师在指导学生制作美食时可以提出一些涉及化学、生物、物理等学科的小问题，如"水果拼盘中含有维生素 C 的水果有哪些""烧烤类食物为什么不能多吃""蛋糕含有的营养素主要是什么"等，引导学生在活动中体验各科知识的融合，培养综合能力。学科融合是未来人才培养的需要。生物与其他学科的融合要求教师在进行教学设计时既要充分考虑教学内容与哪些学科融合，与相关学科教师多交流，又要了解学生对相关知识掌握的情况，使学生获得的知识能汇聚成一个综合性体系。在综合实践活动中，各学科教师也要密切配合，发掘、思考、设计好综合实践活动，创新研学方式，为培养新时代所需要的综合型人才打好基础。

在当前的初中生物教学中，为了更好地发挥生物学科的功能，体现生物学科的教育优势，就要注意将学科融合方法应用到生物教学实践环节，通过初中生物和其他学科的深度结合，带动其他学科教育的更好发展。教师要树立大课程观，运用开放性的心态，挖掘生物在学科融合当中的突出优势，推动跨学科深度交融，以及学生的整体知识体系的构建。

初中阶段的知识并非单一知识点的简单堆积，而是一个综合的体系。不同的学科间不应是完全割裂开来的，应该进行彼此关联与相互渗透。学科综合是初中生物课程标准提出的一项重要要求和教育理念，为初中生物教学的学科融合实践提供了思路和根基。生物教师在课程教学当中，要对生物学科的综合性特征与优势进行充分挖掘，增强学生对学科关联性的认知，即从不同的角度和层面出发，认识生物和其他学科之间的关系，从而促进学科融合目标的顺利实现。科学选择综合材料，加强对综合材料的有效运用，是实现学科融合的一项重要策略。综合材料的使用可以在很大程度上活跃课堂氛围，也能够让学生获得除了生物以外的其他知识与技能，拓展学生知识和能力获取的途径。生物教师在选取综合性材料时，必须秉持少而精的重要准则，确保综合材料的运用，既可以满足学生的兴趣爱好，又能够兼顾生物学科自身的特征，牢牢把握生物教学内容这一主线，让多学科知识和生物教育实现真正意义上的交融。生物教师在确定是否要引入某个综合材料之前，先要认真考虑以下问题：所选材料是否和主题存在密切关联；所选材料是否可以服务于教学目标的达成；所选材料是否具备可教性；所选材料是否可以在教学实践当中利用能够与生物相整合的手段进行表现；如果运用了综合性材料，是否还有充足的时间让学生掌握必要的生物知识与方法，以完成课堂练习，等等。

初中生物的学科融合研究，必须特别关注以下几项内容：一是要开展初中生物学科本身不同模块的综合性研究，即探究生物学科内的多个不同模块，找到最佳的组合策略；二是开展初中生物和非艺术学科的综合研究。只有做好了这些综合研究之后，才能够在学科融合道路上走得更远，为学科融合实践活动的开展提供理论方面的支撑。三是突出生物学科特点，促进多元学科融合。初中生物教学之所以可以与不同的学科融合起来，是因为生物学科拥有诸多显著的学科优势，能够让学生感受到多元学科学习的魅力。教师除了要做好理论研究之外，还必须对其实践活动不断进行分析和总结，充分发挥生物学科对于其他学科教学的综合推动作用。四是注重基础训练，夯实实践基础。生物实践这种综合性的活动是非常考验学生基本功的，而且实践能力本身就需要在丰富的经验积累和完善化的知识基础背景之下得到发展和锻炼。所以在优化实践教学的过程中，在生物课堂提供了一系列优越教学条件之上，教师仍旧要将加强基础训练作为教学重点，给学生的知识能力巩固和基础技能发展提供全方位引导，让学生能够在原有基础之上进行更好的拓展，更加出色地完成生物实践任务。在生物基础训练当中，教师需要指导学生扩展生物学见解，并了解不同理论的应用方法，使得学生能够夯实理论知识基础，为了接下来开展实践做好充分准备。除了常规的背诵生物学科知识点的记忆方法之外，也要注意将其他记忆方法传授给学生，使他们可以深入理解与记忆所学的生物知识，夯实后续进行生物实践的基础。

三、学科融合提升高阶思维在初中生物教学中的运用

学科融合指在本学科的教学或研究过程中加入其他学科的知识、学习方法、研究思路等，以此来更好地落实课程标准，提高学习兴趣、教学效率和研究进度。学科融合被广泛应用在各个阶段、各个学科的教学与研究当中，充分展现各个学科的特色与

思路。学科融合促进了不同学科的知识交汇点。对教师来说，教师从本学科之外挑选教学素材融入教学活动，让许多枯燥乏味或晦涩难懂的知识点有了新的教学方案，拓宽了教学思路与方法，更容易备课与教学。对学生来说，一些知识点在原先只能通过死记硬背的方式进行强行记忆，而得益于学科融合，学生们可以换个角度看问题。许多问题在引入了学科融合后，与其他学科知识的互相印证、互相解释，学生学习起来就会容易一些。学科融合不但对于本学科大有帮助，也有利于学生了解了其他学科的知识点。尤其是在初中阶段，学生的理解能力和学习能力比小学阶段更成熟，为了顺利完成初中阶段的课程内容并为高中衔接做准备，许多教师选择将更多的课外扩展知识放在初中阶段。而学科融合可以帮助学生构建基于大课程观的整体知识体系，也能将融入学生的日常学习生活中。

（一）初中生物教学引入学科融合的思路

第一，以学科融合提高学生的学习效率。学习效率受到多方面因素影响。对于生物学科而言，学生首先需要理解知识，学习才能事半功倍。因此，教师可以尝试在生物理论知识的学习中进行学科融合，帮助学生深入理解生物学科知识。

第二，以学科融合扩充学生的知识储备与学习思路。学科融合带来了其他学科的知识，这对于知识储备不够的初中学生来说是一次额外的学习新知识的机会。除此之外，学科融合还带来了新的学习思路，有助于帮助学生从不同的角度解题。

第三，以学科融合带动学生的学习兴趣。学习兴趣是影响学生学习效率的重要因素。在学科融合的过程中，往往会带来一些新知识，特别是教师选择学生感兴趣的学科和感兴趣的内容进行融合教学时，适度地引入新知识可以帮助学生自我调整，以全新的姿态迎接接下来的学习任务。

（二）学科融合应用在初中生物教学中的具体方法初探

1. 案例 1：生物与美术学科融合的校内活动：生物绘图大赛

初中生物学科中要强化的一个重要观点是"结构与功能相适应"，为了便于学生理解，在以往的教学中，生物教师们常常使用各种图解，如思维导图等，旨在使枯燥的知识更加直观。在学习七年级下册中"人体结构"部分时，教师尝试让学生将人体器官的内部结构用绘画的方式呈现出来，并积极邀请美术老师给与指导，学生的参与热情很高，一幅幅心脏结构、肾单位、眼球结构、消化系统等绘图将生物的科学性和美术的艺术性同时呈现出来，教师将每个学生的作品匿名编号，放在学校的科学走廊中进行生物绘图展览，全校学生对作品进行贴纸投票，生生互评的教学评价方式极大地提高了学生的参与度，最后由学校将优秀作品选送至《中学生物学》杂志主办的全国生物绘图大赛，将学生推送到更高的展示平台。这不仅是一次成功的人体结构学习活动，而且让学生在活动中提升了审美情趣和科学热情（见图7-1）。

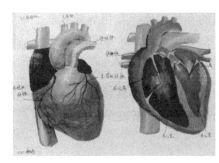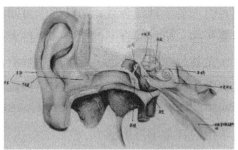

图 7-1　生物绘图大赛学生作品示例

2. 案例 2：技术运用：家庭生物制作，"生物+劳动"

劳动教育是新时代党对教育的新要求，是具有中国特色的社会主义教育制度的重要内容，是全面发展教育体系的重要组成部分，《大中小学劳动教育指导纲要》提出，要"将劳动观念和劳动精神教育贯穿人才培养全过程，贯穿家庭、学校、社会各方面。注重让学生在学习和掌握基本劳动知识技能的过程中，领悟劳动的意义价值，形成勤俭、奋斗、创新、奉献的劳动精神"。生物学作为一门和学生生活联系非常紧密的实验学科，在培养学生劳动观念、落实劳动教育方面有很多合适的素材。例如，八年级上册中"细菌与真菌"的内容，涉及大量食品制作的原理与技术，在学习这部分知识时，教师开展了家庭发酵食品制作的活动，进行生物学与劳动教育的融合，学生在掌握了细菌与真菌的基本培养方法后，通过查阅资料、请教父母、小组讨论等方法，运用发酵技术成功制作了酸奶、米酒、泡菜、葡萄酒、馒头等食品，并将成品进行分享，极大地提高了学生的动手能力与劳动热情（见图7-2）。当然，在制作过程中，也难免会有失败。此时，教师引导学生复盘制作过程，与学生一起讨论可能导致失败的原因，在失败的食品制作过程中获得成功的生物学知识学习经历，提升了解决问题能力。

四、通过具体事例展示如何提高高阶思维

我国初中阶段是以分科课程实施科学教育的，分科课程能让学生更系统地学习相关知识，有利于学生建构知识框架，易于组织评价。但是分科课程也存在不少缺点。首先

图 7-2　学生在家制作米酒和酸奶

各门学科各自为政，无法从大科学的角度解释知识，不管是教师教，还是学生学，都缺少广度和深度，甚至各学科在讲解相同的知识点时，出现多种说法，让教师和学生都无从下手。如果能在知识讲解方面整合各学科知识，不但能帮助学生更好地理解知识点，还能拓展学生的思维广度，培养学生的科学态度。

新课程改革鲜明地提出了以学生发展为本的教育新理念，不仅关注学生知识的习得与积累，更关注人的创新精神和实践能力的培养，关注人的可持续发展能力及学习方式的完善。高阶思维能力正是在审度当今知识时代特点和综合把握人才素质结构变化研究的基础上被提了出来。与此同时，新课程强调生物在教学过程中的应用，要求生物知识与多学科教学整合，为学生的学习和发展提供丰富多彩的教育环境和有效的学习工具。生物如何应用才能更好地促进学生的学习和发展，尤其是符合当今知识时代对人才素质结构要求的高阶思维能力的发展，值得进行深入探讨。

（一）高阶思维能力培养与高阶学习

对于高阶思维能力的理解，影响较大的是本杰明·布鲁姆及罗伯特·加涅等人的学习理论。他们把认知教学目标进行分类，按层级秩序分为六个层级：知道、领会、应用、分析、评价和创新。每个层级都有特定的意义和行为特征，在这些水平层级中，分析、评价和创新类教育目标指向高阶思维，即如果在教学中注重发展这些层级目标，往往有利于学生高阶思维能力的发展。国内学者钟志贤在此认识的基础上将高阶思维能力定义为"发生在较高认知水平层次上的心智活动或认知能力"，并结合知识时代对人才素质结构要求的分析将其分为创新、问题求解、决策、批判性思维、信息素养、团队协作、兼容、获取隐性知识、自我管理和可持续发展十种能力。同时，他指出高阶思维能力的培养需要高阶学习支持，而高阶学习是高阶思维能力发展的平台或途径。所谓"高阶学习"是一种需要学习者运用高阶思维的学习活动，这种学习是有意义的学习，属于建构主义学习模式，主要包含主动的、意图的、建构的、真实的和合作的五个特性。这五个特性不是孤立的，而是协同的、共生的，是相互作用和相互依存的。那些能融合各种基本特性的学习活动，要比那些孤立运用某个特性的学习活动，更能产生较好的高阶学习效果。此外，在这五个特性中，除了"真实的"这一特性是针对教师创设信息化学习情境之外，其他四个特性主要针对学生在学习过程中的表现。

促进初中生的高阶思维能力发展，根本的途径就是支持初中生进行高阶学习，为此，师生双方都要努力使得教与学过程中体现出高阶学习的五个特性，生物也应促进教与学在最大程度上符合这五个特性。对于高阶思维能力培养取向下的生物学科教学来说，高阶学习五大特性在教与学过程中的体现可以作为一条主线。高阶学习在有效支持初中生物高阶学习的过程中，教师是教学方案设计、生物资源的选择、教学实施及评价的主体，起着支配性的作用，其中教学设计是否科学、可操作，教学资源是否充分、适切，教学情境是否真实，往往决定了最后的教学效果，进而影响学生的学习和发展；而学生作为学习的主体，其综合能力得到发展是一切教育教学工作的终极价值追求，其学习效果是检验教师教学有效程度的最好标准，也是保障学生综合能力（尤其是高阶思维能力）得到发展的重要前提。因此，结合高阶学习五个特性和生物学习活动中高阶思维能力的外显特征，从教和学两条线对生物有效支持初中生物高阶学习的特点进行分析，要求教师不仅在课前精心进行教学设计，还要在教学实施时贯彻好教学设计预案，并具备较好的课堂驾驭能力。在教学设计过程中，一方面，应该了解认知目标分类与高阶思维的关系，并有意识地设置分析、评价、创新类教学目标；另一方面，应注重围绕高阶学习的五个特性，准确定位和发挥诸要素的角色功能和效力，尤其是生物学科在资源配置、学习情境创设、评价反思、互动交流等方面的优势，为其后的课堂教学实施做好准备。其中，在学习情境创设方面应体现高阶学习的"真实的"这一特性。这主要是由于高阶学习的任务是复杂的和劣构的，只有给初中生提供真实的学习情境，才能使初中生更容易理解所学，并将其所学有效地迁移到新情境之中解决新问题，培养学生对解决复杂、劣构问题的兴趣。具体来说，一个真实的学习情境应满足以下特点：一是自然生动、贴近学生生活实际。只有当所创设的情境与学生的生活经验相符合时，才能激起学生的生活体验，使他们从各自的生活背景出发，迅速投入情境，准确地体验和理解所学知识。二是信息丰富、给予学生思考空间。创设的情境应能促进学生思考，为此，教师需要提供蕴涵丰富信息量的支架，以便于学生从不同角度进行学习，同时应能提供适合不同程度的学生的学习内容及相关资源。

（二）高阶思维的内涵

关于高阶思维的内涵，国内外学者从不同角度进行了比较深刻的阐述。高阶思维是一种心智活动或者是一种认知能力，但是这种活动和能力是发生在比较高的认知能力和较高的思维水平上的。这种思维能力对于思维者的创造和创新能力、分析问题和解决问题的能力、辩证否定的能力都提出了较高的要求。其实质是思维者能够独立地、深入地克服固有思维模式，经过创造性分析及综合性评价的过程，实现对问题的求解和决策。在高阶思维课堂教学中，学生不仅掌握了知识，还构建了多学科融合的知识体系及知识在实际生活中的运用，这样能促使学生独立思考问题、解决问题的能力以及自身的创造力得以提升，长此以往，学生将成为独立的知识发现者和开拓者，这才是现代社会需要的人才。

（三）高阶思维能力的训练与培养

我国正在经历日新月异的变革，社会改革的成果其实质就是高阶思维指导下的产物。现在，社会主义现代化建设需要更多的具有高阶思维能力的人才，构建高阶思维课堂是时代和社会对教育工作者的期望。高阶思维是可以通过课堂教学培养的。教育观念对教学起着重要的驱动、制约乃至导向作用，一切先进的教学行为都受先进的教育观念驱动的，不转变观念，高阶思维课堂教学就无从谈起。

第一，通过恰当的教学行为和方式的支持，学习者的高阶思维能力是可以通过课堂教学培养和训练的。在传统课堂教学中，教师是课堂的主人，学生是被动的接受者，教师的主要课堂操作路径是检查上一节课学生是否掌握了已经讲过的内容，然后告诉学生本节课具体讲什么，最后告诉学生怎样运用本节课的知识。即教师告诉学生是什么、为什么、怎么做，过于强调接受学习、死记硬背、机械训练，学生成了承载知识的容器，成了做题的机器。一切都是教师编排好的，学生只能像电脑一样按照教师事先编排好的程序进行机械性学习。其结果是学生的创造性被严重压制，这种课堂教学模式是低阶思维教学的表现，学生所形成的只能是低阶思维。在现代课堂教学中，学生通过自己的实践、讨论得出对于生物的认识，然后通过总结向全体同学展示。在这一过程中，学生不仅学会了基础知识，掌握了基本技能，而且树立了正确的价值观。教师不仅传授了知识，而且对学生的世界观、人生观、价值观进行引领，同时，激发学生主动参与、乐于探究、勤于动手的积极性，学生真正成为思维的主人，成为课堂的主人，为培养学生高阶思维创造了平台。这就要求教师在课堂教学中要实现从教师控制到以学生中心的教学主体转换，实现从关注知识传递到关注学习过程的教学重心转换，实现以开放性问题替代封闭性传授的课堂教学内容重构。需要高阶学习模式的支持形式总是来源于内容又服务于内容，改变学生的学习习惯是教学形式改革的最终目的。

第二，运用探究、发现和研究型学习模式有利于发展学习者的高阶思维能力。在生物教学中，应充分利用小组合作学习方式、讨论方式、案例学习方式、角色扮演方式、项目研究方式、模拟决策以及问题求解等教学方式，学生针对不同的学习内容，自主选择适合个人特点的多种学习方式，实现了探究、发现和研究型学习模式对学习者高阶思维能力发展的有效促进，学生搜集整理信息的能力得以提高、获取新知识的能力得以增强、分析和解决问题的能力得以培养、交流与合作的能力得以彰显。

（四）高阶课堂教学评价体系

课堂教学评价对课堂教学的实施起着重要的引导作用和质量监督作用，评价的目的功能、目标体系和方式等都直接影响高阶思维课堂教学的实施。在评价内容上，不仅要注重学科知识，还要关注学生的实践能力、创新精神、心理素质，关注学生的情绪、态度、习惯等综合素质的考察；在评价标准上，要强调共性，更要注重个体差异及个性化发展的价值；在评价方法上，不仅关注纸笔考试，更加注重定性与定量相结合；在评价主体上，要形成多元主体共同参与的、反映多元主体不同要求的多元评价模式；在评价重心上，不仅要关注结果，还要关注学生的学习状况以及在获取知识过程中的努力程度。

这种课堂教学评价体系使教师和学生都能从原有的评价体系中解放出来，成为促进教师建构高阶思维课堂教学模式和激励、培养学生进行高阶思维的动力。

（五）信息技术是构建高阶思维课堂的一种新的平台和手段

强化信息技术作为学生认知的工具，增强了初中生评价信息、分析信息及对信息批判取舍的能力；在准备过程中，培养其运用信息技术生成新生物知识的能力，提升创造性思维能力；通过结果展示，培养了初中生运用现代信息技术主动发现、解决新问题的能力和独立做出决策的能力，让他们去感知、研究生物问题，找出生物问题的解决方案，并做出正确的决策。

在实际课程设计中，要注意学科融合不能喧宾夺主，要巧用其他学科落实生物学知识学习，达到高阶思维培养的目的。

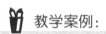教学案例：

《诗词中的生物学：生物的生殖与发育复习课》教学设计
广东省深圳市宝安中学（集团）外国语学校　李姮

（一）教学目标

（1）知识与技能：①描述植物的有性生殖；②列举常见的无性生殖方式；

③举例说出昆虫的生殖和发育过程；④描述两栖类的生殖和发育过程；⑤描述鸟类生殖和发育过程。

（2）过程与方法：提高学生梳理知识并运用于生活实际的能力。

（3）情感态度与价值观：关注生物的生殖发育与环境的相互关系，培养学生对生物的热爱之情，并通过和传统文化、古诗词的情境融合，提高学生的审美情趣，提升学生的文化自信、民族自信。

（二）教学重难点

生物的生殖和发育方式的比较；身外物的生殖发育与环境的相互关系

（三）设计思路

根据教育部提出的中国学生发展核心素养，我们一直在反思和摸索相关目标在生物课堂上的落实，在之前的课堂上我们更关注科学精神的培养，在人文底蕴和责任担当方面涉及比较少，近几年大火的诗词大会、汉字英雄等节目给了我启发，在课堂上引入古诗词，不仅能培养学生的人文情怀，更能提高学生的文化认同和民族自信，同时，这种跨学科的尝试，能有效吸引学生的注意力，快速将学生带入课堂的学习情境。

在复习方法的设计上，采用了"梳—理—用"的模式，分植物生殖和动物生殖两大块。教师先带领学生"梳"：回顾已学的基础概念和知识，然后让学生自己"理"：用核心概念比较、小组讨论等方法做进一步的思考，最后是"用"：用生物学知识解决实际问题，落脚于生活和实践。同时，在课堂上穿插互评和自评，营造积极思考的课堂氛围。希望除了引导学生对单个知识点的回顾之外，还能将分散的知识点连贯起来，深入思考它们之间的内在关联，形成更完整、科学的生物学观念。

（四）教学方法

讲解提问、合作学习、讨论总结、自我评价

（五）教学课时

1课时

（六）教具准备

多媒体课件、小组学习单、自评检测单

（七）教学过程

<table>
<tr><th rowspan="2">教学内容</th><th colspan="2">教学过程</th><th rowspan="2">设计意图</th></tr>
<tr><th>教师活动</th><th>学生活动</th></tr>
<tr><td>引入与导航</td><td>青青园中葵，朝露待日晞
阳春布德泽，万物生光辉
芳菲的四月，如诗如画，老师很高兴和同学们一起在生物学的知识中徜徉，看到你们，我想到了“江山代有人才出”，我想到了“天生我材必有用”，我想到了“长江后浪推前浪”。我知道，在同学们中，藏着很多“诗词达人”和“科学达人”，接下来就让我们开启一场生物学版的诗词大会。飞花令规则：诵出含有生物的古诗词，开始！
同学们果然都是高手，老师也来加入，来，老师出上句，你们对下句：
“离离原上草，______”
“春种一粒粟，______”
“日出江花红胜火，______”
“穿花蛱蝶深深见，______”
“几处早莺争暖树，______”
我们透过这些经典诗词看到了生命的鲜活，生物个体的寿命是有限的，这些种群是怎样延续至今的呢？答案就在诗词中，因为它们都能够——
生物的生殖和发育是生物的基本特征之一，生物通过生殖和发育使得生命在生物圈中世代相续，生生不息。那么这节课，就让我们一起来复习《生物的生殖和发育》
（板书课题：生物的生殖和发育）
老师梳理了本节知识点近三年的会考情况，接下来我们就按照这个顺序来开展本节课的复习。
<table>
<tr><th rowspan="2">主题</th><th rowspan="2">知识点</th><th rowspan="2">要求</th><th>2018年</th><th>2019年</th><th>2020年</th></tr>
<tr><th>题型，题号</th><th>题型，题号</th><th>题型，题号</th></tr>
<tr><td rowspan="4">生物的生殖放发育</td><td>植物的生殖</td><td>掌握</td><td>双选，76</td><td>单选，21</td><td>单选，16
双选，19</td></tr>
<tr><td>昆虫的生殖和发育</td><td>掌握</td><td></td><td></td><td></td></tr>
<tr><td>两栖动物的生殖和发育</td><td>掌握</td><td></td><td></td><td>单选，22</td></tr>
<tr><td>鸟的生殖和发育</td><td>掌握</td><td></td><td>单选，20</td><td></td></tr>
</table>
图 7-3　会考知识点</td><td>学生根据要求进行“飞花令”活动。

学生齐诵下句：
“一岁一枯荣”
“秋收万颗籽”
“春来江水绿如蓝”
“点水蜻蜓款款飞”
“谁家新燕啄春泥”。

学生回答：繁殖后代。</td><td>用学生已有的诗词知识，调动学生的积极性，快速吸引学生注意力、提高参与度，同时引出本节课主题。

梳理课程标准和近三年会考考点，有的放矢地开展复习。</td></tr>
</table>

教学内容	教学过程		设计意图
	教师活动	学生活动	
一、植物的生殖和发育 1. 梳理知识回顾：植物的无性生殖	说起生殖和发育，老师想起这样两句诗： 有心栽花花不发，无心插柳柳成荫。 梨花淡白柳深青，柳絮飞时花满城。 这两句诗都是描述柳的生殖，但描述的是不同的生殖方式，分别是？ 请同学们回顾已学知识，列举植物无性生殖的类型。 好，我们一起来梳理植物的无性生殖： "西湖春色归，春水绿于染"。春天湖水变绿是因为？ 图示微圆星鼓藻的分裂并提问：这些单细胞藻类的生殖方式是？ "放箸朝来颇不贫，野盘春蕨正宜人。"蕨类是广东常见植物，我们可以在蕨类叶片的背面看到这样的孢子囊，所以蕨类植物的生殖方式是？ 还有一些植物可以用根茎叶繁殖后代，同学们能举一些例子吗？ 图示红薯、马铃薯的块茎、竹鞭、椒草、落叶生根等引导学生回答 这些能够用根茎叶这些营养器官进行的生殖称为？ 我们还能将植物的无性生殖应用在植物的栽培上，例如，剪取一段枝条生根后形成新植株（展示扦插示意图）的方法称为？ 将植物的芽或枝接在另一株植物上（展示嫁接示意图）的方法称为？ 嫁接成功的关键是？ 将植物的整个枝条压埋于土壤生根（展示压条示意图）的方法是？ 将丛生的植物分离开（展示分丛示意图）的方法是？ 随着科技的进步，我们甚至可以用植物的组织或细胞培育植株（展示分丛示意图）称为？ 组织培养要在什么样的条件下进行？	学生回答："无心插柳柳成荫"是无性生殖；"柳絮飞时花满城"是有性生殖。 学生列举植物的无性生殖类型。 学生回答：藻类大量繁殖。 学生回答：分裂生殖。 学生回答：孢子生殖。 学生举例回答。 学生回答：营养生殖。 学生回答：扦插。 学生回答：嫁接。 学生回答：形成层紧密结合。 学生回答：压条。 学生回答：分丛或分株。 学生回答：组织培养，无菌条件。	用描述同种植物的不同生殖方式的两句诗词引出植物生殖的知识点。 带领学生"梳"已有知识，学会整理零散知识。

续表

<table>
<tr><th rowspan="2">教学内容</th><th colspan="2">教 学 过 程</th><th rowspan="2">设计意图</th></tr>
<tr><th>教师活动</th><th>学生活动</th></tr>
<tr>
<td>2. 理：尝试比较两种生殖方式的异同
3. 用：小组活动：设计繁育方案</td>
<td>那么还有一些植物能够开花结果，用种子繁殖，这种生殖方式称为？
同学们能否描述出植物有性生殖的过程？展示植物有性生殖过程思维导图。
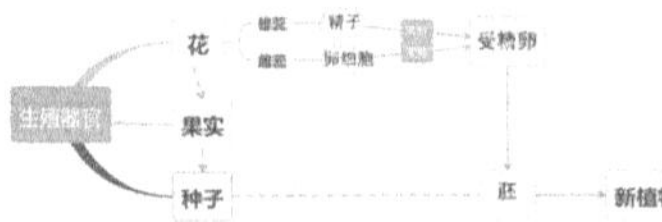

图 7-4　植物的有性生殖过程
请同学们思考：有性生殖和无性生殖有哪些相同点和不同点？
<table><tr><th></th><th>无性生殖</th><th>有性生殖</th></tr><tr><td>新个体的产生</td><td>√</td><td>√</td></tr><tr><td>两性生殖细胞的融合</td><td>×</td><td>√</td></tr><tr><td>繁殖速度</td><td>快</td><td>慢</td></tr><tr><td>后代的变异性</td><td>小</td><td>大</td></tr></table>图 7-5　无性生殖与有性生殖比较
在我们广东，有一种很有名的水果，好吃到什么程度呢？有诗云：“一骑红尘妃子笑”。“深圳桂味荔枝园”已经营二十余年，现有品种口感较好，在当地口碑很好，但部分果树树龄大，且果园品种单一，无法满足市场数量和品种的需求，现向各位园林专家求助，请你帮助他们设计合理的繁育方法。
<table><tr><td>本组专家选用的繁育方法是：</td><td>1. 杂交育种后播种育苗　(　　)
2. 高空圈技（压条）　(　　)
3. 嫁接繁殖　(　　)
4. 组织培养　(　　)
5. 其他：__________</td></tr><tr><td>此种繁育方法的优势（简述）：</td><td></td></tr></table>图 7-6　繁育方法
根据学生的设计进行展示和点评，每种繁育方式都各有特点，要根据实际情况综合分析，选择最合适的方法。</td>
<td>学生回答：有性生殖。
学生尝试描述。
学生从各个方面比较两种生殖方式的异同。
学生回答：“无人知是荔枝来”。
小组活动：讨论繁育方案，并陈述理由。
小组互评：各小组对展示小组的方案表决“同意”或“反对”，并阐述理由。</td>
<td>通过比较来引导学生深入思考两种生殖方式的特点。

以地域性特点明显的水果为例，提高学生根据真实情境解决问题的能力。</td>
</tr>
</table>

续表

教学内容	教 学 过 程		设计意图
	教师活动	学生活动	
二、动物的生殖和发育 1. 梳：回顾人的生殖发育过程	有性生殖和无性生殖各有特点，我们人类属于哪种生殖方式呢？ 我们一起来回顾一下人的生殖发育过程。 (带领学生用流程图回顾人的生殖发育过程) 图 7-7　生殖发育过程 受精卵形成的位置在？ 体内？体外？ 所以人的受精方式是？ 胚胎在哪里发育？ 所以人的生殖方式是卵生？胎生？ 其他动物的生殖发育方式都和人一样吗？ 我们到诗词中去找找答案： "春蚕到死丝方尽，蜡炬成灰泪始干"，其中的"死"描述的是蚕的哪个发育阶段？ "飞蝗蔽空日无色，野老田中泪垂血"，诗句中的飞蝗描述的是蝗虫的哪个发育阶段？ "黄梅时节家家雨，青草池塘处处蛙"，青蛙在春天鸣叫的原因是？ "须臾十来往，犹恐巢中饥"描述的是鸟的什么行为？ 通过这些诗句，我们发现，动物的生殖各有特点，现在就请同学们以小组为单位，先分工梳理这几种动物生殖和发育的过程，再合作完成不同动物生殖发育特点的比较。	学生回答：有性生殖。 学生和老师一起回顾人的生殖发育过程。 学生回答：输卵管。 学生回答：体内。 学生回答：体内受精。 学生回答：子宫。 学生回答：胎生。 学生回答：不一样。 学生回答：蛹期。 学生回答：成虫。 学生回答：吸引雌蛙。 学生回答：育雏。	以人的生殖为例来"梳"生殖发育特点，引出对动物的生殖和发育知识点的复习。 小组学习：先"分"后"合"，独立学习和讨论学习结合，通过比较来梳理动物生殖发育特点。

199

教学内容	教学过程		设计意图
	教师活动	学生活动	

图 7-8 生殖发育特点比较

生物种类		生殖方式	受精方式	发育方式
昆虫	家蚕			
	蝗虫			
两栖动物				
鸟类				
哺乳类				

教师活动：

2. 理：小组活动：比较不同动物的生殖发育特点

（抽取 1-2 小组进行作品展示并阐述）

除了生殖方式、受精方式和发育方式的不同，老师再给大家一些资料，请同学们尝试分析：为什么不同的动物类群后代数量差距如此之大？2 分钟的时间内，各小组完成讨论并推举一人陈述观点。

（引导学生分析生物生殖特点和环境的关系）

根据各个小组的观点综合来看，我们都认同：各种生物生殖发育的特点，是长期自然选择的结果。

3. 用：学以致用，知识抢答

好，接下来我们检验复习效果，进行知识抢答，同学们阅读完题目，老师说开始后就可以举手抢答：

第一题："新丝绸之路经济带"和"21 世纪海上丝绸之路"能有效促进我国经济繁荣发展。如果你是养蚕人，为提高家蚕蚕丝的产量，应考虑适当延长哪个发育阶段？

第二题：2020 年春天，中东不少国家遭遇了 25 年来最严重的蝗灾。你认为最佳的灭蝗时期是哪个发育阶段？

第三题：在用鸡蛋孵化小鸡时，有经验的人常常会用书或纸卷成纸筒看蛋里面是否有小黑点，没有小黑点的鸡蛋不能孵化成小鸡，能否用生物学知识解释其中的原理？

学生活动：

学生小组活动，先分工再合作比较不同动物的生殖发育特点。

小组进行作品展示并阐述。

小组进行观点阐述。

学生抢答"幼虫期"并阐述理由，其他组举牌"同意"或"反对"。

学生抢答"幼虫期"并阐述理由，其他组举牌"同意"或"反对"。

学生抢答"小黑点是胚盘"并阐述理由，其他组举牌"同意"或"反对"。

设计意图：

在展示过程中，基于自主思考，通过自评和他评反复修正观点，最后得出正确答案。

通过解决真实问题来提高学生的学习获得感。

教学内容	教学过程		设计意图
	教师活动	学生活动	
课堂小结	本节课我们一起复习了生物的生殖和发育： 生殖和发育 概念—无性生殖—有性生殖—概念 优点　类型　类型　优点 分裂　孢子　出芽　营养　组培　动物　植物 体外受精卵生　体内受精卵生　体内受精胎生 变态发育　正常发育 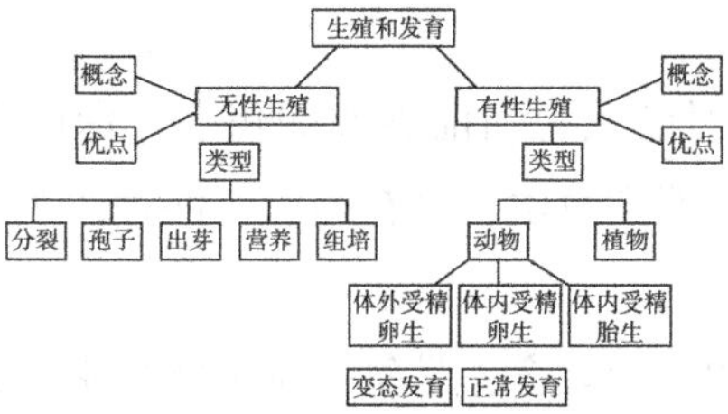 图 7-9　生殖与发育情况梳理 对无性生殖、有性生殖两种生殖方式进行了比较，对昆虫、两栖动物、鸟类的生殖过程、发育方式进行了梳理。 同学们，这节课，我们不仅领略了文化之美、诗词之美，我们还一起重温了生命之美、科学之美，希望同学们既有"采菊东篱下，悠然见南山"的怡然自得，也有"鹰击长空，鱼翔浅底，万类霜天竞自由"的豪情壮志，"恰同学少年，风华正茂；书生意气，挥斥方遒！"	学生和老师一起用关键词进行课堂小结。	回顾本节课所有内容，对知识点形成较为完整的认识。
自评自测	课堂学习效果自评： 学习目标 / 学习效果（相应位置打√） 熟练掌握　基本掌握　未掌握 列举常见的无性生殖方式 描述植物的有性生殖 举例说出昆虫的生殖和发育过程 描述两栖动物的生殖和发育过程 描述鸟的生殖和发育过程 图 7-10　课堂学习自评	完成自评和练习。	通过自评检测学习效果。
板书设计	生殖和发育 无性生殖　有性生殖 类型　类型 分裂　孢子　出芽　营养　组培　动物　植物 体外受精卵生　体内受精卵生　体内受精胎生 变态发育　正常发育 图 7-11　板书设计		

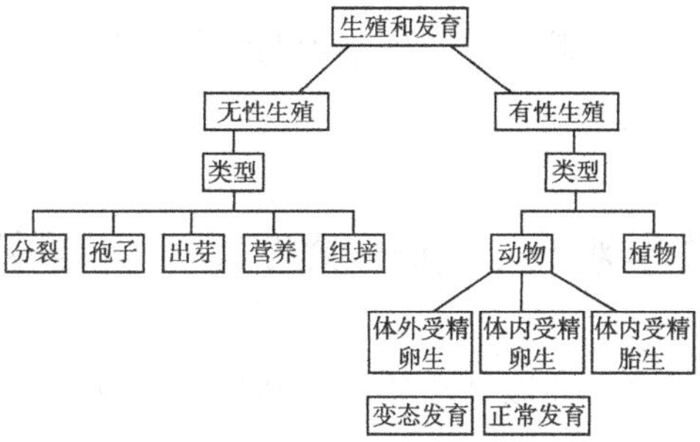

第二节　基于深度学习的社团活动

随着"双减"政策的推行，深度学习已成为当前教改的焦点。深度学习是一种高层次的学习，基于深度学习的初中生物学课堂教学，是在当前新课程改革背景下，初中生物学教学创新与改革的重要内容。

初中生物教学如何使学生得到正确的生命教育，是每一位生物教学工作者应该深入思考的问题。"双减"政策之下，减轻学生作业负担，既是学校责任，也是当下学校内涵发展重要的价值取向。学校只有认真研究学生发展规律，以学生为本，制定并切实规划学生的学习内容，才能最大程度发挥教育教学效能、激发学生学习动能，以此达到减负的目的，做到提质增效。

随着新课改的深入，落实培养学生生物学核心素养是初中生物课程的重点方向。中学生物教育主要是培养学生的社会态度责任、落实科学探究实践、建立正确的价值理念、构建科学的学习思维，进而不断增强学生在生物实验和实践活动中的参与度。校园社团是由自愿参与的学生组成的，社团活动可以丰富学生的校园生活，极大地促进了校园文化的创设。此外，它还可以帮助学生扩大知识面，提高他们的实践技能，进而实现核心素养的全面培养和提升。

围绕"双减"政策下提倡的素质教育，结合深度学习的模式开展社团活动能使学生全身心投入地参与学习活动，最大限度地激发学生的学习兴趣，实现学生对知识的迁移及实践应用，从而成就德智体美劳全面发展的新时代少年。深度学习可使学生对初中生物知识的理解更加透彻，有助于学生学习能力的提升及良好学习习惯的养成。深度学习并非单纯追求教学内容的难度和深度，它是与传统教学相辅相成的，即在传统教学的基础上，以学生为主体，注重学生理解性学习能力和创新思维能力的培养。因此，开展基于深度学习的社团活动既符合学生学习与认知的规律，又符合现今教改的发展方向，以及落实立德树人的根本要求。

一、转变教学观念，基于深度学习开展特色社团活动

根据深度学习理念，并以"生物与环境"单元为例，设计"建立生态瓶"合作模型社团活动，并结合深圳特色，开展制作"海洋生态瓶"的社团活动，实现学习目标深层、学习过程深入、学习结果深刻的社团教学模式。

基于"个体水平—生态系统水平—生物圈水平"分层建构"生物与环境是统一整体"单元大概念，学生可开展建立生态瓶这一活动，建构模型，初步形成稳态与平衡观，建立"生物与环境是统一整体"的概念。一般情况下，学生容易制作出淡水的生态系统，而在此基础上，为了进一步对学生理解性学习能力和创新思维能力进行培养，教师组织了制作海洋生态瓶的活动，学生在不断在活动中通过分析讨论、设计、解释、质疑及修正模型，从而提高建模能力、批判性思维能力及创造性思维能力。同时，重点培养学生尊重生命、爱护大自然的责任意识，真正落实了立德树人的根本任务。这正体现了以开展社团活动的形式提高学生的自信心，激励学生进行深度学习，从而提高初中生物学教学的实效性。

（一）设计并制作海洋生态缸活动方案

设计制作海洋生态缸

（一）目的要求

设计一个海洋生态缸，观察这一人工生态缸内各海洋生物种类和数目的变化。

（二）基本原理

要使得人工海洋生态缸正常运转，在设计时，需要考虑各种生物和非生物的合适比例。应该注意的是，人工的海洋生态缸稳定性是有条件的，也有可能是短暂的。

（三）设计方案

海洋生态缸的形式有很多，每种生态缸的组成和稳定性是不一样的。下面介绍一种制作生态缸的材料用具、实验步骤等，供学生参考。在实验之前，应设计观察记录表。

（四）材料用具

1. 1cm厚的玻璃板 $4\sim5m^2$，黏胶足量，其他可用于制作生态缸的器皿；也可做成开放型（即不加盖）；石块，河泥，河砂，鹅卵石，假山石等，海水、打氧泵（可选）。

2. 海洋植物：水草、水葫芦、裙带菜、石莼、螺旋藻、鹿角菜、紫菜、海带等，也可选择你喜欢的海洋植物。

3. 海洋动物：涡虫、水蚤、轮虫、海星、海胆、海参、小草虾、扇贝、大黄鱼、金鲳、带鱼等海洋鱼，也可选择你喜欢的海洋动物。

（五）实验步骤

1. 在生态缸内底部一侧铺垫几块石头作为基垫，再铺上一层颗粒较细的河砂，厚度为 5~10cm，在河砂上铺一层含腐殖质较多的河泥，厚度为 5~10cm。

2. 在土坡上放有几块带孔的石块、水草、沉木等，用来形成景观，同时可作为小动物栖息的场所。

3. 向缸内倒入海水，水位高 30~40cm，在水中放几块鹅卵石。

4. 加入你选择的海洋生物，注意一开始不要放过多的海洋生物，让生产者和分解者系统得以形成，再慢慢加入其他海洋生物（不要放入比较凶猛的鱼）。

5. 将生态缸放置于室内通风、光线良好的地方，但要避免阳光直接照射。也可选择 LED 灯光源提供光照。

6. 每个星期至少观察一次至两次生态缸内生物种类及数量的变化，并且进行记录。

（六）结果和结论

根据实验结果完成实验报告。

（七）讨论和思考

1. 实验设计时要考虑生态缸内的各组成成分有哪些？

2. 生态缸经过多长时间后才能达到比较稳定的状态？

3. 达到稳定状态后，生态缸的生物种类和数量有无变化？如有，是怎样的变化呢？

《藻类、苔藓和蕨类植物》是人教版七年级上第三单元第一章"生物圈中有哪些绿色植物"第一节的内容，本节课是学生在学习了植物细胞的结构和植物体的结构层次的基础上，进一步对绿色植物的种类及其形态的深入学习。本节从生物圈的角度扼要介绍较低等绿色植物的类群、形态和分布，特别重视这三种植物在生物圈中的作用和与人类的关系。在常规教学中，教师一般采取图片展示、直接讲解等形式讲解藻类、苔藓和蕨类植物的结构和功能。学生只是停留在认知的基础上，而并未真正理解知识并应用于生活实践中。因此，在此基础上，教师可采取开展特色社团活动的形式——制造植物标本。采用小组合作的形式，开展植物收集活动，并适量制作成植物标本。教师可以带领学生在学校的生物园中取材，从生活中来，到生活中去。制作完成后，开展小组展示活动，学生不仅能更了解自己小组收集到的植物，还能认识其他小组的植物，同时能锻炼表达能力、动手能力、合作能力。小组展示后，更应强调爱护绿化植被的责任意识，能认同绿色植物在生物圈中的重要作用，形成保护植被、爱护自然的责任意识。学生在制作标本的过程中进行合作学习与交流，提高社交能力的同时，能认同知识源于生活，将所学知识应用于生活实践才是真正的有意义的学习。

（二）设计并制作海洋植物标本的活动方案

海洋植物标本制作

浩瀚的海洋生态系统是以海洋植物为物质基础的，通过"食物链"能量传递才能维持海洋生物物种多样性和海洋生态系统的持续发展。海洋植物种类繁多，到海边玩的时候，是不是想收集自己喜欢的海洋植物呢？来，我们一起制作植物标本吧。

（一）准备用具

（1）一本记录所收集植物的详细情况的笔记本（野外日记）。

（2）两块硬纸板、吸墨纸、瓦楞纸板、泡沫板

（3）自制便签纸。可用薄锡或铝的标签。标签用来编号并绑在收集到的标本上。这一数字应与记录植物详细情况的现场手册页数相对应。

（4）聚乙烯袋或收集袋。这些是方便存放新鲜植物标本的容器。在这些袋子里储存植物后，袋口应该紧紧地封闭，以免植物材料枯萎。

（5）捕捞网、剪刀等。

（二）步骤一：采集

采集你想要保存的海洋植物，放置于收集袋内（务必注意安全，不要贪多哦）。同时做好笔记，登记以上提及的资料于笔记本上。

备注：以下详细资料应记录于非名册内：①采集日期；②植物编号—序号；③植物的名称；④省或国家的主要地区（例如州或地区）；⑤地点—地点的名称，距离和方向参照熟悉或已知的地方；⑥高度—以米为单位；⑦采集人；⑧描述—标本的主要特征，即植物的颜色、香气、大小、性状等。

（三）步骤二：压制

1. 压指纸

用一对硬纸板或胶合板制成的压纸板，切成与干燥纸相同大小。把一些瓦楞纸卡放在一块板上，然后在上面放两张吸墨纸。将试样置于吸附剂和干燥纸之间。瓦楞纸板可插在干燥纸之间，使压力变均匀，便于通气。把植物附在吸墨纸上，保持植物的特性。

2. 压片

样品全部放好后，盖上盖板，将砖块或重物放在盖板上，保证压片均匀，或用皮带压紧。然后搬到一个温暖的地方，如干燥柜、晾衣架或散热器上方的房间。

压制是植物标本制作过程中最重要的步骤，需要仔细操作。在按压前应仔细选择试样，并应注意以下几点：①根和地下部分应彻底清洗后，再清除掉土壤颗粒；②确保标本无虫食、真菌感染及任何病理症状；③压纸内应放置新鲜试样；④压纸的最大表面覆盖被压植物标本；⑤选择的叶子，应表面朝上。即叶子有正面，也有背面；⑥选择有花的植物时，在处理花朵的标本上，应分别压上几朵花。有一些花应该被分解，然后按下它们的各个部位来分别放置，如花瓣、花萼、花冠、花苞片、雌雄蕊等。⑦为了避免脱色和成型，吸墨纸应根据样品的性质和湿度频繁更换。

（四）步骤三：干燥

最重要的是在组织腐烂之前尽快使植物标本干燥。因此，有必要每天更换干燥纸，至少在最初几天应这样做。同时定期检查，至少每周一次。根据被压植物和干燥条件的不同，干燥的标本大概在三周内就可以成型。

（五）步骤四：安装

当标本被压制、干燥后，用标签贴在一个固定的薄片上（42厘米×28厘米）。

安装时应注意以下事项：①只把一个样品装在一张纸（最好选择无酸纸）上；②标签应粘贴/打印在纸张的右下角。安装是通过把样品黏在纸上或通过缝合来完成的。

（六）步骤五：标签

安装完标本，在其右下角贴一个标签。其中应包括备注内所有信息。

制作完成，做好保藏措施。可以和同学之间交流分享。

二、打破教学传统，开展无边界深度学习社团活动

基于深度学习的教学理念，教师应当充分利用社会资源突破学科、教室等边界，积极构建无边界课程体系。

开展无边界深度学习社团活动的主旨是：学习不能只掌握课本中的知识，还需要充分的实操知识和动手操作能力，而开展无边界社团活动正是提升这种能力的最佳方法之一。例如，对于常见的生物，可开展实验探究活动，探究不同因素对生物分布的影响，结合实验的方法，不仅能培养学生科学探究的核心素养，而且能培养学生爱护动物、爱护大自然的社会责任意识。以下选取围绕海滨动物和自然的关系开展的活动。这次开展社团活动的研学地点是大亚湾红树林湿地公园和西涌海滨浴场。

红树林生长于陆地与海洋交界带的滩涂浅滩，是陆地向海洋过渡的特殊生态系统。这里蕴藏着丰富的生物资源和物种多样性，是重要的候鸟中转地和越冬地，同时还是天然的防护海岸防护林。学生可通过在深圳湾红树林的实地调查，探究保护红树林在海滨城市建设发展中的意义。

研学活动过程：

"探秘红树林"主题活动（深圳市宝安西湾红树林）

（一）教学成果目标

制作生物标本、矿物标本、生态瓶、研究报告、展示课件等。

（二）了解海滨动物生活的环境

1. 偏湿地型

（1）以红树类为主的植物类群，以涉禽、小型鱼类、软体动物、浮游生物为主的动物类群，由偏黏土质的酸性土壤组成的生态系统。

（2）土壤密度大，有较多的木本植物。

2. 沙滩型

（1）以海滨草本植物为主的植物类群，以猛禽（如海鸥等）、小型鱼类、软体甲壳动物、节肢甲壳动物，藻类为主的动物类群，偏沙土组成的生态系统。

（2）土壤密度小，除了一些平滩，少见木本植物。

（3）有沙滩、砂砾滩涂、卵石滩和礁石滩的分别。

（三）探究不同水质对海滨动物的影响并设计探究实验

1. 认识寄居蟹的生理结构

2. 设计探究实验

（1）提出问题：不同水质对海滨动物有影响吗？

（2）作出假设：不同水质对海滨动物有影响。

（3）设置实验：实验器材的准备：寄居蟹 6 只，烧杯 6 只，海水 2 份，饱和盐水 2 份

3. 探究实验的步骤

（1）把 6 份水均匀倒入 6 只烧杯中，维持适宜的温度。

（2）把 6 只寄居蟹分成 3 组放入 6 只烧杯中。观察每一组 2 只烧杯中寄居蟹的反应。

（3）观察每一组的 2 只烧杯中寄居蟹的反应。

4. 实验结果

寄居蟹编号	海水	淡水	饱和盐水
1	舒展身体，觅食	/	/
2	舒展身体，觅食	/	/
3	/	行动迟缓	/
4	/	缩在壳里不出来	/
5	/	/	到处乱爬，30秒后卒
6	/	/	抽搐，16秒后卒

三、开展系列深度学习社团活动，渗透科普教育

随着科技的发展，生物科学已经成为自然科学研究中的领头学科，与人们的生产、生活的密切性也越来越高。教师要激发学生对生物科学的兴趣，采取一系列方法提升学生对生物科学的认识和应用能力。学校可结合本校的特色，开展多样的社团活动，结合深度学习的教学方法及教学模式，在教学活动中渗透科普教育，不仅能丰富认知、发展实践能力，促进学生的多元发展，而且有利于丰富学生的课余生活，提升学生的综合素养，促进学生树立追求真理、敢于创新的精神，为培养新时代科研人才作出贡献。

以下是某校七年级开展的渗透科普教育的深度学习生物社团课程，包括认识校园植物、制作树叶书签、胶制手工艺品、制作腊叶标本、观看鸟类活动、绿色环保活动等。开展系列活动，需要利用好社会资源，如植物协会、深圳市观鸟协会、深圳市环境教育基地等。

（一）护鸟活动方案

（一）前言

深圳湾作为东亚—澳大利西亚候鸟迁飞区重要的中转站，每年10月至次年4月有大量候鸟在此停歇、越冬、过境。候鸟季期间，我们将带你走进福田红树林自然保护区，在志愿者的引导下，欣赏飞羽精灵之美的同时，你还将有机会和伙伴一

起探讨如何为鸟儿提供更舒适的家园。

福田红树林自然保护区地处深圳市腹地，是全国唯一一处于城市腹地、面积最小的国家级自然保护区，主要保护对象为红树林生态系统及依赖该生态系统生存的各种鸟类。区内珍稀的天然红树林蜿蜒曲折，沿海岸线长约9千米，被誉为深圳湾的一道绿色长城。

（二）活动流程

时间：2个半小时（具体时间依潮汐而定）

单场人数：20人

时间	地点	内容	备注
14:20	保护区管理局	集合完毕	通知团队成员提前10分钟集合
14:30-14:50	边防入口	保护区简介、注意事项	最好携带身份证，以便查验
14:50-15:10	小广场	鸟类与红树林之间的关系	志愿者分发望远镜等设备
15:10-16:10	鱼塘栈道—观鸟屋	观察基围鱼塘及滩涂等不同生境里的鸟	
16:10-16:30	观鸟屋	分享总结	若观鸟屋因特殊情况未开，则返回小广场做总结
16:30-17:00	观鸟屋—小广场	原路返回，去洗手间，拍合照，清点人数后出保护区	

（三）注意事项

1. 根据保护区管理局和边防管理规定，预约进入保护区的每个人都需要提交相关信息。

2. 组织方可能会使用活动过程中的影像资料用作公益传播，参与者如有异议请提前告知组织方。

（四）学习过程

1. 学习候鸟知识、懂得保护候鸟

戴上蓝袖标，组成一支"护鸟巡护队"。此次活动邀请了深圳市最大的环境保护组织蓝色海洋保护协会的木兰老师，给孩子们介绍了黑脸琵鹭、大白鹭、针尾鸭等深圳主要水鸟的外形特征和生活习性，讲解了投喂野生鸟类的危害、保护生物多样性的重要性，还带领孩子们在深圳湾公园海域内观察了红嘴鸥、针尾鸭等水鸟。

2. 戴上蓝袖标，组建护鸟巡护队

讲解结束后，孩子们戴上了"护鸟志愿者"的蓝色袖章并进行宣誓："我志愿成为一名光荣的护鸟志愿者，尽己所能，珍视天空，关爱大地，让文明得到传承，让护鸟成为习惯。同在蓝天下，保护大自然。同在蓝天下，共享大自然。还大地生机，让生物多样性不再遭受破坏，让人与自然和谐共存。"

3. 走进深圳湾，宣传文明观鸟、爱鸟

小志愿者们在观鸟平台和深圳湾公园内，2~3人组队，向亲海观鸟的游客们积极地宣传投喂候鸟的危害，劝阻"投喂及向鸟类投掷杂物"等不文明行为。不少游客都驻足认真听取"小蓝袖标"们的讲解，签名共同加入护鸟行动，守护候鸟过一个健康年。

（四）活动成效

1. 加强爱鸟护鸟知识，促进能力提升

在志愿者的讲解和现场指导观鸟下，孩子们对部分来深圳越冬的候鸟的外形特征有了初步认识。在向市民游客宣传、劝阻不文明观鸟行为的过程中，锻炼了孩子们的沟通能力和胆量，增强了公民担当意识以及身份认同。

2. 培养保护生态意识，播下志愿服务种子

活动当日，孩子们向数百名游客进行宣传，累计收集到168名游客签名，劝阻1起投喂候鸟、1起向红嘴鸥投掷杂物的不文明观鸟行为。春天不是忽然到来的，暖意也不是朝夕而至，一遍遍地宣讲，便会有越来越多的人参与进来，共同爱护候鸟，保护自然。

这次活动不仅在孩子们心中留下保护大自然的意识，也播下志愿者服务精神的种子——"来了就是深圳人，来了就做志愿者"，引导孩子在志愿者活动中、与市民的宣传互动中做有理想、有本领、有担当的新时代特区好少年。

（二）深圳湾观鸟活动方案

深圳位于东亚—澳大利西亚的候鸟迁飞区，每年11月到次年4月有200多种鸟途经深圳或者停留越冬，除此之外，深圳还有180多种鸟常年留在深圳。深圳有近5万公顷的湿地，湿地是鸟类生存栖息的地方，而深圳湾公园作为城市腹地中的湿地，是非常适宜开展自然教育的地方。

本主题的开展借鉴深圳观鸟协会和红树林基金会的观鸟活动，先期教授学生有关湿地、候鸟、迁徙的相关知识，之后携带单筒或双筒望远镜来到深圳湾公园等湿地公园进行观察学习。

课前准备	材料准备：双筒望远镜（4个）、鸟类图鉴、野外记录本、地图
	人员准备：本次出行将携带 3~4 名学生进行课程学习，配备 1~2 位家长，负责后勤和物资管理，以及学生安全保障。
	其他准备：防疫物资、野餐垫等。
	课程准备：教师提前（4月10日上午）确定好目的地的鸟况。
b. 课程开展	课程内容： 1. 观鸟培训（学校）：4月8日下午18:00—下午18:30 2. 绘制笔记培训（线上）：4月9日晚上20:00—晚上21:00 3. 户外观鸟（户外）：4月11日上午9:00—下午15:00 4. 成果指导（学校）：4月12日—4月16日 户外观鸟课程安排（4月11日）： ①上午9:00在学校集合（或者在阳台山东A口集合） ②10:15到达观鸟地点（新天鹅堡，侨城北地铁站B口） ③10:15-10:30讲解望远镜使用、图鉴使用 ④10:30-11:30大白鹭、白鹭、苍鹭、夜鹭、斑嘴鸭等鸟类识别 ⑤11:30-12:00到达第二地点（深圳湾公园，深圳湾公园D2口） ⑥12:00-14:00午休午餐、进行游戏 ⑦14:00-15:00黑脸琵鹭、琵嘴鸭、反嘴鹬、鸬鹚、红嘴鸥等鸟类识别，鸟类生活习性和特殊特征的学习，深入了解候鸟 ⑧下午15:00活动结束，将学生带回或解散
c. 课程展示	展示方式一：观鸟手绘日记
	展示方式二：课题研究海报
	展示方式三：观鸟手绘图鉴（选做）

在开展科普活动的同时，学校与社会应行动起来，以弘扬文化知识为主要目标，利用已有的资源创办适合青少年成长的特色活动。青少年处于发育阶段，精力充沛、活泼好动、富于想象，对周围的一切都感兴趣。为了满足青少年的求知欲和好奇心，科普教育活动的开展是课堂教育的良好补充。科普活动的举办与课堂教学不同，它不是一味地追求现象或问题的标准答案，更注重的是学生能够去参与探索、参与实践、参与反思的

互动教学过程。

第一，科学性。生物科普教育要根据生物学科的特色，从身边的生物现象入手，利用身边的动物、植物资源和环境状况对青少年进行生命活动教育。在青少年掌握基础知识的前提下，遵循青少年的身心发展规律，培养他们热爱生命、积极向上的价值观。

第二，自主性。科普活动为青少年提供了一个相对灵活和放松的室外学习环境，以真实的生物为素材进行学习和实践，增加了动手实践的机会，效果直观而生动。青少年可以在这些活动中学到课本上没有的知识，从而提升自身的知识广度。不同的青少年在身心发展方面存在差异，给予他们适当的引导并结合其自身的特点来勤学多练，就能形成自主学习的动力源。

第三，实用性。生物科普教育要依托本学科优势，使科普教育内容与青少年的日常生活紧密联系，如使青少年养成爱护花草树木、保护珍稀动物、增强环保意识、养成健康饮食的习惯等。生物科普教育对青少年的学习生活具有指导意义，有益于青少年身心健康的发展，对培养青少年的科学意识和运用科学知识的能力有一定帮助。

第四，时代性。生物科普教育活动不仅在形式上要新颖，在科普教育内容方面也要不断更新，与时俱进。教师可结合时代发展的热门话题、生物学科发展的前沿知识以及生物科研过程中的新概念、新技术和新思想，不断更新科普内容，及时将高端的研究成果以通俗化和趣味化的形式呈现给青少年，以便青少年能轻松接受和理解。同时，对青少年的科普教育，目的不仅在于普及生物科学知识，更在于传播正确的科学方法和科学精神。教育者要教给青少年一定的学习方法，帮助他们树立正确的科学精神，这样才能站在时代的前沿，适应时代发展要求。

第五，趣味性。青少年的身心发展特征决定了生物科普教育活动要用多种多样的形式吸引学生参与科普教育活动。生物学科的可直观性、丰富性、多样性等特色决定了生物科普教育本身所具备的趣味性。科普人员对生物知识的精彩解说会使静态的知识变得生动形象，从而增强了科普活动的趣味性，同时，趣味性也对生物科普教育的内容、教育模式等提出了更高的要求。

四、结语

深度学习是在理解学习规律的基础上，学习者能够批判性地学习新的思想和知识，并把它们融入原有的认知结构中，将已有的知识迁移到新的情境中，做出决策和解决问题的学习活动。深度学习是以课堂学习活动为核心，以课外活动为线索，将碎片化的知识串联起来，帮助学生自主构建知识网络。这样不仅能大幅度提升学生的学习能力，还能实现学生对生物学知识的深度探究，有助于培养学生良好的学习习惯。初中生有一定的学习经验和动手实践能力，教师可以合理利用和挖掘生物课程中的资源，为学生组织多元化的生物实践活动，以此激发学生学习热情，让学生能在玩中乐、乐中学、学中悟，促使学生热爱实践探究活动，将科学思维运用到生活实践中，以实现学生在真实生活情境中对知识的迁移及应用。

参 考 文 献

［1］ 梁泽君．渗透科学方法培养高阶思维能力——以高三一轮复习《功》的教学为例
　　　［J］．考试周刊，2019（78）．

［2］ 徐卉．夏巍．通过综合实践活动促进学生高阶思维发展——以"比较材料的隔声
　　　性能"为例［J］．物理之友，2021（12）．

［3］ 申昌安．运用语义网络促进学习者高阶思维能力发展的研究［D］．江西师范大学，
　　　2010．

［4］ 《国家十二五教育发展规划纲要》

［5］ 李琰．初中数学"解三角形"问题的实践与思考［J］．现代教学，2020．

［6］ 甘光曲．从中学生的思维特征谈创新思维能力的课堂培训［J］．化学教学，2004，
　　　（10）．

［7］ 黄璜，武健，李萌萌．大脑发育和认知功能的性别差异［J］．感染、炎症、修复，
　　　2021，（4）．

［8］ 杨晓，毛秀荣．高阶思维的内涵、生成与评价［J］．教学与管理（理论版），
　　　2020，（10）．

［9］ 张屹，祝智庭．建构主义理论指导下的信息化教育［J］．电化教育研究，2002．

［10］ 韩宝玲．综合实践活动与初中语文作文教学的整合［D］．内蒙古师范大学，2010．

［11］ 刘爽．高中化学教学中高阶思维能力培养的研究［D］．哈尔滨师范大学，2018．

［12］ 朱晨菲．初中生高层次数学思维的界定研究——基于《义务教育数学课程标准
　　　（2011版）》的分析与思考［D］．南京师范大学，2013．

［13］ 马盛秋．家校合作背景下的家庭教育指导课程建构［J］．求知导刊期刊，2019．

［14］ 梁玲玲．高中生物教学中学生理性思维培养研究［D］．华中科技大学，2019．

［15］ 常春生．基于初中生核心素养的英语教学策略［J］．中外交流，2018（10）．

［16］ 王海铭．基于核心素养的初中生物实验教学策略优化［J］．新课程研究，2021
　　　（2）．

［17］ 王玉芳．生本教育理念下初中生物教学探索和实践［J］．吉林教育，2015（26）．

［18］ 刘婷．例谈基于深度学习的高阶思维培育路径［J］．中学生物学，2021（4）．

[19] 佘爱苹. 浅谈核心素养下的高中数学教学设计研究 [J]. 课程教育研究：学法教法研究, 2018.

[20] 夏安腊. 试论基于进阶理论的高中历史教学——以《中华文明的起源与早期国家》为例 [J]. 中学历史教学, 2022 (6).

[21] 诸华平, 许明. 关于"草履虫对外界刺激作出反应"的探究式教学 [J]. 生物学通报期刊, 2011.

[22] 柯炳四. 初中数学问题情境创设的探究 [D]. 华中师范大学, 2008.

[23] 刘莹. 高中化学课堂问题设计与运用的实践研究 [D]. 天津师范大学, 2008.

[24] 赵晋春. 初中物理课堂教学中利用生活现象创设问题情境的应用研究 [D]. 内蒙古师范大学, 2011.

[25] 姚荣. 情境教学法对初中生数学学习态度的影响 [D]. 首都师范大学, 2011.

[26] 温云虎. 谈初中数学有效教学三要 [J]. 大观周刊, 2012 (51)：2.

[27] 郭又荣. 浅析互动式教学方法在商务沟通教学中的运用 [J]. 赤峰学院学报：自然科学版, 2010 (6)：2.

[28] 于俊杰. 基于高阶思维能力培养的高中数学教学策略研究 [D]. 山东师范大学, 2020.

[29] 李平. 重视低年级说写教学夯实学生作文水平 [J]. 中国教育技术装备, 2012 (1)：2.

[30] 周文香. 当前初中数学实现有效教学的几点探讨 [J]. 科海故事博览：科教创新期刊, 2011.

[31] 张向红. 新课程改革下物理教师的适应策略 [D]. 江西师范大学.

[32] 潘霞. "等"来的美丽 [J]. 基础教育研究, 2015 (16)：1.

[33] 叶权燕. 初中生物概念教学策略探究 [J]. 新课程研究：下旬, 2018 (7)：2.

[34] 兰杰. 初中生写作思维能力的训练研究 [D]. 河北师范大学, 2013.

[35] 于慧. 高中地理逻辑思维能力的培养研究 [D]. 南京师范大学, 2013.

[36] 夏娟娟. 研究问题设计角度 提升问题思维品质 [J]. 中学物理教学参考, 2014 (10)：3.

[37] 林柔雅. 基于深度学习的高中地理课堂提问研究 [D]. 华中师范大学, 2020.

[38] 张新玲. 中学地理教学情境创设研究 [D]. 山东师范大学, 2003.

[39] 王骆欣. 基于目标矩阵法的高中生物学教材分析 [J]. 生物学教学, 2017, 42 (6)：2.

[40] 张涛. 高中生物学易错、易混概念比较 [J]. 中学生物学, 2005 (11)：19-22.

[41] 薛加根. 实践课程改革 培养学习能力 [J]. 成才之路, 2011 (27)：1.

［42］金花．浅谈初中班主任的班级管理艺术［J］．课程教育研究，2017，000（028）：100-101．

［43］何瑾．高中地理课堂有效提问的策略研究［D］．曲阜师范大学，2016．

［44］胡珺．有关初中数学课堂有效提问的思考［J］．科教导刊（中旬刊），2018（32）：146-147．

［45］沈惠君．高中英语课堂教学中促进学生有效参与的策略［J］．教学研究，2012，35（6）：4．

［46］杨玉国．巧用语文教材生成资源培养学生语文核心素养［J］．语文教学通讯：学术（D），2019（6）：3．

［47］林敏．基于提升学生思辨能力的高职数学课程教学模式改革与实践［J］．武汉职业技术学院学报，2019，18（6）：4．

［48］宋淑窕．以境诱思［J］．生物学教学，2001（02）：44-45．

［49］和江涛．浅谈生物教学中问题情景的创设［J］．课程教育研究，2017．

［50］刘聪，付志刚．关于进化实质的分析［J］．中学生物学，2012，28（05）：6+17．

［51］匡芬芳．项目问题法在《过程控制技术》教学中的应用［J］．科技信息，2008（28）：2．

［52］李占军．活用现有设备激发学生的学习兴趣［J］．中文信息，2019．

［53］肖芳彬．问题探究引领高效课堂［J］．新课程研究：上旬，2017（7）：2．

［54］周晶．高中生物教学中情境教学运用［D］．辽宁师范大学，2013．

［55］豆芳妮．探究式教学在高中生物学教学中的实践研究［D］．西北师范大学，2016．

［56］杜季秋．高中地理问题情境教学的理论与实践探索［D］．南京师范大学，2010．

［57］朱秀兰．高中生物问题情境教学的行动研究［D］．云南师范大学，2006．

［58］韩希光．利用生活开启物理学习之门［J］．教育教学论坛，2010（4）：2．

［59］赵晋春．初中物理课堂教学中利用生活现象创设问题情境的应用研究［D］．内蒙古师范大学，2011．

［60］曹涤．深研教材，学会因"材"施教——谈几种有效的教学策略［J］．中学生物学，2011，27（11）：3．

［61］刘焕强．生活化探究式教学在高中生物课中的应用［J］．读写算（教研版），2015，000（003）：56-56，57．

［62］孙绿竹．激发初中学生学习物理的兴趣初探［J］．东京文学，2009，000（007）：109，108．

［63］黄培基．生物教学中如何培养学生的问题意识［J］．科教导刊，2012（36）：2．

［64］郭在祥．建构主义学习理论对聋儿康复教育的启示［J］．中国听力语言康复科学杂志，2004（3）：4.

［65］唐伯景．问题情境下高中物理小组合作学习的实践研究［D］．南京师范大学，2010.

［66］魏祥迁，朱红．论建构主义教学观与教学改革［J］．中国成人教育，2004（8）：2.

［67］赵法茂．虚拟现实技术在生物学教学中的应用［J］．生物学教学，2003，028（008）：23-25.

［68］杨德明．物理课生活情境教学法［J］．新一代月刊，2010.

［69］夏腊梅．初中生物实验教学中的情境研究［D］．南京师范大学，2011.

［70］陈维．试述高中生物新课程教学中问题情境创设的途径［J］．实验教学与仪器，2009（3）：2.

［71］任莉．初中生物课堂聚焦教学生活化的实践和思考［J］．中学生物学，2011，27（7）：3.

［72］何迎旦．改善自我意象的重要性［J］．中国校外教育，2009（2）：1.

［73］马城城．中学物理科学方法教育实施现状及策略研究［D］．广西师范大学，2015.

［74］刘雪姣．"探究细胞膜控制物质的进出"创新实验设计［J］．中学生物教学，2020（10）：66-67.

［75］彭克宏，马国泉．社会科学大词典［M］．北京：中国国际广播出版社，1989：1179-1180.

［76］夏征农，陈至立．辞海第六版典藏本［M］．上海：上海辞书出版社，2011：3140.

［77］J. H. Van Driel and A. E. Van Der Valk. Towards a validated conception of scientific models［C］//R. Printo and D. Couso（eds.），Contributions from Science Education Research. The Netherlands：Springer，2007：321-332.

［78］M. Briggs. Models and modeling：A theory of learning［C］//G. M. Bodner and M. Orgill（eds.），Theoretical Frameworks for Research in Chemistry/Science Education. USA：Pearson Prentice Hall，2007：72-85.

［79］孙可平．科学教学中模型/模型化方法的认知功能探究［J］．全球教育展望，2010（06）：76-81.

［80］袁世全，冯涛．中国百科大辞典［M］．北京：华夏出版社，1990：65.

［81］余志强．生物学教育中的模型和模型方法［J］．生物学教学，2004（04）：14.

［82］曾钰，陈欣．高中生物新课程中实施模型方法的教学研究［J］．福建基础教育研

究，2009（13）：50-51.

[83] 袁维新．论基于模型建构的概念转变教学模式［J］．教育科学，2009（04）：31-35.

[84] 李元慧．高中生物《遗传与进化》模块模型教学研究［D］．内蒙古师范大学，2014：7-8.

[85] 陈卫东．模型建构在高中生物新课程教学中的应用［J］．教学与管理，2011（4）：69-70.

[86] 樊英．物理模型构建在高一生物教学中的应用研究：以旬邑中学为例［D］．陕西师范大学，2014：16.

[87] 程丽丽．新课程高中生物模型教学的现状调查和实践研究［D1］．天津师范大学，2013：28.

[88] 姜丽满．模型构建法在高中生物复习教学中的实践研究［D］．天津师范大学，2012：13.

[89] 赵欢．模型构建在初中生物教学中的应用［J］．林区教学期刊，2016（12）：20.

[90] 程建军．关于新课程标准下的高中生物"模型建构"的教学思考［J］．教育教学论坛，2010（17）：97-98.

[91] 林淑芳．走向深度学习的初中生物学概念建构教学［J］．教学管理与教育研究，2021（7）：9-10.

[92] 郑雪萍．模型建构在初中生物学概念教学中的应用——以《神经调节的基本方式》一节为例［J］．中学教学参考期刊，2020（12）.

[93] 许丽丽，江泽．基于整体性数学思维培育的数学教学：以"对数与对数运算"教学实录为例［J］．福建教育，2021（10）：46-48.

[94] 武丽莎，朱立明．新课标背景下数学核心素养的理论意蕴与实践要求［J］．天津师范大学学报（基础教育版），2018（2）.

[95] 左开俊．聚焦"数学模型建构"的生物学教学研究［J］．天津师范大学学报（基础教育版），2020

[96] 刘义民．国外核心素养研究及启示［J］．天津师范大学学报（基础教育版），2016（2）.

[97] 于文字，胡典顺．TPACK 视角下数学核心素养的模型构建和实现路径探究［J］．天津师范大学学报（基础教育版），2019（2）.

[98] 中华人民共和国教育部．高中数学课程标准（2017 年版，2020 年修订）［M］．北京：人民教育出版社，2020.

［99］江巧明．基于核心素养的初中生物课堂教学策略［J］．广西教育，2016（41）：45-45.

［100］刘嘉．多元教育评价助力创新人才培养［J］．人民教育，2020（21）.

［101］中华人民共和国教育部．基础教育课程改革纲要（试行）．中国政府网（www. gov. cn）.

［102］中华人民共和国中央国务院．深化新时代教育评价改革总体方案．中华人民共和国教育部政府门户网站（moe. gov. cn）.

［103］中华人民共和国教育部．义务教育生物学课程标准［M］．北京：北京师范大学出版社，2022.

［104］任娟．发展性学业评价之多元评价主体的研究［D］．西南大学，2012.

［105］吴成军．生物学学科核心素养的教学与评价［M］．上海：华东师范大学出版社，2020.

［106］沈坤．基于 SOLO 分类理论的生物学科学思维评价研究——以江苏省生物学高考试题为例［D］．扬州大学，2018.

［107］周文叶，董泽华．表现性评价质量框架的构建与应用［J］．课程・教材・教法，2021（11）：17-19.

［108］张慧婷．形成性评价理论在高职英语口语教学中的应用［J］．丝路视野，2017（1）：79.

［109］陈少燕．目标导向评价驱动回归实验本真［J］．科教启迪，2022（1）.

［110］王飞，陈少燕．基于科研文献的原创试题命制［J］．中学生物教学．2021（5）.

［111］范兆雄．课程资源概论［M］．北京：中国社会科学出版社，2002.

［112］教育部关于印发义务教育语文等学科课程标准（2011 年版）的通知 - 中华人民共和国教育部政府门户网站（moe. gov. cn）.

［113］张景彪．素养教育：以养为道的生命修行［M］．北京：清华大学出版社，2012.

［114］陆启威．学科融合不是简单的跨学科教育［J］．教学与管理，2016（32）：22-23.

［115］曹一鸣．跨学科教学研究：以芬兰现象教学为例［J］．外国中小学教育，2017（07）.

［116］赵章靖，张永军．创新就在学科融合之中［N］．中国教育报，2019-11-22（05）.

［117］中华人民共和国教育部．义务教育课程方案（2022 年版）［M］．北京：北京师范大学出版社，2022.

［118］R. M. 加涅．学习的条件和教学论［M］．上海：华东师范大学出版社，1999.

［119］L. W. 安德森，L. A. 索斯尼克（1998）. 布卢姆教育目标分类——40 年的回顾［M］. 谭晓玉，袁文辉，译. 上海：华东师范大学出版社，1998.

［120］何恩鹏，马嵘. 基于知识进阶的学习者高阶思维能力培养研究［J］. 教育理论与实践，2021（7）：59-64.

附录
重要概念在人教版初中生物教材中的分布情况

本篇是根据 2022 年版义务教育生物学课程标准中列举的初中生物教学中的 7 个板块依次整理出来。不同版本的教材都是围绕这些核心概念并按照一定的理论逻辑进行编辑的，所以，掌握好核心概念，在理解概念内涵的基础上进行延伸学习，才能够事半功倍。

（一）生物体的结构层次

概念 1　生物体具有一定的结构层次，能够完成各项生命活动

1.1　细胞是生物体结构和功能的基本单位

1.1.1　一些生物由单细胞构成，一些生物由多细胞组成

1.1.2　动物细胞、植物细胞都具有细胞膜、细胞质、细胞核等结构

1.1.3　植物细胞具有不同于动物细胞的结构，如叶绿体和细胞壁

1.1.4　细胞不同结构的功能各不相同，共同完成细胞的各项生命活动

1.1.5　细胞核是遗传信息库

1.2　生物体的各部分在结构上相互联系，在功能上相互配合，共同完成各项生命活动

1.2.1　细胞能通过分裂和分化，形成不同的组织

1.2.2　绿色开花植物体的结构层次包括细胞、组织、器官和个体，高等动物体的结构层次包括细胞、组织、器官、系统和个体

1.2.3　生物体在结构和功能上是一个统一的整体

（二）生物的多样性

概念 2　生物可以分为不同的类群，保护生物的多样性具有重要意义

2.1　对生物进行科学分类需要以生物的特征为依据

2.1.1　根据生物之间的相似程度将生物划分为界、门、纲、目、科、属、种等分类等级

2.1.2　"种"是最基本的生物分类单位

2.2　根据生物的形态结构、生理功能以及繁殖方式等，可以将生物分为不同的类群

2.2.1　藻类是能够进行光合作用的结构简单的生物

2.2.2　从苔藓植物、蕨类植物，到种子植物，逐渐出现根、茎、叶等器官的分化，植物繁殖过程逐渐摆脱了对水环境的依赖

2.2.3　无脊椎动物与人类关系密切，如线虫动物（蛔虫）、环节动物（蚯蚓）、节肢动物（蝗虫、蜜蜂）等

2.2.4　脊椎动物（鱼类、两栖类、爬行类、鸟类、哺乳类）都具有适应其生活方式和环境的主要特征

2.2.5　动植物类群可能对人类生活产生积极的或负面的影响

2.3　微生物一般是指个体微小、结构简单的生物，主要包括病毒、细菌和真菌

2.3.1　病毒无细胞结构，需要在活细胞内完成增殖

2.3.2　细菌是单细胞生物，无成形的细胞核

2.3.3　真菌是单细胞或多细胞生物，有成形的细胞核

2.3.4　有些微生物会使人患病，有些微生物在食品生产、医药工业等方面得到广泛应用

2.4　我国拥有丰富的动植物资源，保护生物的多样性是每个人应有的责任

2.4.1　我国拥有大熊猫、朱鹮、江豚、银杉、珙桐等珍稀动植物资源

2.4.2　可通过就地保护、迁地保护等多种方式保护生物资源；有关野生动植物资源保护的法律法规是保护生物资源的基本遵循

2.4.3　外来物种入侵会与本地的物种竞争空间、营养等资源，进而威胁生态安全

（三）生物与环境

概念 3　生物与环境相互依赖、相互影响，形成多种多样的生态系统

3.1　生态系统中的生物与非生物环境相互作用，实现了物质循环和能量流动

3.1.1　水、温度、空气、光等是生物生存的环境条件

3.1.2　生态因素能够影响生物的生活和分布，生物能够适应和影响环境

3.1.3　生态系统是由生产者、消费者、分解者与非生物环境构成的有机整体

3.1.4　生态系统中不同生物之间通过捕食关系形成了食物链和食物网

3.1.5　生态系统中的物质和能量通过食物链在生物之间传递

3.1.6　生物圈是包含多种类型生态系统的最大生态系统

3.2　生态系统的自我调节能力有一定限度，保护生物圈就是保护生态安全

3.2.1　生态系统具有一定的自我调节能力

3.2.2　人类活动可能对生态环境产生影响，可以通过防止环境污染、合理利用自然资源等措施保障生态安全

（四）植物的生活

概念 4　植物有自己的生命周期，可以制造有机物，直接或间接地为其他生物提供食物，参与生物圈中的水循环，并维持碳氧平衡

4.1　绿色开花植物的生命周期包括种子萌发、生长、开花、结果与死亡等阶段

4.1.1　种子包括种皮和胚等结构

4.1.2　种子萌发需要完整、有活力的胚，需要充足的空气、适宜的温度、适量的水等环境条件

4.1.3　根的生长主要包括根尖分生区细胞的分裂和伸长区细胞的生长

4.1.4　叶芽通过细胞的分裂和分化发育成茎和叶

4.1.5　花中最重要的结构是雄蕊和雌蕊，雄蕊产生的精子与雌蕊产生的卵细胞相结合形成受精卵，花经过传粉和受精后形成果实和种子

4.1.6　植物可以通过扦插、嫁接、组织培养等无性生殖的方式繁殖后代

4.2　植物通过吸收、运输和蒸腾作用等生理活动，获取养分，进行物质运输，参与生物圈中的水循环

4.2.1　植物根部吸收生命活动所需的水和无机盐，通过导管向上运输，供植物利用，其中大部分水通过蒸腾作用散失

4.2.2　叶片产生的有机物通过筛管运输，供植物其他器官利用

4.2.3　植物通过对水的吸收和散失参与生物圈中的水循环

4.3　植物通过光合作用和呼吸作用获得生命活动必需的物质和能量，有助于维持生物圈中的碳氧平衡

4.3.1　植物能利用太阳能（光能），将二氧化碳和水合成为贮存了能量的有机物，同时释放氧气

4.3.2 细胞能通过分解糖类获得生命活动所需的能量，同时生成二氧化碳和水

4.3.3 光合作用和呼吸作用原理在生产生活中有广泛的应用

4.3.4 植物可以为生物圈中的其他生物提供有机物和氧气

4.3.5 植物在维持生物圈中碳氧平衡方面具有重要作用

（五）人体生理与健康

概念5 人体的结构与功能相适应，各系统协调统一，共同完成复杂的生命活动

5.1 人体通过消化系统从外界获取生命活动所需的营养物质

5.1.1 水、无机盐、糖类、蛋白质、脂质和维生素是人体生命活动所需的主要营养物质

5.1.2 消化系统由消化道和消化腺组成

5.1.3 消化系统能够将食物消化，并通过吸收将营养物质转运到血液中

5.1.4 不合理的饮食习惯和饮食结构可能导致营养不良或肥胖

5.1.5 食品安全对人体健康至关重要，良好的饮食、卫生等习惯对人体健康有积极的影响

5.2 人体通过循环系统进行体内的物质运输

5.2.1 血液循环系统包括心脏、血管和血液

5.2.2 血液循环包括体循环和肺循环，其功能是运输氧气、二氧化碳、营养物质、代谢废物和激素等物质

5.3 人体通过呼吸系统与外界进行气体交换

5.3.1 呼吸系统由呼吸道和肺构成，其主要功能是从大气中摄取代谢所需要的氧气，排出代谢产生的二氧化碳

5.3.2 呼吸运动可以实现肺与外界的气体交换

5.3.3 肺泡与周围毛细血管内的血液、毛细血管内的血液与组织细胞进行气体交换

5.4 人体主要通过泌尿系统排出代谢废物和多余的水

5.4.1 泌尿系统包括肾脏、输尿管、膀胱和尿道等结构

2.4.2 血液经过肾小球和肾小囊的滤过作用及肾小管的重吸收作用形成尿液

5.4.3 人体可以通过汗腺排出部分尿素、无机盐和水等物质

5.5 人体各系统在神经系统和内分泌系统的调节下，相互联系和协调，共同完成各项生命活动，以适应机体内外环境的变化

5.5.1　神经系统由脑、脊髓及与它们相连的神经构成

5.5.2　反射是神经调节的基本方式，反射弧是反射的结构基础

5.5.3　人体的运动是在神经系统支配下，由肌肉牵拉着骨围绕关节进行的

5.5.4　人体通过眼、耳等感觉器官获取外界信息，科学用眼和用耳能够保护眼和耳的健康

5.5.5　甲状腺激素、胰岛素等激素参与人体生命活动的调节

5.5.6　性激素能促进生殖器官的发育，对第二性征的发育和维持具有重要作用

5.5.7　人在青春期会出现一些显著的生理变化，如身高和体重迅速增加、出现第二性征、各项生理功能增强等

5.5.8　青春期的卫生保健和良好的心理状态有利于青少年顺利地度过青春期

概念6　人体健康受传染病、心血管疾病、癌症及外部伤害的威胁，良好的生活习惯和医疗措施是健康的重要保障

6.1　人体具有免疫功能，通过计划免疫等措施能够预防传染病

6.1.1　人体能够通过特异性免疫和非特异性免疫抵抗病原微生物的侵染

6.1.2　常见的寄生虫病（如血吸虫病、肠道蠕虫病等）、细菌性传染病（如淋病）、病毒性传染病（如严重急性呼吸综合征、艾滋病、乙型肝炎、丙型肝炎等）是人体健康的威胁

6.1.3　传染病可通过空气、食物、血液、接触等多种途径传播

6.1.4　控制传染源、切断传播途径和保护易感人群等措施可以控制传染病的流行

6.1.5　接种疫苗能够提高人体对特定传染病的免疫力

6.1.6　某些传染病，会对社会、经济和科技发展产生严重影响

6.2　生活习惯与行为选择能够影响人体健康

6.2.1　心血管疾病、癌症等疾病严重危害人体健康

6.2.2　酗酒、吸烟等不良嗜好和吸毒等违法行为对人体健康具有危害

6.2.3　药物可分为处方药和非处方药，遵从医嘱、按照药物使用说明合理用药，避免药物误用和滥用

6.2.4　在特定的情况下，人工呼吸、心肺复苏、包扎止血等一些急救方法能减少伤害或挽救生命

（六）遗传与进化

概念7　遗传信息控制生物性状，并由亲代传递给子代

7.1　生物通过有性生殖或无性生殖产生后代

7.1.1　睾丸和卵巢可分别产生精子和卵细胞，卵细胞受精后形成的受精卵能够发育成新个体

7.1.2　生物可以通过有性生殖或无性生殖繁殖后代

7.2　生物体的性状主要由基因控制

7.2.1　DNA 是主要的遗传物质

7.2.2　基因是包含遗传信息的 DNA 片段，随配子由亲代传给子代

7.2.3　基因位于染色体上，人的性别是由性染色体的组成决定的

7.2.4　生物的性状是由基因组成和环境共同决定的

7.2.5　遗传信息发生改变可以引起生物变异

7.2.6　杂交育种、转基因等技术促进了农业发展

概念 8　地球上现存的生物来自共同祖先，是长期进化的结果

8.1　地球上现存的生物具有共同祖先

8.1.1　生命最有可能是在原始海洋中形成的

8.1.2　化石记录是生物进化的直接证据

8.2　多种多样的生物是经过自然选择长期进化的结果

8.2.1　遗传变异和环境因素的共同作用导致了生物的进化

8.2.2　生物的进化总体上呈现出由简单到复杂、由水生到陆生的趋势

8.2.3　人类和现代类人猿都是由古猿进化而来的

（七）生物学与社会·跨学科实践

概念 9　真实情境中的问题解决，通常需要综合运用科学、技术、工程学和数学等学科的概念、方法和思想，设计方案并付诸实施，以寻求科学问题的答案或制造相关产品

9.1　模型制作类跨学科实践活动：针对特定的生物学内容，运用生物学、物理、技术、工程学等学科概念，以及"结构与功能""尺度、比例和数量""系统与模型"等跨学科概念，选择恰当的材料，设计并制作模型，直观地表征相应的结构与功能，提升探究实践能力